org. abilio guerra

textos fundamentais
**sobre história da arquitetura
moderna brasileira**_parte 1

rgBOLSO**1**
Textos fundamentais sobre história da arquitetura moderna brasileira – parte I ABILIO GUERRA (ORG.)
Autores dos artigos CARLOS ALBERTO FERREIRA MARTINS, CARLOS EDUARDO DIAS COMAS, LAURO CAVALCANTI, LUIS ESPALLARGAS GIMENEZ, MARGARETH DA SILVA PEREIRA, RENATO ANELLI, RUTH VERDE ZEIN, SILVANA BARBOSA RUBINO E SOPHIA S. TELLES
Preparação e revisão final de texto CAROLINA VON ZUBEN
Projeto gráfico da coleção e diagramação ESTAÇÃO
Desenhos da capa LUCIA KOCH
Gráfica PANCROM
Coordenação editorial ABILIO GUERRA E SILVANA ROMANO SANTOS

apoio cultural

org. abilio guerra

carlos alberto ferreira martins
carlos eduardo dias comas
lauro cavalcanti
luis espallargas gimenez
margareth da silva pereira
renato anelli
ruth verde zein
silvana barbosa rubino
sophia s. telles

textos fundamentais
**sobre história da arquitetura
moderna brasileira**_parte 1

A reprodução ou duplicação integral ou parcial desta obra sem autorização expressa dos autores, do organizador e dos editores se configura como apropriação indevida dos direitos intelectuais e patrimoniais dos autores.
© Romano Guerra Editora (livro); autores (artigos individuais)
Direitos para esta edição
Romano Guerra Editora
Rua General Jardim 645 conj 31 Vila Buarque 01223-011 São Paulo SP Brasil
tel: (11) 3255.9535 | 3255.9560
rg@romanoguerra.com.br www.romanoguerra.com.br
Printed in Brazil 2010 Foi feito o depósito legal

T355g   Textos fundamentais sobre história da arquitetura moderna brasileira : v.1 / organização Abilio Guerra -- São Paulo : Romano Guerra, 2010.
316 p. : il. (Coleção RG bolso ; 1)

ISBN: 978-85-88585-21-8 (Coleção)
ISBN: 978-85-88585-22-5 (volume 1)

1. História da arquitetura - Brasil 2. História do urbanismo - Brasil I. Guerra, Abílio, org. II. Título III. Série

21ª. CDD - 720.981

Serviço de Biblioteca e Informação da Faculdade de Arquitetura e Urbanismo da USP

Para Lúcio Costa, Affonso Eduardo Reidy, Oscar Niemeyer, Jorge Machado Moreira e Roberto Burle Marx

apresentação abilio guerra A construção de um campo historiográfico **11**

artigo 1 sophia s. telles A arquitetura modernista. Um espaço sem lugar **23**

artigo 2 luis espallargas gimenez Pós-modernismo, arquitetura e tropicália **35**

artigo 3 carlos eduardo dias comas Uma certa arquitetura moderna brasileira: experiência a reconhecer **63**

artigo 4 carlos eduardo dias comas Protótipo e monumento, um ministério, o Ministério **79**

artigo 5 lauro cavalcanti Le Corbusier, o Estado Novo e a formação da arquitetura moderna brasileira **109**

artigo 6 ruth verde zein O futuro do passado ou as tendências atuais **117**

artigo 7 luis espallargas gimenez Autenticidade e rudimento. Paulo Mendes da Rocha e as intervenções em edifícios existentes **163**

artigo 8 sophia s. telles Lúcio Costa: monumentalidade e intimismo **173**

artigo 9 carlos eduardo dias comas Arquitetura moderna, estilo Corbu, pavilhão brasileiro **207**

artigo 10 margareth da silva pereira A arquitetura brasileira e o mito: notas sobre um velho jogo entre *afirmação-homem* e *presença-natureza* **227**

artigo 11 sophia s. telles Oscar Niemeyer. Técnica e forma **251**

artigo 12 renato anelli Arquitetura de cinemas em São Paulo. O cinema e a construção do moderno **263**

artigo 13 carlos alberto ferreira martins Identidade nacional e Estado no projeto modernista. Modernidade, Estado e tradição **279**

artigo 14 silvana barbosa rubino Gilberto Freyre e Lúcio Costa ou a boa tradição. O patrimônio intelectual do Sphan **299**

apresentação abilio guerra
A CONSTRUÇÃO DE UM CAMPO HISTORIOGRÁFICO

A historiografia da arquitetura moderna introduzida no Brasil a partir do final da década de 1920 é um fenômeno recente. Durante décadas imperou a visão presente nos mitológicos *Brazil Builds* (Philip Goodwin, 1943)[1] e *Modern Architecture in Brazil* (Henrique Mindlin, prefácio de Sigfried Giedion, 1956)[2], que foi repetida de forma tão sistemática que se transformou em quase axioma. Os textos de Goodwin e Giedion olhavam para a nova arquitetura a partir de uma perspectiva informada pelos pressupostos teóricos e históricos de Lúcio Costa. No entendimento de Costa, a arquitetura moderna brasileira era resultante de dois fatores distintos e complementares: a fusão dos princípios europeus e dos elementos culturais nacionais; e a criatividade do gênio nativo, em especial do arquiteto Oscar Niemeyer. Há aqui um flagrante condicionamento de um ambiente intelectual que assumiu a identidade nacional como cerne de sua atuação cultural e artística; hegemônico no primeiro tempo modernista brasileiro, esse ambiente ocupou também posição central nos desdobramentos modernos dos anos 1940 e 1950.

A produção histórica escassa sobre a arquitetura moderna no Brasil até o início dos anos 1980 é resultante, dentre outros fatores, da falta de consistência teórica e metodológica da pesquisa histórica realizada na universidade – os raros programas de pós-graduação ainda não tinham se consolidado – e do ambiente endógeno na área de produção, em que os envolvidos na realização de obras arquitetônicas e sua divulgação – arquitetos, fotógrafos, editores, redatores etc. – compartilhavam dos mesmos princípios e valores a respeito da "boa arquitetura". Não é de se estranhar, portanto, que em um ambiente intelectual engessado tenha sido de um estrangeiro, o francês Yves Bruand, o primeiro estudo abrangente sobre a carreira da arquitetura moderna em nosso país. Mas, mesmo neste livro fundamental – *Arquitetura contemporânea no Brasil*, publicado em 1981[3] – a pauta que estrutura os argumentos e a própria lógica da evolução ainda está embebida do DNA das ideias de Costa.

O livro de Bruand, ele próprio resultado de uma pesquisa de doutorado, sinaliza uma mudança fundamental em dois âmbitos: pesquisa em pós-graduação e publicações periódicas. Na Faculdade de Arquitetura e Urbanismo da Universidade de São Paulo (FAU USP), pioneira na pós-graduação em arquitetura no Brasil[4], o curso de mestrado foi criado em 1972, mas será o de doutorado, estruturado em 1980, que dará novos parâmetros para a pesquisa em história, além de formar um expressivo contingente de professores para os cursos de mestrado que serão fundados a seguir em outras universidades públicas brasileiras, com especial destaque para a Escola de Engenharia de São Carlos, da USP. Nessa escola, o curso de mestrado em arquitetura remonta a 1971, mas só a partir de 1985, quando ocorre a implantação do curso de graduação em arquitetura e urbanismo, com a participação de professores com mestrado e/ou doutorado na FAU USP – dentre eles,

Carlos Alberto Ferreira Martins, Carlos Roberto Monteiro de Andrade, Renato Anelli, Agnaldo Farias e Nabil Bonduki –, é que se consolida o projeto que resultará na área de concentração "Teoria e História da Arquitetura e do Urbanismo", criada em 1993. Outros cursos de mestrado, como é o caso dos implantados na Universidade Federal da Bahia (UFBA) em 1983 e na Universidade Federal do Rio de Janeiro (UFRJ) em 1987, também se beneficiaram da matriz uspiana, mas com menor intensidade, pois neles é muito expressivo o número de professores com pós-graduação no exterior. Tal situação é ainda mais flagrante na Universidade Federal do Rio Grande do Sul (UFRGS), onde a influência da FAU USP é mínima. O Programa de Pós-graduação em Arquitetura (Propar) foi fundado em 1979 e começou a oferecer cursos de especialização em 1980, de mestrado em 1990 e o de doutorado em 2000. Seus mais destacados professores, Carlos Eduardo Dias Comas e Edson da Cunha Mahfuz, realizaram suas pós-graduações no exterior, assim como diversos dos outros membros do programa. Essa relativa autonomia talvez explique a diversidade do foco das leituras históricas ali realizadas.

No campo das publicações periódicas, depois de um interregno de quase uma década sem revistas de arquitetura relevantes, o quadro irá se reverter nos anos 1980: "No Brasil", assinala Hugo Segawa, "revistas como *Habitat e Módulo* dos anos 1950 e *Acrópole* dos anos 1960 (com menos rigor) aproximaram-se das linhas editoriais de tendência, como Arquitetura refletiu as posições da corporação nessa mesma década, até o fenecimento da imprensa de arquitetura no início dos anos 1970. O ressurgimento das publicações regulares nos anos 1980, com a *Projeto* (a partir de 1979) e *AU* (desde 1985), não marcou a retomada de 'revistas de tendência', mas refletiu as incertezas de um país no limiar da redemocratização, o atordoamento pós-moderno e a concordata da modernidade brasileira"[5]. As duas novas revistas iniciam um processo de profissionalização do jornalismo em arquitetura, com destaque para Ruth Verde Zein, Cecília Rodrigues do Santos e o próprio Segawa[6]. Na revista *Projeto* daquele período é possível encontrar textos jornalísticos inspirados, em que a intuição dos articulistas aponta para temas e questões inovadoras, e o início de preocupações mais rigorosas do ponto de vista crítico e histórico. A tônica comum é de um entendimento mais crítico da arquitetura moderna e de uma maior abertura em relação às temáticas e poéticas arquitetônicas contemporâneas. Em um sentido mais geral, pode-se dizer que nesse momento surge uma consciência da historicidade do moderno e as implicações correspondentes, em especial a possibilidade de se fazer balanços, comparações, ajuizamentos críticos etc.

Curiosamente estes dois elementos – pesquisa e revista – estiveram presentes simultaneamente em duas unidades da PUC, permitindo que participassem da discussão historiográfica. Ainda nos anos 1980, na falta de uma escola de arquitetura[7], o Curso de Especialização em História da Arte e Arquitetura do Departamento de História da PUC-Rio abrigou um grupo de intelectuais de primeira linha, o que possibilitou a experiência marcante da *Gávea*, revista de história da arte e arquitetura, cujo primeiro número foi publicado em 1984. Ao longo dos anos, participaram como editores e membros do conselho editorial personalidades como Carlos

Zílio, Eduardo Jardim de Moraes, Margareth da Silva Pereira, Jorge Czajkowski, Ronaldo Brito, João Masao Kamita, Roberto Conduru e Rodrigo Naves. Na década seguinte, a PUC-Campinas, graças ao investimento na carreira docente, possibilitou que seus professores se qualificassem com mestrado e doutorado, realizados na FAU USP e no Instituto de Filosofia e Ciências Humanas da Unicamp. Essa experiência – que contou com a participação dos professores Sophia S. Telles, Luis Espallargas Gimenez, Maria Beatriz Camargo Aranha, Áurea Pereira da Silva, Vladimir Bartalini, Silvana Rubino e Abilio Guerra – teve na revista *Óculum*, publicada a partir de 1992, uma de suas expressões importantes[8].

São os artigos escritos e publicados nesse ambiente intelectual, entrelaçando jornalismo especializado e pesquisa acadêmica, revistas comerciais e periódicos universitários, que dão a base inicial para a formação do espaço de pesquisa sobre arquitetura moderna brasileira, ou simplesmente do "campo", como diria Margareth da Silva Pereira. Desde então se avançou muito, graças à sedimentação dos mencionados cursos de pós-graduação e a criação de outros, tanto em escolas públicas como privadas, alguns em rápido processo de amadurecimento, como é o caso dos oferecidos pela PUC-Campinas e Mackenzie. Hoje, portanto, o quadro é muito distinto de trinta anos atrás, pois já foram realizados uma cobertura temática de grande amplitude e estudos monográficos aprofundados[9].

A ideia de publicar esta coletânea de artigos, que consideramos fundamentais para a compreensão da formação da historiografia sobre a arquitetura moderna brasileira, é acalentada há alguns anos.

O período que nos separa de suas publicações originais é relativamente curto – o primeiro deles data de 1983 – e eles continuam presentes nas bibliografias de artigos, mestrados, doutorados, disciplinas etc. Essa constatação torna incômoda a situação de quem os reapresenta ao público, pois alguns riscos de interpretação equivocada são eminentes. O primeiro deles é supor que aqui estão apresentados os *textos inaugurais* da construção historiográfica da arquitetura moderna brasileira. Para nos antepormos a quem assim considerar, sacamos de empréstimo o comentário de Lúcio Costa em seu debate epistolar com Geraldo de Barros, que defendia Gregori Warchavchik como o introdutor da arquitetura moderna no Brasil: "não adianta [...] perderem tempo à procura de pioneiros – arquitetura não é *Far-West*"[10]. Mas, diferente de Lúcio Costa – que desloca astuciosamente a questão ao defender Niemeyer como autor dos princípios que norteariam o seu desenvolvimento no país –, nós apontamos aqui a dificuldade, e até mesmo a impossibilidade, em detectar pioneirismo de ideias em um ambiente em que o rigor acadêmico ainda não havia fincado raízes. Portanto, os textos aqui presentes não são necessariamente os primeiros publicados sobre a questão historiográfica e, seguramente, se beneficiaram do momento propício à construção do "campo". Mas eles são ou os artigos que mais desdobramentos provocaram no debate historiográfico nas últimas décadas – em especial, os presentes na parte 1 desta coletânea –, ou exemplos interessantes dos desdobramentos de ideias, pressupostos e métodos ali contidos.

O segundo risco é de considerar os textos selecionados como *atuais*, no sentido que seriam as últimas elucubrações sobre os assuntos historiográficos.

Não o são, evidentemente. O tempo – que corrói todas as coisas, segundo o velho adágio ovidiano – não os deixou impunes. Como não podia deixar de ser, mais do que as pretensas verdades dos caminhos e descaminhos da arquitetura moderna brasileira, eles retratam as condições materiais e possibilidades intelectuais do período no qual foram produzidos. E os próprios autores – praticamente todos eles hoje com uma carreira consolidada – são conscientes disso, como podemos verificar nas suas próprias palavras. "De minha parte", diz Sophia S. Telles, "modificações substantivas ocorreram durante esses anos, mais na maneira de ler os projetos – tão fenomenológica, inicialmente – e muito nas interpretações ideológicas e políticas, que considero ainda pouco estudadas no nosso caso. Aplicamos as regras dos anos 1980 mais com espírito militante do que propriamente universitário, no sentido de conhecer a fundo o que sequer sabíamos suficiente, a arquitetura brasileira, e muito menos a arquitetura moderna em geral"[11]. Ou então, na ponderação de Carlos Eduardo Dias Comas: "Hoje eu seria muito mais crítico da interpretação do Frampton; relativizaria – e muito – a importância da identidade nacional e do barroco no período 1936-1945, vendo-a mais como parte da retórica de resistência antiamericana nos anos 1950"[12]. Margareth da Silva Pereira, por sua vez, é contundente sobre o quanto seus artigos são tributários da ocasião: "Ambos os textos revelam meus interesses à época pelas questões de memória coletiva e pelo sentido cultural atribuído a conceitos e palavras, o que pode ser definido como uma tendência geral nesse período. O significado cultural atribuído a palavras como história, utopia, natureza, paisagem e, sobretudo, arquitetura, passou a ser o meu foco de interesse naqueles anos, conjugado a um interesse que nunca deixei de ter pelas biografias. Daí que esses textos revelam ao mesmo tempo meu esforço em juntar essas duas pontas, indivíduo e cultura, e minhas tentativas de abrir espaço para uma reflexão sobre o Brasil, menos apriorística e mais atenta a processos e atores"[13]. Todos os depoimentos são de 2006; será que os autores dariam os mesmos depoimentos quatro anos depois?

E um terceiro risco – este menos perigoso, pois pode ser afastado com uma confissão pessoal do organizador – seria tomar os artigos aqui publicados como os *principais*. Sem dúvida, alguns o são, mas outros são frutos da escolha idiossincrática de quem os selecionou (e que não se envergonhou de incluir um texto da própria lavra) a partir de uma lista prévia de mais de cinquenta artigos. A escolha envolveu também a busca de diversidade de abordagem, número amplo de autores, variação regional etc. Alguns nomes importantes estão infelizmente ausentes, mas tal problema poderá eventualmente ser sanado com a publicação de um ou mais volumes, ampliando a coletânea dos textos fundamentais sobre a história da arquitetura moderna brasileira.

Os artigos selecionados nesta coletânea e publicados em dois volumes têm como datas inicial e final os anos de 1983 e 2002. Transformações profundas são visíveis nesse período. Os livros de referência presentes nos primeiros artigos – de autores importantes, como Venturi, Rossi, Frampton e Giedion – são citados em suas versões originais, mas vão sendo gradativamente substituídos por suas traduções para o português, compartilhando o espaço com novos títulos e autores. Há também uma notável modificação nas notas de rodapé, que, em pouca quantidade e imprecisas nos artigos iniciais, vão se tornando aos poucos mais coerentes e adequadas, para finalmente se tornarem normatizadas nos artigos finais. Essa evolução está em parte descaracterizada nesta edição, pois as notas foram em grande parte corrigidas nas imprecisões e complementadas em suas omissões. Entre salvaguardar o original e colaborar na pesquisa do leitor atual, optamos pela segunda opção, afinal o original poderá ser consultado a qualquer momento nas boas bibliotecas de arquitetura.

Do ponto de vista da argumentação, a necessidade de se criar um "campo" acaba caracterizando o primeiro momento como a busca das características específicas de nossa arquitetura, relacionando suas diferenças a partir de determinações ou princípios culturais, psicológicos, estéticos, civilizacionais etc. Com a sedimentação das primeiras conquistas e o estabelecimento de um espaço discursivo devidamente elástico para suportar a presença de antagonismos e diferenças, as pesquisas e especulações críticas acabam derivando para temas específicos – habitação coletiva ou novas cidades, por exemplo – e levantamentos monográficos – sobre Paulo Mendes da Rocha, Rino Levi, Gregori Warchavchik etc.

Por fim, há o engajamento de pesquisadores estrangeiros, quebrando a hegemonia inicial quase completa exercida pelos pesquisadores brasileiros, com a notável exceção de Bruand. Se o interesse de Paul Meurs – grande entusiasta de nossa arquitetura e dela incansável divulgador na Holanda – pode ser visto como um fato isolado, o mesmo não se pode dizer do interesse dos *investigadores* argentinos, com a dupla Adrián Gorelik e Pancho Liernur à frente. O número 4 da revista Block é um dos mais importantes documentos sobre a história e historiografia da arquitetura moderna brasileira, trazendo contribuições de pesquisadores brasileiros e argentinos. E não se trata apenas de uma coletânea, mas claramente de um diálogo articulado, como pode se verificar, dentre outros exemplos possíveis, no artigo da dupla argentina Fernando Aliata e Claudia Shmidt, que tenta "explorar a dimensão clássica da teoria e da obra de Lúcio Costa a partir da aproximação do arquiteto à obra de Perret, evidenciada com clareza no conjunto de Monlevade"[14]. Essa entrada analítica – de compreender a arquitetura e teoria de Lúcio Costa a partir de sua formação acadêmica – já vinha sendo desenvolvida há alguns anos por Carlos Eduardo Dias Comas, sob a influência do trabalho historiográfico de Colin Rowe. Fato aceito por Aliata e Shmidt que, após assinalarem que esse aspecto foi, em geral, negligenciado pelos estudiosos de Costa, afirmam que, nesse tipo de abordagem, "exceções no campo historiográfico constituem-se as análises presentes em Comas"[15]. De qualquer forma, esse interesse externo acaba trazendo novamente para a cena a origem da arquitetura moderna no Brasil, que vê mais uma vez repassada as condições de sua implantação em nosso país. O distanciamento histórico permite também um enfrentamento mais tranquilo de episódios problemáticos e ambíguos que foram ignorados ou discutidos com acidez exagerada em outros tempos. Convidamos os leitores a verificarem nos textos originais não só as questões mencionadas nesta breve apresentação, mas o quanto já foi realizado em prol da construção de uma história da arquitetura moderna no Brasil.

Notas

1. GOODWIN, Philip. *Brazil Builds. Architecture New and Old 1652-1942*. Fotos de George E. Kidder Smith. Nova York, MoMA, 1943.

2. MINDLIN, Henrique E. *Modern Architecture in Brazil*. Prefácio de Sigfried Giedion. Rio de Janeiro, Colibris, 1956, p. 199. (Versão brasileira: MINDLIN, Henrique E. *Arquitetura moderna no Brasil*. Tradução de Paulo Pedreira. Prefácio de S. Giedion. Apresentação de Lauro Cavalcanti. Aeroplano/Iphan, Rio de Janeiro, 1999.

3. BRUAND, Yves. *Arquitetura contemporânea no Brasil*. São Paulo, Perspectiva, 1981.

4. Na verdade, o curso de mestrado em arquitetura mais antigo do país é o da UNB, mas a consolidação da área de história é tardia, com praticamente todos seus professores se pós-graduando na USP.

5. SEGAWA, Hugo; CREMA, Adriana; GAVA, Maristela. Revistas de arquitetura, urbanismo, paisagismo e design: a divergência de perspectivas. *Arquitextos*, São Paulo, n. 057, texto especial 282, Portal Vitruvius, fev. 2006. <www.vitruvius.com.br/arquitextos/arq000/esp282.asp>.

6. Os três arquitetos migraram posteriormente para a academia, onde ocupam hoje posição de destaque na USP, caso de Hugo Segawa, e no Mackenzie, caso de Ruth Verde Zein e Cecília Rodrigues dos Santos. Esta última é coautora de um dos mais importantes livros da historiografia da arquitetura moderna brasileira: SANTOS, Cecília Rodrigues dos; PEREIRA, Margareth da Silva; CALDEIRA, Vasco; PEREIRA, Romão Veriano da Silva. *Le Corbusier e o Brasil*. São Paulo, Tessela/Projeto, 1987.

7. O curso de graduação em arquitetura na PUC-Rio só foi inaugurado no ano 2002.

8. A revista *Óculum* n. 1, publicada em 1985, foi uma iniciativa autônoma de um grupo de estudantes e recém-formados, todos da PUC-Campinas. A partir do n. 2, de 1992, a revista torna-se revista institucional da escola. A professora Margareth da Silva Pereira, membro da revista *Gávea* nos anos 1980, participa de forma muito efetiva desse momento especial da escola de Campinas.

9. Sobre a amplitude dos trabalhos monográficos realizados nos programas de pós-graduação, ver GUERRA, Abilio. Monografia sobre Salvador Candia e a necessidade de um diálogo acadêmico. *Resenhas Online*, São Paulo, vol. 78, ano 7. Portal Vitruvius, jun. 2008, p. 208 <www.vitruvius.com.br/resenhas/textos/resenha208.asp>.

10. COSTA, Lúcio. Carta-depoimento (1948). In XAVIER, Alberto (org.). *Lúcio Costa: sobre arquitetura*. Textos de Lúcio Costa. Porto Alegre, Centro dos Estudantes Universitários de Arquitetura, 1962, p. 125.

11. TELLES, Sophia S. Depoimento por email, 09 out. 2006.

12. COMAS, Carlos Eduardo Dias. Depoimento por email, 23 set. 2006.

13. PEREIRA, Margareth da Silva. Depoimento por email, 11 set. 2006.

14. ALIATA, Fernando. Depoimento por email, 09 ago. 2006.

15. ALIATA, Fernando; SHMIDT, Claudia. Lúcio Costa, o episódio Monlevade e Auguste Perret. In GUERRA, Abilio (org.). *Textos fundamentais sobre história da arquitetura moderna brasileira – parte 2*, p. 255.

artigo 1 sophia s. telles
A ARQUITETURA MODERNISTA.
UM ESPAÇO SEM LUGAR
[1983]

A unidade entre o mundo sensível e o universo da razão – a relação arte/técnica – é o projeto da vertente construtiva da arte moderna, especialmente da arquitetura e do urbanismo do século 20. Pela abrangência de sua operação, a arquitetura moderna não é apenas a denominação de uma esfera do agir social que diz respeito à técnica, à indústria ou à organização do espaço urbano. Essa vontade construtiva marca uma posição frente à crise da civilização europeia, crise que também produziu a subjetividade romântica e a atitude niilista do século 19 como respostas defensivas e críticas à instrumentalidade excessiva da civilização industrial.

A operação moderna seria assim a tentativa de qualificar esse universo agora irreversível da técnica por meio da afirmação de uma sensibilidade primeira, originária e universal – emergência, portanto, de uma sensibilidade não subjetiva – como base de procedimentos formais que pudessem ser generalizáveis a todo espaço social por intermédio do design e do urbanismo. Não se trata de referir a arte simplesmente ao mundo da técnica, algo como a atualização da cultura ao mundo moderno. Ao contrário, a racionalidade do mundo industrial é que deve ascender às finalidades da arte.

A proposta de romper a barreira arte/vida, dissolver a arte na vida, é um esforço para superar o desequilíbrio entre a expressão da individualidade e o campo do universal. Se a vida será reafirmada como experiência sensível, deve ao mesmo tempo tornar-se clara e ordenada, efetivamente racional. Sensibilidade governada pela razão. A forma, enquanto percepção imediatamente sensível, será ao mesmo tempo a razão em ato.

A arquitetura e o urbanismo, ao responderem às necessidades do ciclo produtivo e da nova sociabilidade, assumem a função específica de clarificar, tornar legível a nossa existência. A qualificação da vida só será possível, portanto, desde que a inteligibilidade formal possa presidir, dali para frente, todo o campo produtivo. Essa inteligência pretende minimizar o estranhamento causado pela objetivação do capital e repor o urbano como espaço não natural, mas naturalizado, de uma sociedade longe da história, da tradição e dos regionalismos. A arquitetura moderna já é urbanismo no momento em que se constitui. Ela supõe a série, o *standard*, a planificação a partir da perspectiva zero. O mundo novo. Este é o lema da sua presença: a forma como expressão universal. Modo de deslocamento do subjetivo e do irracional, modo de fugir à opressão da natureza, como queria Mondrian.

Ora, como pensar, no Brasil, o fato da modernidade? Pode-se dizer que aqui havia, menos do que uma posição, uma disposição. O modernismo brasileiro se propunha a enfrentar a dispersividade típica do sujeito moderno ali onde ele ainda não aparecera de todo; enfrentar uma ausência, um vazio manifesto na impossibilidade da individuação do real brasileiro – sociabilidade marcada por outra dissolvência, densidade rarefeita pela extensão do território, resíduo da tradição colonial em que a presença da técnica e sua lógica abstrata apenas conseguiam emergir, aqui e ali, no horizonte da industrialização.

O modernismo seria, portanto, um momento reflexivo, o esclarecimento de uma situação. A disposição de voltar para dentro, para o interior do Brasil, o primeiro olhar finalmente permitido pelo vácuo da racionalidade europeia. Por isso mesmo, o modernismo não pode ser gesto positivo. Sua ambiguidade está em reconhecer o irracional, o imaginário, um campo afetivo e sensível que seria a naturalidade brasileira, ao mesmo tempo em que reconhece a razão moderna – termo indissolúvel desse olhar que constrói agora uma certa imagem do Brasil em sua tentativa de integração de pólos opostos: cultura e natureza, civilização e mata virgem, mergulho na paisagem brasileira não mais como fundo – plano em que se recortara a sociedade colonial e a alma romântica –, mas como campo em que se estruturam, juntos, o olhar moderno e a natureza, no ato fundante da brasilidade.

De um lado, a emergência caótica do imaginário; de outro, a negação, a sublimação desse movimento pela presença irônica e dissolvente da razão moderna. O Pau-brasil, a Antropofagia, o Verde-amarelo manifestam a contradição entre o desejo de uma subjetividade, de uma interioridade, e a fragmentação e a descontinuidade da civilização industrial. Como pensar então a arquitetura e sua abstração técnica, que fala sem cessar, justamente, na dissolução entre o interior e o exterior? Como pensar a própria abstração, que descentra toda particularidade em direção a uma forma universal? O projeto da arquitetura moderna fica assim meio estranho ao nosso modernismo. Não consegue sustentar a tensão da brasilidade porque afirma claramente outro real – o sistema produtivo, a indústria, a internacionalização do mercado.

A técnica e o estilo

Na Europa, a arquitetura se impõe como um dos pólos do próprio olhar moderno. Ordem, clareza, evidência de técnica e de novos procedimentos, formas puras. Pura exterioridade de um interior já dissolvido pela ação do capital e reassumido sob o controle da forma, manobra que procura dirigir os afetos para a lógica estruturante da percepção, para a redução da dimensão sensível da existência a um sistema objetivo de relações universais. Afinal, é a positividade da vida moderna que a arquitetura vem mostrar e demonstrar.

O modernismo aqui acolhe imediatamente esse sinal de progresso e racionalidade com o qual o Brasil precisa aprender a conviver. Mas e a presença da natureza, o interior sensível, a imensa superfície de território virgem, de sertão noturno, a presença indígena e cabocla – não permanecem sendo esses os índices da interioridade modernista? Não é essa a brasilidade que o olho modernista, de escanteio, aqui e ali, reconhece como sendo o fundo difuso de uma natureza brasileira, da própria alma brasileira? Ora, a arquitetura moderna que Warchavchik traz para o Brasil, logo após a Semana de Arte Moderna de 1922, constrói a Casa Modernista com o novo conceito de solo urbano – espaço não natural, mas social. Por isso mesmo, embora introduza a planta moderna, a generalização do cimento armado e dos materiais industrializados, e apesar de marcar o início das formas retas, dos balcões em balanço, das grandes aberturas, a arquitetura de Warchavchik está condenada aqui a ser ainda uma operação estética.

A opção modernista pela arquitetura moderna começa sendo, antes de tudo, estética. Isso já era evidente na escolha dos arquitetos da Semana, Moya e Przyrembel: os resíduos art nouveau, o art déco, as referências maias e astecas, o colonial brasileiro relido pelo classicismo francês, enfim, a indecisão sobre o que seria o moderno. A vida urbana e racional permanece uma questão literária. Warchavchik arma bem sua estratégia ao incorporar o ranço estilístico como lance de mercado. Mas seria redutor, é claro, apontar somente essa questão.

A indústria e a urbanização recentes permitem os projetos de classe média, os conjuntos de casas de aluguel e os conjuntos operários. A atenção do projeto dirige-se ao enfrentamento com o lote urbano e a legislação. Se Warchavchik mantém, de certa maneira, o estatuto tradicional do arquiteto como opção de estilo, as referências que traz, especialmente Bauhaus e De Stijl, pressupõem uma visualidade que nega, justamente, qualquer realidade espacial prévia ao ato formalizador. Ou seja, não há espaço até que a forma o construa; não há natureza preexistente, mas matéria a ser formalizada por um gesto social soberano. O fundamento urbano da arquitetura reduz a relação interior/exterior a um espaço extensível, onde as superfícies e profundidades são tratadas equivalentemente como planos virtuais de um *continuum*; ou então o espaço como emergência de uma estrutura perceptiva originária é afirmado no gesto puramente visual da arquitetura, como o faz De StijI. A relação entre interior e exterior é rigorosamente abstrata.

Atrás dessa mudança está a lição cubista da decomposição analítica do espaço. As formas puras e geométricas são decorrência desse procedimento, como se sabe. Mas a experiência cubista pressupõe a existência anterior de um espaço a ser decomposto, a natureza – vista não mais como fundo, mas como um *dado*, um elemento tão arquitetônico quanto o próprio objeto construído. Porque conserva ainda a referência pictórica, Le Corbusier, o mais clássico dos arquitetos modernos, não suprime o objeto na abstração radical do gesto formalizador. Ao contrário de Gropius ou Mies, em Le Corbusier natureza e civilização se equivalem, podem ser reduzidas à identidade pelo ato racional que as constitui como objetos de uma mesma inteligibilidade. Não há, portanto, obstrução de uma pela outra. Daí a presença dos pilotis – que elevam o objeto sobre o chão – afirmar a superfície ainda natural ou o caráter expressivo dos materiais, mantido no cimento bruto e no tijolo à vista nas obras de Le Corbusier posteriores aos anos 1950. A continuidade entre o interior e o exterior é definida como uma simples relação proporcional, ordenação modulada por recortes no plano e por ritmos de luz e sombra.

A Casa Modernista demonstra essas diferenças com os volumes cúbicos decompostos por planos que assentam diretamente no solo, além do uso da cor e dos acabamentos industriais – pintura *a duco*, esmalte prateado, madeira compensada. Warchavchik reconhece, no Brasil, as dificuldades práticas dos esquemas visuais construtivos, e as primeiras esquadrias de ferro, as luminárias e móveis de tubo e madeira são produzidos nas oficinas do próprio arquiteto.

A Casa Modernista é exemplar não apenas na afirmação geométrica da arquitetura, mas inclusive nesses revestimentos e acabamentos industriais (Bauhaus). O uso da cor surpreende se pensarmos nas superfícies secas e nos materiais aparentes, constantes na arquitetura brasileira pós-Corbusier:

Warchavchik usa o verde-limão, o vermelho e o branco, o preto, o cinza e o prateado, os roxos e os tons de laranja, e faz um teto luminoso de vidro vermelho e amarelo na melhor tradição De Stijl. Mesmo os jardins tropicais que o projeto incorpora procedem de uma escolha explicitamente formal: as plantas e arbustos recortam as superfícies claras e os planos sombreados, como elementos tratados com valores iguais, *à la* Léger ou Tarsila. Mas os tetos-jardim e as grandes aberturas para a vista são também lições de Le Corbusier. O projeto de Warchavchik acaba por associar ao fundamento urbano e abstrato da Bauhaus a incorporação pictórica da natureza.

Essas diferenças e similaridades apontam, entretanto, para uma unidade anterior, o projeto racionalista. O movimento moderno desloca sua arquitetura para fora do solo especificamente modernista, fora enfim do espaço imaginário, do mapa sensível do Brasil. E essa exterioridade é própria da questão construtiva, pois assim como a planta – matriz do projeto para todo o movimento moderno – é imediatamente forma, sua interioridade é negada pela livre articulação das funções. O objeto arquitetônico, como expressão de uma individualidade ideal, tende a se diluir no planejamento e na industrialização. A raiz construtiva propõe o design como a necessária exteriorização do processo produtivo, por sua legibilidade formal e expansão infinita na série. De certa maneira, a circulação das funções no novo espaço social dissolve toda interioridade possível. Todo gesto expressivo é ao mesmo tempo um puro exterior – uma objetividade.

A arquitetura racionalista, embora tensionada pela expressão, apresenta um corte radical em relação ao expressionismo, vertente que conserva o gesto como vontade subjetiva, o outro núcleo problemático da arte moderna – referência que, no Brasil, não aparece apenas na arquitetura. "A cidade do homem nu", título da conferência de Flávio de Carvalho, é a metáfora da individuação primitiva, do grito primal relido com humor e citações freudianas. O Mundo Novo também poderia significar o lugar do ser humano despido da civilização castradora. A brasilidade antropofágica de Flávio de Carvalho é, antes de tudo, um comentário sobre o inconsciente (Freud) e sobre a energia vital contra a lógica estruturante (Nietzsche). Brasil tropical ou América pré-colombiana, nesse caso, tanto faz.

Embora Flávio de Carvalho esteja atento aos procedimentos construtivos e ao planejamento pela informação que traz da Europa, a raiz expressionista e a leitura de Frank Lloyd Wright marcam em seu projeto a distância frente à abstração urbana. Momento de indistinção entre o emocional e o racional, a expressão é imediatamente uma manifestação da existência, a interioridade presentificada em ato – gesto incisivo no qual todo exterior torna-se contração e contenção. A arquitetura conserva, assim, o objeto na sua plena presença enquanto expressão da subjetividade como vontade, e qualquer lógica refere-se à estruturação interna dessa vontade. Aqui não há uma sociabilidade anterior e, como em Wright, a arquitetura afirma uma relação primeira com as forças da natureza, na forma de uma individuação profunda. Relida na Europa pelo expressionismo, essa individuação poderá ser o solo de um pensamento regional e nacionalista. Os monumentos e os projetos iniciais de Flávio de Carvalho indicam, no entanto, outra direção. O interior contido nessas massas enormes (os projetos

Eficácia) aponta para a densidade rarefeita do país, para uma sociabilidade que esgarça qualquer fundo e o torna uma transparência – paradoxo que repõe os monumentos, irônicos, flutuando sobre si mesmos qual ilhas sobre alguma impossível profundidade.

A intervenção humorada e cortante de Flávio de Carvalho junto aos modernistas não esconde que segue preso à tradição romântica, a algo à margem, algo denotado em uma aflição dispersa, na agitação e inquietação que desviam seu interesse para a cenografia, a dança, as roupas, a *Experiência n. 2* e, especialmente, os desenhos e pinturas. A margem real em que se coloca talvez seja, finalmente, a inviável solidão expressionista que o faz deslizar sobre essa superfície sem fundo, a natureza à mostra – o Brasil. Uma subjetividade incapaz de ser nomeada porque não inteiramente constituída na trama de uma sociedade estável; o solo problemático que o modernismo procurava desconstruir na ambiguidade moderna da literatura e da música, sobre o caos de sons e ruídos; os ritmos de sociedade nova, ou na pintura da superfície, a que buscava resgatar o fundo interiorano do Brasil para o plano pictórico da brasilidade.

É muito evidente que as construções cubistas ou futuristas desse período são mais expressivas e literárias do que construtivas, e o que conta, nesses e em outros projetos, é a individuação problemática que busca Flávio de Carvalho. O olhar modernista colocara a arquitetura como o outro lado, a presença da técnica e da racionalidade. A inquietação expressiva o impedira, enfim, de consumar um projeto, embora a negação romântica quase pudesse, aqui, torná-lo mais moderno do que Warchavchik, que, na busca de uma positividade ideal, permanecerá estetizante até que a difusão dos procedimentos construtivos dissolva nas cidades a marca específica de seu projeto. E esta é a questão: o fato de o olhar da arquitetura configurar necessariamente, no real, uma visualidade. Por ser projeto, movimento com direção, por deter um cálculo social, esse olhar só poderá agir quando o lugar onde surgiu a brasilidade modernista, a ambivalência do modernismo, puder repor-se positivamente.

Um destino moderno

Gesto político e intenção do projeto, a decisão de desenvolver o país reduz a modernidade a apenas um de seus termos: o mundo novo. Questão moderna e mito europeu de uma sociedade sem tradições e de um território virgem, a referência, finalmente, é Le Corbusier. Moderno é o país novo, moderna é a condensação do social no ato da razão. "Somos um país condenado ao moderno" (Mário Pedrosa), onde o progresso e a técnica mantêm-se ainda, enquanto gesto inicial, intencionalidade primeira e vontade expressiva. Por isso, marca e monumento. Claro, a ação se faz a partir do futuro, o movimento corre para o interior, a expansão *é* para dentro. O procedimento de Le Corbusier com sua equivalência entre natureza e cultura sob o primado da razão desliza para outra ordem; a arquitetura dos anos 1950 realiza a síntese em sentido inverso – o movimento da técnica repõe o olhar da natureza.

Fundo para o movimento da forma, não será o urbano a base da visualidade no Brasil. A intenção do projeto e a revisão do olhar modernista sobre a paisagem brasileira resumem uma espécie de sociabilidade não social, em que a figura da razão pode enfim pousar sobre a extensão sensível – a virtualidade imensa do território novo, fundamento do devir. A arquitetura e o urbanismo, no momento mesmo do projeto, são o grão, um ponto, uma vibração nessa interioridade na superfície, que se organiza como campo. "Liberdade telúrica e agreste" (Lúcio Costa), a Natureza concentra-se no instante mais denso de seu território – a marca no mapa –, o projeto que lhe confere a condição de campo fundante. Movimento imóvel, é a natureza agora que olha a razão.

A forma da arquitetura, por concentrar em si esse interior mais puro, acaba perdendo toda interioridade própria. A forma é, paradoxalmente, só exterior, gesto barroco de uma visualidade organizada para fora, onde o espaço interno deixa de ser unidade. Não há interior a ser dissolvido pela ação da técnica; ação que deveria responder à infinita disponibilidade funcional da vida moderna. Aqui, a técnica, ao contrário, é levada a uma funcionalidade expressiva, proposição e projeto de toda a possibilidade futura, a marca virtual da própria natureza. A vegetação displicente sob o objeto construído, a natureza bruta dos materiais, apontam certa distância frente à industrialização – o lugar mais interior do projeto é o mais aberto, quase contemplativo. Não há continuidade, portanto, entre o interior e o exterior, sequer há uma identidade, porque o projeto virou ao avesso. Há uma transparência que abole a relação dos termos. Tudo é interioridade, tudo é particularidade: presença sensível, o lugar permanece, ainda, a paisagem brasileira.

Mais do que a referência colonial ou o gesto barroco comentado no projeto, a arquitetura dos anos 1950 no Brasil exprime uma relação com o espaço exterior como um lugar interior. Os grandes vazios só afirmam, nos limites da forma, o movimento contínuo, o olhar atrás e através do infinito, essa incompletude que o olho procura sempre ao fundo e mais ao fundo, em que qualquer fixação, qualquer finitude traz à mente o desconforto do presente: o real moderno que se constrói dissolvendo o fundo. O projeto da arquitetura toma assim o solo urbano como recorte virtual na extensão do Brasil. Ponto sobre superfície, mancha sobre o descampado, a forma é um movimento próximo e distante ao mesmo tempo – olhar-horizonte sobre o futuro, afetividade noturna que deve ser desperta sempre, a cada gesto inaugural, pelo projeto da civilização e da racionalidade.

Os anos 1960 produzem mudanças. O urbano se instaura como questão de planejamento e a arquitetura moderna enfrenta a crise de seu projeto universalizante. Brasília teria sido, assim, o último gesto de um modernismo às avessas: a internacionalização do capital pensada a partir do Brasil.

artigo 2 luis espallargas gimenez
PÓS-MODERNISMO, ARQUITETURA E TROPICÁLIA
[1984]

> *O vasto domínio da imaginação é semelhante ao da mentira [...] quando se abusa da imaginação se cai na loucura. É uma faculdade nobre enquanto reconhece sua idealidade; quando cessa de reconhecê-la, se converte em demência.*
> John Ruskin, *A lâmpada da verdade*

A primeira questão relativa ao pós-modernismo na arquitetura e suas influências na produção brasileira reside, mais que na discussão de sua conveniência no nosso meio, na explicação dos motivos e efeitos de sua defasagem como tema de interesse e debate. Mais que polemizar sobre o fenômeno tratando de conhecê-lo para aferir-lhe um valor preciso, é necessário, antes, entender os mecanismos que isolaram e retardaram a difusão e crítica de uma produção que agora começa a escandalizar ou fazer algum sentido para poucos.

Defesa da produção e do profissional

A arquitetura brasileira, ciosa de sua Brasília e do prestígio alcançado no exterior – exagerado ligeiramente para compensar e neutralizar a própria estranheza interna –, enclausura-se para defender, com o arsenal de suas glórias (pelo menos entre a classe), a nacionalidade da produção e a ideia do profissional arquiteto propugnada pelo movimento moderno. O preço a pagar é o total isolamento e a autorreferência. Por meio de um controle ideológico muito rígido pautam-se a ética e o comportamento para a boa e elogiável arquitetura, inibindo e castigando qualquer interesse por obras e textos estrangeiros que não fossem aqueles clássicos difusores da causa do modernismo.

A revista *Acrópole* é a prova material de uma época dourada: vive apenas de astros brasileiros, documenta as exceções que sonha transformar em norma e sobrevive enquanto funciona a simbiose com a mitologia que ajudou a criar. Seu desaparecimento deveria ter sido levado mais a sério, pois representa simultaneamente o esvaziamento de uma tese e a insistência em sua preservação. Transformar uma arquitetura em produto nacional e redentor, sem atributos autóctones e culturalmente engajados e sem poderes mitigadores, é possível com a perda progressiva do discurso eminentemente arquitetônico, com o desprezo de outras produções e com uma fé quase religiosa em dogmas não verificados. Evitar a leitura controvertida e revisionista é o segredo da ideologia, que, mais que manter um arsenal de respostas para críticos e detratores, tem de se preocupar em controlar as próprias perguntas formuladas para garantir a instituição – a escola –, seu abrigo.

Mais que a arquitetura brasileira, defendeu-se o papel predestinado do arquiteto na sociedade, mistificado pela cruzada evangélica que ele se autoimpingiu. A renúncia à noção tradicional do fazer arquitetônico – recomendada pelas inadiáveis exigências de modernização – pode ser compreendida a partir de sua perfeita historicidade. O difícil é entender a insistência nos ideais e a credibilidade que estes ainda desfrutam entre nós, se levarmos em consideração o anacronismo das bases ideológicas que os engendraram e a demolição que essas mesmas bases têm sofrido por intermédio de uma crítica séria e desapaixonada.

Sem barreiras de escala, revestido de cientificidade, livre dos limites do cotidiano – da colher até a cidade e do meio ambiente até o cosmo–, o arquiteto quis ser maestro sem se importar com o papel a desempenhar: do político ao artesão, do pintor ao *metadesigner,* todos foram personagens possíveis do mesmo ator. Mantidos os desafios, é substituída a profissão, perdida a especificidade e prestigiado o método. Troca-se o objeto da profissão pelos objetivos sem disciplina.

A supervisão dos ideais do movimento moderno é uma prova de zelo e aplicação da ação militante. Mesmo nos momentos mais duros da vida institucional do país, não se recorreu ao expediente da disciplinaridade da arquitetura como lance para tentar aliviar a produção amargurada, acastelando-se na autonomia da arte. Tal atitude traria a inevitável perda do valor simbólico conquistado pela profissão – uma imagem a meio caminho do messias e de São Jorge –, que se tornaria assim um mero ofício. No entanto, o mito da arquitetura de alcance social, redentora, comprometida e revolucionária, a arquitetura como a chave de tudo, começa a se desvanecer não tanto pela análise imparcial das contradições e simplificações de seus aforismos, como pela própria avaliação dos resultados obtidos em nome de uma sociedade mais justa, organizada e harmoniosa: a *sociedade estética* obtida pelo *desenho total*.

Menos inquisidores e mais desnorteados, os defensores da arquitetura nacional e da ortodoxia começam a tolerar sistemas figurativos novos justificados pelos desejos individuais de experimentação, que, se por um lado são tratados como exceções benfeitas aos modelos estéticos prestigiados e tidos como culturalmente adequados, por outro lado ainda não podem evidenciar, abertamente, suas semelhanças e prováveis inspirações em arquiteturas internacionais.

Progressivamente os *experimentalismos* vão tomando conta da produção arquitetônica nacional e, não por coincidência, evoca-se a necessidade de discussão do pós-modernismo, como via de regulamentação de uma prática que substitua a angústia das metas inalcançáveis de Tafuri pelo divertimento da forma e da cor favorecida pelo fim do proibicionismo de Portoghesi. Substituem-se o modernismo e a modernização por uma modernidade que tem negócios com o passado, um passado que, além dos historicismos, também não nos pertence.

Início de nova etapa

O pós-modernismo desejado começa a se definir pela ação reservada ao texto (que nunca fez muita falta, seja pelo positivismo de quem vê tudo em uma obra acabada, seja pela cumplicidade daqueles que preferem congelar os sistemas estéticos ou omitir suas origens), que outra vez não vem como base teórica (fundamental para o fenômeno em questão), mas apenas como introdução, panfleto ou programa genérico que concentre todos seus esforços em evidenciar o início de uma nova etapa da arquitetura, deixando em aberto (outra vez genericamente) o vasto repertório pós-modernista para a apropriação emotiva e interessada de cada arquiteto.

E que ninguém desconfie das dificuldades de tais intenções operativas, uma vez que a existência de um sistema arquitetônico, nos seus aspectos figurativos, independe do conhecimento da base teórica original que o criou. Uma propriedade pelo menos perigosa em um momento em que saber nunca foi tão importante como agora, pois nunca a teoria foi tão fragmentada, difusa e contraditória.

Se antes as citações às arquiteturas estrangeiras não transpareciam, fosse pela própria ignorância dessa produção – resíduo da pretendida autossuficiência –, fosse pelo cuidado na escolha e na camuflagem dos elementos citados para escapar aos sectários, agora se percebe o início de um enfrentamento com a explicitação de uma atitude pretensamente beligerante: uma confrontação nos aspectos mais evidentes do conflito sem as contraofensivas que se poderia esperar e em que o mais novo deve vencer mais pela fadiga do oponente do que pelos seus próprios méritos.

Pós-modernismo, *after modern movement,* modelos de arquitetura dos anos 1970, neovanguardas ou ecleticismo radical são títulos que tentam explicar um fenômeno – representando inclusive suas variações epistemológicas – que começa agora a receber nossa atenção e, transformado em novidade e esvaziado de suas verdadeiras dimensões e de sua densidade historiográfica, é, não sem pretensão e arrogância, lançado como hipótese a averiguar, como disponibilidade: "Um debate próximo...".

O pós-modernismo chega por intermédio do best-seller de seu mais bem-sucedido empresário e ativista, Charles Jencks, quando já havia sido homogeneizado, pasteurizado e homologado para todos os usos pela crítica mais medíocre e quando seus aspectos verdadeiramente inovadores, vanguardistas e perturbadores já haviam sublimado, cedendo energia aos hedonismos e à prática do neoclassicismo de opereta; quando todos os laboratórios *after* haviam sido sugados para aproveitamento operativo e comercial de suas propostas; quando Ricardo Bofill abandona os claustros reflexivos do Taller para tornar-se grife dos grandes empreendimentos habitacionais da burguesia francesa; quando, no fim da festa, resta uma caricatura de arquitetura; quando já não se pode falar em virulência, mas apenas em difusão estilística de um fenômeno que desceu até o domínio da produção mais ordinária da arquitetura, difundido por códigos banalizados e receitas linguísticas.

E que ninguém inocentemente lamente que tenhamos chegado tarde. Nada mais equivocado. Nosso interesse começa quando se acabam os incidentes, quando o pós-modernismo ganha *textura teórica* estabilizada e aparência plástica uniformizada. Quando restam apenas os aspectos valentes que, sem serem cafajestes como em Stanley Tigerman, são corteses como em Mario Botta, e, sem ser debochados como em Charles Moore, são elegantes como em Richard Meyer. Coisas feitas para gostar. Aspectos calibrados para uma burguesia carente, em que haja a explicitação controlada da desordem, em que a contradição tenha dimensões moderadas e em que a presença da ordem seja mítica ou subliminar para a fácil digestão de uma gente cuja cultura é só medianamente masoquista. Chegamos em boa hora; o que aconteceu antes não nos é fundamental.

Assimilar o fenômeno – o dos anos 1970 – é impossível, já que o problema não se resume à recuperação de um tempo perdido ou à atualização e adaptação de um discurso por intermédio de qualquer apetite antropofágico, ou pela reconstituição minuciosa do desenvolvimento e trajetória das ideias. Apenas os que acreditam que somos o passado dos desenvolvidos – ou, vice-versa, que eles são o espelho de nosso futuro – podem sustentar tais esperanças. Apenas aqueles que, como depositários e testamenteiros da modernização, aconselham respeitosamente os herdeiros a *não queimar etapas históricas*, aguardando os funerais para então cair no carnaval da permissividade pós-modernista.

E, como não existe o túnel do tempo, o debate, ou melhor, o resgate terá hoje um sentido histórico que não fornece o tão desejado modelo, mas apenas serve como referência de modelos e tendências. Tanto interesse repentino nosso terá de começar respondendo qual o sentido de iniciar o debate dezoito anos após a primeira publicação de *Complexities and Contradictions in Architecture,* de Robert Venturi[1], e de *L'architettura della città,* de Aldo Rossi[2], e a treze anos do concurso do Cemitério de Módena e da Exposição dos *Five Architects* no Museu de Arte Moderna de Nova York.

Quase duas décadas medem nossa indiferença com relação aos episódios que simbolizam a culminação do que se convencionou chamar de condição *after,* iniciada logo após a Segunda Guerra Mundial com a revisão da produção e das teorias agrupadas sob o guarda-chuva do movimento moderno. Louis Kahn, com a recuperação da dimensão simbólica e a reabilitação da história e das tipologias clássicas, Colin Rowe, com sua análise corrosiva das obras dos mestres, e Alvar Aalto, com seu respeito à tradição vernacular e defesa das poéticas individuais transformam-se nos anti-heróis da revisão historiográfica da versão oficial da arquitetura moderna. Aqui, as obras e textos de Gunnar Asplund e Adolph Loos adquirem valor premonitório.

São muitos anos para que se possa falar nas dificuldades de comunicação tão convincentes e convenientes do período colonial. Desde Grandjean de Montigny e a fundação da Escola Nacional de Belas Artes, nunca tínhamos estado tão à margem da discussão arquitetônica internacional. Tal isolamento, cuja perenidade é digna dos maiores obstinados, só pode ser explicado pela obstrução voluntária recomendada por uma crença muito forte na contextualidade e autodeterminação de uma prática arquitetônica.

Aberta a temporada de *um debate próximo*, poderemos ocupar a ociosidade operativa que a crise econômica nos impôs, discutindo, entre uma cerveja e outra, qual dos Venturi é mais conveniente: se o elitista de gosto maneirista de *Complexities and Contradictions...*, ou o populista-inclusivista de *Learning from Las Vegas*[3], ou qual conjunto figurativo das metáforas de Michel Graves é mais adequado a nossa cultura: se o purista e cubista da Hanselmann House ou o do classicismo romântico do policrômico *Giant juke box*, de Portland; e, entre comparações das posturas racionalistas e realistas, quais seriam as explicações mais oportunas para aquela produção que se adiantou nas referências ao novo fenômeno em nosso território e que já desfilam sem receio ou complexo nos concursos, exposições e publicações, excitando a classe, como, fazia tempo, não se tinha notícia. Logo acabaremos elegendo nosso proto-após-modernista.

Dando sinais de cansaço, o mito da capacidade criadora inesgotável do arquiteto brasileiro – no qual, acabaremos concordando todos, se refugiava nossa indigência – cede lugar novamente a uma apropriação até descarada das novidades europeias, que, sem texto, receita ou apresentação, vão sendo lançadas no circuito interno de consumo. E com boas chances de conquistar um significado positivo, dada a inércia da crítica, que, carente crônica de bases conceitual, histórica e disciplinar apropriadas, não controla as bases operativas da profissão e não consegue portanto sugerir parâmetros para a balizagem da produção: acaba assim por apreciar qualquer arquitetura de exceção, que, legitimada pelo marco geográfico ou pelo passaporte do autor, possa engordar o catálogo da arquitetura moderna brasileira recente. Da dupla dimensão de nossa atividade – a cognoscitiva-crítica e a operativa –, no Brasil apenas nos preocupamos com a última.

Discutir a relevância do pós-modernismo no Brasil significa verificar qual o sentido de duas histórias que só agora começam a se tocar. E atribuir um significado a esse contato depende do estudo isolado de cada uma. Primeiro, a avaliação do pós-modernismo a partir de seu discurso – aquele que lhe garante sentido e historicidade –, para escapar ao interessado nível produtivo. Depois, o esclarecimento das contradições domésticas e o reconhecimento das mudanças e fracassos por meio do entendimento de nosso passado recente. Não se pode adiantar a eficácia dos remédios sem um diagnóstico das misérias a curar.

Desejar uma arquitetura colorida e bem-humorada não significa remediar a tristeza dos subúrbios ou as periferias desfiguradas, mas, provavelmente, esquecer que esses problemas existem. Não se deve esperar que a mera atualização do repertório formal sirva por si só para animar as mesmas e velhas teses e aspirações, as mesmas que nos afastaram e privaram de participar e colaborar na evolução do debate da cultura arquitetônica.

Cultura nacional e determinismo da técnica

Não demorou nacionalizar a arquitetura nacional europeia importada como sistema acabado, tendo uma noção de *cultura nacional* tão instável, imprecisa e interessada como a nossa e com uma tradição ligada a um passado a esquecer. No texto e nos sistemas figurativos do movimento moderno abundavam todos os ingredientes para seduzir o intelectual brasileiro, convencendo-o das vantagens do sistema internacional e da sua capacidade de atender a qualquer realidade, por ser o reflexo do programa e a transparência da técnica. Dispensava-se assim a mediação da cultura ou a interferência local. Apesar disso, o ideólogo encarregou-se apressadamente de apresentar menos a justificativa universal para tal empréstimo e mais as razões de sua vocação nacional e o talento para atender naturalmente os requisitos contextuais. Isso para que a arquitetura, estimulada por sua veia artística a falar de seu tempo e de sua gente, se somasse ao esforço mais amplo por parte de todos os segmentos da produção artística de inventar ou respeitar – esta, por se esclarecer – a cultura brasileira. Uma operação complexa, se entendermos as discrepâncias entre a entidade cultura no seu sentido comum (algo ligado à tradição, memória, herança e entendimento coletivo, ou produção subsidiada por valores locais, por crenças territoriais, por padrões de comportamento, por costumes espirituais e materiais próprios da civilização a que se quer referir) e a noção de modernidade da arte do século 20, empenhada em modificar radicalmente o panorama – realidade – cultural do Ocidente e fundar a cultura moderna.

Não se nega que os sistemas arquitetônicos operados aqui não tenham adquirido um significado particular, mediatizado pelo novo contexto cultural que os filtra. No entanto, a reposição de sistemas e os resultados acabam sendo similares. A arquitetura nova aproveita a carona do Estado Novo, legitimando-se ideologicamente por intermédio da mudança institucional. Sua verdadeira motivação, mais além da cultura nacional, é de atualização, de modernização e desenvolvimento, que fazem parte dos anseios de uma nova elite ascendente e urbana e, portanto, passam a fazer parte do grande projeto cultural do país. Mas, se o desejo era de alinhamento com a cultura ocidental contemporânea, por que se interrompeu o fluxo legal de informações e citações para viver-se de contrabando?

Ao condenar a mimese – admitida nas primeiras obras – em nome da brasilidade compulsória do que se quer nosso, descortinaram-se a farsa e o conto de quem copiava o inevitável, absoluto e inequívoco, em uma primeira fase – como argumento contra a academia –, refugiado no sorriso de quem sabia, conhecia e dominava. O fito era substituir tal mimese por outra ideia que escondesse o remorso e complexo de culpa de quem sabia estar copiando para atualizar estilos, guiado mais pelo aval do moderno e do novo do que pelo controle das instâncias sociais e autoridade disciplinar.

Após aprender o manejo e adquirir algumas habilidades – não desprezíveis –, a obsessão pela independência cultural escolhe o atalho. Em vez de incentivar o conhecimento profundo do sistema usado, prestigiando o texto da crítica e da teoria, admitindo o internacionalismo ou estudando com profundidade as raízes e as origens nossas – provas de maioridade –, opta-se quase por decreto pela contextualização. Soma-se assim pontos na campanha anti-imperialista, por meio de uma reciclagem que teria revertido e frustrado as intenções de domínio e controle dos centros difusores de cultura. Como no futebol, não só aprendemos depressa, como nos tornamos os melhores. A tudo isso há de se adicionar o valor psicológico da atitude frente ao objeto. Desde os gregos, *imaginar* e *inventar* são categorias diferentes e superiores a *imitar*.

Acentuando alguns aspectos, distorcendo algumas regras e apoiando-se na poética de alguns personagens, consolidou-se a *arquitetura brasileira*, cujo suporte era a cultura virtual daquilo que se queria ser, e não daquilo que se havia sido. Nenhuma outra profissão poderia ter fornecido uma base tão apropriada para operar dentro da utopia – e aqui nasce Brasília. A arquitetura do movimento moderno se torna brasileira quando passa a citar seus próprios exemplos modernos, congelando o estilo e vivendo de estereótipos e de correções caligráficas.

Nem a função, nem a técnica, nem a sociedade, tripé do movimento moderno, visitam espontaneamente a cultura. Lúcio Costa deve sentir este drama com as operações de adaptação que se vê obrigado a fazer em Monlevade, para conciliar seu fascínio pelo novo com seu respeito pelo tradicional. As *Maisons Loucheurs* sofrem todas as transgressões necessárias e dolorosas para ajustar o sistema Domino a nossa realidade, e o resultado é a modernidade possível e o testemunho da confusão entre cultura nacional e cultura arquitetônica: barro e taquara sobre pilotis de concreto.

No II Congresso Nacional de Críticos de Arte de 1961, em São Paulo, serão discutidos os traços autóctones da arquitetura brasileira contemporânea. Ferreira Gullar não conseguiu descobrir, mesmo insistindo muito junto aos especialistas, um compromisso da *expressão estética* arquitetônica com o *caráter nacional*. Apenas evasivas. Ouviu ser a arquitetura do movimento moderno a matéria-prima que foi interpretada e separada de suas origens pelo gênio nacional. Não se faz nenhuma menção às estratégias empregadas ou ao signo das modificações, nem se comenta em que aspectos se operaram as alterações e qual era a natureza das adaptações. Mesmo existindo os exemplos, coube aos azulejos do Ministério de Educação e Saúde a responsabilidade de provar a contextualização.

Não se respondeu às questões apontando as diferenças – óbvias –, nem se localizou em que aspectos – programa, técnica e sistema figurativo – se deram as modificações. Insistiu-se que o contexto, a cultura e os verdadeiros interesses nacionais haviam pautado as decisões. Se as atenções estivessem no programa, base da arquitetura funcional, então o resultado teria que ser por obrigação contextual, já que o funcionalismo aceita um determinismo absoluto dos sistemas extra-arquitetônicos sobre a sua produção. E mesmo que em nome da modernização e do aumento de complexidade dos novos edifícios se alegasse a falta de referências na tradição, se no programa estivesse presente a cultura, então a parede seria o limite do espaço e não haveria tanto gosto pela ambiguidade, pela virtualidade e pelos matizes que cercam a representação do público e do privado.

A técnica predileta do concreto – a que teria de inventar a nova arquitetura e, no entanto, continua correndo atrás da *livre capacidade criadora* do arquiteto brasileiro – também não serve como base de legitimação cultural; ao contrário, é a tentativa de eliminação das técnicas tradicionais e obsoletas para cumprir a missão transformadora. Mais um motivo para estranhar a nova arquitetura, que será minimizada com a evocação das semelhanças executivas da nova técnica com a antiga e rudimentar taipa. A nova técnica sobrevive mais pela clemência de um clima ameno do que por sua aceitação social. Com relação às gramáticas e às sintaxes dos nossos objetos arquitetônicos, é mais fácil provar a existência de um compromisso estético com as novidades da produção estrangeira do que tentar descobrir as preferências formais de nossa cultura.

Uma crítica filológica interessada em decompor elementos para submetê-los a exames de estilo e de convenções figurativas seria possível para qualquer época. Se puder ser estabelecida uma relação entre os palácios de Brasília e os velhos casarões coloniais do século 17, novamente como prova de superação da dependência dos modelos estrangeiros e sua substituição por exemplos nacionais históricos, isto se deve menos a compromissos e atenções com a cultura ou com estratégias de arqueologia formal e mais à permanência tipológica do fazer arquitetônico. É tão relevante, em termos arquitetônicos, comparar o Palácio da Alvorada com uma sede de fazenda colonial como com o templo grego, seu arquétipo. Aqui, o único que se pode provar é que existe uma certa trans-historicidade de tipos, e isto não é absurdo se recordamos que os casarões eram eles mesmos modelos importados e entidades abstratas autônomas que podiam, transpostos, ser implantados em qualquer lugar com pequenas alterações, sem que isto comprometesse a ideia mais abstrata de tipo já definida por Quatremère de Quincy em seu *Dicionário*. Não se pode esquecer que a arquitetura clássica foi um produto de exportação muito menos questionado e mais bem aceito do que a arquitetura moderna.

O redutivismo ostensivo dos objetos também depõe a favor da mimese de modelos internacionais. A perda de detalhes está mais ligada a um processo de simplificação da memória, estimulada pela falta de vicissitudes tecnológicas e pela concentração nos aspectos mais óbvios e evidentes das propostas, do que a uma atitude minimalista assumida.

O concreto, transformado em fetiche ao ultrapassar suas qualidades meramente estruturais, fica aparente para servir de emblema de modernidade e funciona como corolário de uma arquitetura que estabeleça uma relação de dependência e de causa-efeito com uma tecnologia promovida de infraestrutura a superestrutura, já que ela mesma empresta qualidades para o julgamento do valor artístico da obra. Mas a tese determinista de Gideon não vinga, pois a inevitabilidade da arquitetura não pode ser resultado de uma técnica, que, ademais de chegar tarde, convocada às pressas, é neutra e ilimitada, pois não informa as decisões do projeto, nem permite aquilo que para a ortodoxia seria abominável: uma arquitetura controlada pela forma. Pese nossa especialidade: a plástica exuberante.

Aí nossa arquitetura tem sua mais positiva qualidade: na invenção – simulacro da *tabula rasa* – em que se encontra a impossibilidade de sedimentar uma arquitetura nacional, culturalmente adequada e dinâmica, na qual não existam problemas de falta de correspondência entre sistema arquitetônico oferecido e sentido adquirido a partir dos elementos culturais disponíveis. É a falta de familiaridade que afasta o público da obra. A arquitetura brasileira não se preocupou em conquistar uma base de reconhecimento social. O novo e a novidade jogam em campos diferentes do que é permanente e da linguagem coletiva. A arquitetura se tornou acessível e inteligível por aquilo que representava e não por aquilo que era.

A arquitetura começa a se confundir com política, e provavelmente o conceito *parti* – usado pela academia para exprimir as possibilidades de implantação ou definir as primeiras ideias sobre o projeto, marcando os primeiros volumes do edifício ou sua composição – transforma-se para nós em *partido*. O neologismo teria intenções claras e tentaria revestir as operações tradicionalmente arquitetônicas de um sentido ideológico e político. Pela linguagem se atesta um compromisso, um engajamento que raramente ultrapassa o nível da metáfora. A crise disciplinar é substituída pela crise institucional. E aqui começa uma avaliação niilista, responsável em grande medida pelo desinteresse dos problemas da arquitetura.

Arquitetura de esquerda

O desenho como mediador entre arte e técnica é substituído pelo desenho como instrumento de controle da produção e reprodução capitalistas. De ideólogos da nova sociedade passamos a cúmplices da exploração e do empobrecimento material e cultural da sociedade. Inicia-se uma fase radical de crítica negativa da arquitetura, por meio de um esquema que pode ser chamado de hiperideológico e que tem suas razões e presença historicamente determinadas na arquitetura. Segundo esta vertente, projetar é no mínimo uma atitude reacionária.

Uma das várias fontes de inspiração do movimento moderno, e talvez a mais importante para os aspectos sociais e ideológicos dos programas, foi o conjunto de teorias que consolidaram a noção do socialismo. Desde *La Sarraz*, dois grupos disputaram o controle dos temas e documentos dos Congressos Internacionais de Arquitetura Moderna, e na alternância se podia medir a sorte e a incidência das teses marxistas nos congressos. O primeiro grupo, de Le Corbusier, mesmo de direita, ou, na melhor das hipóteses, conservador, era sensível ao problema das condições de vida das populações e acreditava no projeto como instrumento necessário e suficiente para alcançar os objetivos de melhoria. O segundo grupo, dos alemães, liderado pelo suíço Hannes Meyer e mais politizado, acreditava que se mudavam as condições sociais atuando-se na produção e definindo o compromisso social da arte. O ideal socialista está presente nos dois grupos: de maneira inocente na igualitária Ville Radieuse e de outra mais engajada na proposta pedagógica da última Bauhaus. Para os primeiros, o enriquecimento coletivo viria pelo aperfeiçoamento do sistema e pelo aumento da produção; para os outros, pela derrubada do sistema e pelo controle da produção.

A presença é garantida: o que muda substancialmente é a incidência e o controle ideológico que fixam as limitações disciplinares e a maneira de entender o próprio fazer arquitetônico. Para os bem-intencionados, trata-se de instrumento para alcançar a sociedade sem classes; para os radicais, deve aguardar uma sociedade nova, saneada pelo processo revolucionário desencadeado em outras áreas para emergir como nova arquitetura. Todos concorrem e competem na corrida pela mítica, verdadeira e inequívoca arquitetura.

Acelerar o processo de mudança social e nele colaborar são as primeiras intenções da arquitetura de esquerda, que é mais fácil definir por suas atitudes do que por sua filiação a um partido político. Os ideais dessa arquitetura têm como exigência fundamental o compromisso social. Este se verifica no favorecimento a temas engajados, tais como creches, escolas e centros culturais ou comunitários, em que confortavelmente se sustente a ideia de participação; na preferência por projetos periféricos com interferência comunitária, e não por projetos requisitados pelo capital; na promoção de trabalhos em equipe que neutralizem a criação individual; na escolha por intervenções estruturais que fiquem na discussão do programa, em detrimento de trabalhos controlados por princípios superestruturais; no prestígio a conjuntos habitacionais de estética proletária, ainda que não sejam de estética popular; na prioridade à produção, com consequente menosprezo da teoria; na abstração da estrutura socioeconômica real para operar dentro de uma factual; na opção pelo trabalho missionário em vez do produtivo.

Para os mais apressados, a arquitetura é rebaixada a sua dimensão estrutural, a um problema da produção de mercadorias, em que operações estéticas suficientemente neutras servem de álibi contra qualquer acusação que fale de contaminações ou de desvios pela sedução da forma. Um formalismo estoico que apenas adie o remorso de quem começa a se sentir conivente. Alguns, sem esconder sua sedução pela forma, vituperam contra a contradição que lhes propicia a própria qualidade de seu trabalho: são aqueles autores de projetos bancários que dividem seu tempo entre a prancheta e o confessionário, para com muita penitência poderem suportar a tarefa que os agride profundamente, e que, para darem provas de mortificação, apresentam suas obras em todas as exposições disponíveis. Outros, mais cautelosos e atentos aos conceitos, admitem os atributos superestruturais da arquitetura, mas não sem recorrer a alguns expedientes que possibilitem estabelecer todo o discurso crítico desde o terreno da produção, no domínio do materialismo histórico. Na obra acabada (agora a única prova confiável do conhecimento arquitetônico), no canteiro (como se alguma vez tivesse sido território do arquiteto) e na construção (entre a concepção e a materialidade) estão as referências principais para o controle (ideológico) da arquitetura.

Admitir a dimensão cultural não significou proporcionar uma autonomia relativa à produção arquitetônica. Preferiu-se aprisionar a arte na dependência – heteronomia – da estrutura e da base; falta de aplicação na leitura do texto ortodoxo. É impossível negar que a prática da arte vive no mundo da produção e do consumo de suas relações – mundo responsável por sua consistência –, apenas não se pode admitir que as contradições deste mundo lhe sejam fatais.

Aqui, a técnica (meio de produção) é protagonista principal, e lhe é proibido (agora mais na teoria do que na prática) qualquer romance com o universo simbólico, metafísico e fenomenológico que povoa a cabeça (inclusive proletária) do homem. À arquitetura reserva-se o mundo científico, racional, lógico, objetivado, econômico, preciso e sincero, apenas a expressão da verdade, a justa representação do utilitário: amor no escuro sem prazer em nome da reprodução. Qualidades escolhidas para a única arte que ultrapassa a idealidade e proporciona a concreção e a utilidade. Para a pintura ficam as delícias sapecas da contestação, da ambiguidade, do protesto, do historicismo, da reflexão, do cinismo e até do elitismo daquilo que não precisa se pautar, como se exige na arquitetura, com as baldas do pedreiro ou com o antropomorfismo da mão, daquilo que se reserva ou se tem como produção estética do proletário.

As relações de dependência entre estrutura e superestrutura são transformadas em uma relação de causa e efeito. Sem cair na armadilha da redução da arquitetura a simples problema de produção, com a negação de sua afinidade com a arte, essa última é transformada em reflexo da estrutura, e desta maneira é suficiente a leitura da produção arquitetônica por meio do texto marxista. O que era estético transforma-se em mais-valia do capital; Brunelleschi torna-se um bandido do canteiro; e os fenômenos econômico-sociais se encarregam de fornecer as relações causais. Nunca Marx propôs algo tão banalizado ou simplificado: ele mesmo negou a correspondência mecânica de causa-efeito entre *Struktur* e *Ueberbau*, e é exatamente para contornar as denúncias de determinismo que surge o conceito dialético da história, que nega a unilateralidade das relações elementares de causa-efeito, substituindo-as por outras mais complexas, oblíquas e interativas.

A autonomia relativa do campo cultural e artístico, da maneira vista por Lukács e Gramsci – personagens que insistem na referência das categorias econômicas e políticas a situações concretas e cuja ausência nas notas de pé de página que decoram os grandes textos desta crítica alguém acabará estranhando –, nos obrigaria a encontrar outras causas para a crise da arquitetura: motivos mais específicos, particulares e disciplinares.

Além dos próprios reparos feitos a partir das revisões do materialismo histórico, haveria de ser reivindicado que a arquitetura, enquanto conhecimento, não passa obrigatoriamente pela construção civil. Ela pode ser entendida, transmitida, ensinada e discutida apenas como ideia – projeto –, em que já constem todas as estratégias e intenções fundamentais. As realidades da execução do edifício são de outra natureza que não arquitetônica.

Uma obra de arquitetura não precisa ser de carne e osso para revelar as ideias ou intenções de um projeto. No papel estão as contradições, erros e absurdos ou os acertos e novidades, sem que a verificação da obra seja condição obrigatória para a percepção das qualidades. O desenho também é uma forma de conhecimento. O papel somente aceita tudo quando a mão de quem desenha não sabe o que está fazendo.

A esquerda acusa a arquitetura de não alcançar os objetivos fixados, denuncia a traição daquilo em que havia depositado tanta confiança, lança mão de todo arsenal teórico para demonstrar o que o bom sentido descobriria sozinho: que há uma larga diferença entre o produto apresentado pela campanha publicitária (texto programático) e o produto disponível para consumo (a arquitetura real). Mantém-se o fascínio pela produção (capitalista), e ingenuamente se reivindicam o controle e as decisões sobre a mesma. Se a arquitetura se comoveu com as teses socialistas, o mesmo aconteceu com as esquerdas, que também um dia acreditaram ser a arquitetura meio caminho andado no processo de mudança social.

Se interpretarmos os manifestos das vanguardas como a necessidade de atualização às novas formas de produção e, portanto, como o esforço dos profissionais da época para convencer a sociedade de sua importância dentro dos processos de produção da construção – e por que não da indústria? –, então não devemos comparar a produção efetiva com os textos, pois estes últimos representariam as concessões e o preço a pagar para evitar a exclusão e isolamento, enquanto que as obras, além de corresponder à realidade, seriam produzidas, como cada vez mais se insinua, sobre as bases tradicionais e acadêmicas da profissão. Vista desta maneira, a ruptura com a *Beaux-Arts* foi muito mais formal do que se poderia esperar, e a academia, mais do que representar o fim de uma época, significaria apenas uma das etapas da história em andamento. Para o movimento moderno europeu, mudar as condições sociais era secundário; para nós, passou a ser um dos aspectos mais importantes e cativantes do sistema importado. A acusação de laxismo não tem sentido, já que o texto e a prática do movimento moderno são dois universos distintos. Reyner Banham, no livro *Teoria e projeto na primeira era da máquina,* fez uma grande descoberta, apenas a interpretou mal.

Se os pioneiros mostravam grande preocupação pelos problemas de produção é porque perceberam o perigo que corriam, ao sentir que seu tradicional papel como especialistas da forma não iria garantir uma posição de destaque para a profissão na nova sociedade em formação. A forma, como aspecto de mercado, não é mais convincente do que a funcionalidade e o sentido de praticidade, de uso e de seriação, aspectos fundamentais da mercadoria. A forma é o aspecto da arquitetura que não produz mais-valia.

Pastiches do pós-modernismo

O que resta para uma discussão do pós-modernismo deve ultrapassar as trincheiras desde o ponto de onde partem as fáceis acusações do pastiche e do neoimperialismo da forma, e também, por outro lado, desde aquele em que se proclama a morte do movimento moderno e sua necessária substituição por repertório correspondente à situação atual. O pastiche adquire relevância e até coerência, se deseja ser a representação do popular, do vernáculo ou do absurdo, do caos do nosso cotidiano, e se é operado por profissionais que não mais aceitam uma realidade ideal a partir da qual se propõe – e que veste muito bem – uma proposta de intervenção global guiada pelo mito da ordem que nos é tão grato. Ou por arquitetos, que, admitindo a participação da coletividade, também delegam o gosto ao usuário, sem ficar a meio caminho como os que, desejosos de participação, ainda se reservam o direito de serem os especialistas que solucionam os problemas da forma e do bom gosto – os que enfim educarão a sensibilidade popular, erradicando-a para substituí-la por outra. Aceita-se discutir o programa, desde que esteja garantida a *natural* tarefa de organizar e coordenar os trabalhos, ao mesmo tempo que as questões estéticas – sempre secundárias – são controladas, para que a colagem de muitos palpites não seja coerente com a realidade fragmentada que se combate.

As réplicas, as alegorias e os pastiches são mais um problema de quem, ao chegar tarde, não entende muito e se encontra com produções de segunda mão cujos aspectos operativos, sem a necessária mediação teórica e crítica, prevalecem e, portanto, nas quais a vontade de parecer supera a intenção de compreender. O pastiche como resultado de um processo crítico e normativo superou há muito os problemas entre a alta e a baixa cultura, desprezando-os. E, apesar de polêmico, deveria preocupar menos que a contaminação de caprichos, citação e paixão provenientes de diversas fontes e acumuladas em uma mesma arquitetura.

Mas o pós-modernismo também produz tanto lixo como qualquer outro movimento. A nostálgica e obrigatória *presença do passado* na *Strada Novissima* – que faria corar as imagens que Le Corbusier tinha na cabeça quando pronunciou "il faut tuer la rue couloir" – da Primeira Exposição Internacional de Arquitetura da Bienal de Veneza, já foi dito, entorpeceu alguns visitantes que, diante de tanta e tão gratuita efemeridade, pensariam ter entrado, por engano, em um depósito de cenários da Cinecittà. Outros, menos descuidados e mais cínicos, diante de tanto tecido e papelão pintado às pressas, não resistiram às comparações com a cidade Potenkim. O pós-modernismo dos anos 1980 – o acessível – assemelha-se a uma ressaca de narcisismo.

Enterrar o movimento moderno com atestado de obsolescência é cometer a mesma inocência dos que pensaram cremar a tradição e a *Beaux-Arts*. Dentro do pós-modernismo existe a própria tentativa de resgate do projeto modernista: recuperar o léxico formal e a sintaxe do período heroico e operar um racionalismo de vanguarda, desumanizar o objeto, impor o grau zero, tolerar o funcionalismo desde que se permita o retorno do símbolo, insistir no papel apostólico do arquiteto na sociedade e retomar a noção de modernidade.

Mas cuidado, modernistas! Antes de sorrir aliviados, não esqueçam que a arquitetura contemporânea – a de qualidade – não se fez sobre cinco míseros pontos ou recomendações, mas a partir de noções de arquitetura que não são exatamente um rompimento com o passado recente. E quem procurar, encontrará dentro das doutrinas das neovanguardas muitas ideias implícitas do movimento moderno, que, isoladas da contradição de um conjunto amplo, podem servir ainda como base legitimadora do fazer arquitetônico com substancial coerência.

Peter Eisenman acha que a "manifestação estilística do funcionalismo" (da noção fundamental do modernismo) foi responsável pela não obtenção da autêntica expressão do moderno. Os irmãos Krier, alunos aplicados e divididos entre duas paixões – Aldo Rossi e Willians Morris –, sonham com a obtenção de uma sociedade mais justa, despoluída e igualitária, só que inspirada obviamente nas paisagens pré-industriais. A compreensão do pós-modernismo passa pelo entendimento mais detalhado dos fenômenos unidos pelo que se entende como cultura do movimento moderno. Para os que gostam de viver grandes épocas e só entendem as coisas por períodos, é melhor abster-se de falar em rupturas, interrupções e heroísmos semelhantes.

Desejar ardentemente o pós-modernismo como renovação, como atualização, reproduz os equívocos de uma negligência que tão-somente reforça a dependência da qual se quer escapar. Também, exigir a arquitetura como problema nacional quebrando lanças contra a penetração da forma ianque é reconhecer, no dualismo implícito, a continuidade de uma condição periférica e dependente. Duas posturas que nos deixam na mesma.

Rever o marco epistemológico da arquitetura e conferir-lhe o necessário valor cognitivo deveriam ser os temas principais de nossas conversas. Uma atividade reflexiva que supera a discussão dos repertórios iconográficos; as diferentes estratégias de citação (da oblíqua dos grandes mestres até a literal dos neoclássicos atuais); as diferentes noções de história (a dos valores absolutos e a dos valores relativizados pela mediação cultural) e suas versões preferidas de arquitetura; a disciplinaridade *versus* o profissionalismo *versus* a contextualidade; a norma e a transgressão – algumas questões que surgem assim que se inicia a leitura das teorias recentes de arquitetura, e cuja acomodação dependerá da ideia que se deseja impor. O que desperta interesse nestes fenômenos contraditórios e antagônicos, agrupados com o rótulo de Charles Jencks, é que se abandonou a defesa de uma verdadeira arquitetura pelo conhecimento da arquitetura, e isto não é pouco.

O restabelecimento da noção de arquitetura como campo disciplinar que goza de autonomia relativa e a consequente retomada dos materiais ontológicos; o pluralismo crítico e produtivo que substitui a história seletiva e a historiografia oficial, propiciando não o abandono, mas a superação cultural do movimento moderno – a retomada da cidade como um problema de arquitetura e como marco de inspiração de processos projetuais (mais *town design* e menos *town planning*); a história como suporte de uma teoria de projeto (abandonado seu papel culturalista para assumir outro mais instrumental); a fragmentação e difusão de vários sistemas arquitetônicos ligados a um texto coerente e normativo; a recuperação do discurso estético e poético da profissão, agora liberado das conotações reacionárias e, como corolário, o abandono da pretensa cientificidade – são estas algumas das ideias subjacentes da condição *after* e contrárias a seus pares do movimento moderno. Mas cuidado: a tudo isso se deve adicionar que a arquitetura só pode existir em suas condições sociológicas, técnicas e econômicas, e morre assim que as abandona – ou sobrevive artificialmente, na esperança daqueles que acreditam ser tudo uma questão de tempo. Algo que conhecemos bem.

A responsabilidade social do arquiteto não pode repousar no salvamento da sociedade, mas no compromisso de manejar sua profissão de maneira que os objetos – agora, a quantidade que represente toda a produção da classe – tenham atributos. Já foi dito várias vezes, e vale a pena repetir, que o importante em uma dada arquitetura é reconhecer simultaneamente seus aspectos autônomos e contextuais, evitando assim cair no fácil terreno do isolamento disciplinar ou no duvidoso campo das respostas ideológicas e permitindo que as estratégias empregadas adquiram um sentido ideológico. Importante é verificar os critérios de controle da forma e medir sua compatibilidade com os aspectos extra-arquitetônicos a que um projeto deve atender; importante é olhar de perto, já que uma arquitetura vista no horizonte serve de paisagem para muitos discursos; importante é checar a unidade do projeto ou sua assumida ambiguidade ou heresia; importante é saber se o autor conhece o uso técnico da linguagem.

Talvez pudéssemos ter adiantado todo este imenso debate se tivéssemos acreditado que a arquitetura também podia ter feito parte do movimento tropicalista. Mas uma coisa é certa: independentemente do estágio em que nos encontramos ou do atraso que vivemos, o último *round* deste debate será inevitavelmente o da qualidade. Claro, depois de muito *show business,* promoção e baixaria.

Em um país onde até ontem abundavam tantos *zevianos* alguém pode até enrubescer diante da carreira e das cotoveladas dadas por aqueles que, querendo garantir lugar nas primeiras filas reservadas aos sábios e gurus da nova religião, já queimaram velhos troféus e recordações para gritar os novos *slogans,* confiando que a frágil memória coletiva acabe perdoando sua falta de caráter – assim como perdoou Macunaíma. E que ela lhes premie tantos esforços de atualização e arrependimento, para que continuem sendo os líderes espirituais de um rebanho que não consegue viver sem grandes credos.

Notas

1. VENTURI, Robert. *Complexity and Contradiction in Architecture*. Nova York, Museum of Modern Art, 1966. Versão brasileira: VENTURI, Robert. *Complexidade e contradição em arquitetura*. Tradução de Alvaro Cabral. São Paulo, Martins Fontes, 1995.

2. ROSSI, Aldo. *L'architettura della città*. Padova, Marsilio, 1966. Versão brasileira: ROSSI, Aldo. *A arquitetura da cidade*. Tradução de Eduardo Brandão. São Paulo, Martins Fontes, 1995.

3. VENTURI, Robert; BROWN, Denise Scott; IZENOUR, Steven. *Learning from Las Vegas*. Cambridge, MIT Press, 1972. Versão brasileira: VENTURI, Robert; BROWN, Denise Scott; IZENOUR, Steven. *Aprendendo com Las Vegas. O simbolismo (esquecido) da forma arquitetônica*. Tradução de Pedro Maia Soares. São Paulo, Cosac Naify, 2003.

artigo 3 carlos eduardo dias comas
UMA CERTA ARQUITETURA MODERNA BRASILEIRA:
EXPERIÊNCIA A RECONHECER
[1987]

O ano de 1936 é data particularmente significativa na história da arquitetura erudita brasileira. É então que se projetam o Ministério da Educação e a Universidade do Brasil, tendo Le Corbusier como consultor. Sob a liderança de Lúcio Costa e Oscar Niemeyer, implanta-se no país uma arquitetura explicitamente filiada à arquitetura moderna europeia em sua vertente corbusiana, que vem a florescer até 1957. Em 1957 Lúcio vence o concurso para o Plano Piloto de Brasília, enquanto Oscar começa a projetar os palácios da nova capital, abandonando, no processo, alguns dos princípios básicos de formalização dessa arquitetura. Entre 1936 a 1957, uma sucessão de obras dá testemunho de sua vitalidade: entre elas o próprio Ministério, o Pavilhão Brasileiro na Feira de Nova York em 1939, o conjunto da Pampulha, hotéis em Ouro Preto e Friburgo, os edifícios de apartamentos do Parque Guinle, os pavilhões do Parque Ibirapuera e a residência nas Canoas.

Apesar do prestígio que teve e da influência internacional que exerceu, essa arquitetura foi relegada, a partir de meados da década de 1960, a uma espécie de limbo crítico. De lá para cá, nossa compreensão da arquitetura moderna europeia e americana se ampliou e aprofundou, graças aos esforços de Rowe, Colquhoun, Frampton, Banham e outros. Suas contradições doutrinárias e as limitações de seus princípios e paradigmas de projeto foram reconhecidas, porém também se percebeu com maior clareza a diversidade de posturas e poéticas que abrangia. Entre elas, as de Le Corbusier se destacam por sua densidade e complexidade. Apesar disso, a arquitetura moderna brasileira com ele associada não foi objeto de análise que ampliasse e aprofundasse a interpretação que a convencionaliza como transformação do vocabulário corbusiano em "expressão nativa extremamente sensual que faz eco, em sua exuberância plástica, ao barroco brasileiro do século 18". As palavras são de Frampton, que lhe dedicou exatamente três páginas em *Modern Architecture: a Critical History* de 1980[1]. Como interpretação, não difere muito da que é proposta pelo único autor que dela se ocupou nos últimos vinte anos, o francês Yves Bruand em *Arquitetura contemporânea no Brasil*, de 1981[2].

Essa interpretação não é incorreta, porém sua aceitação suscita, no mínimo, três questões. A ideia de uma expressão nativa subentende uma arquitetura moderna representativa de uma nacionalidade diferenciada. Contrasta, portanto, com a ideia de uma arquitetura moderna empenhada na busca de soluções de projeto de validez universal, que prevalecia na polêmica europeia dos anos 1920 e 1930. A ideia da evocação do barroco brasileiro do século 18 subentende referências a uma arquitetura passada. Contrasta, contudo, com outra ideia prevalecente na polêmica europeia – a ideia de uma arquitetura moderna que era ruptura total com o passado, empenhada na busca de soluções de projeto sem precedentes que correspondiam aos problemas de projeto sem precedentes da idade maquinista. Por fim, a ideia de transformação do vocabulário corbusiano em expressão nativa que evoca um passado próprio subentende motivação e procedimentos específicos, que mereceriam exame mais detalhado.

As duas primeiras questões e parte da terceira poderiam ser respondidas, muito simplesmente, pela observação de que o conteúdo teórico-ideológico dessa arquitetura moderna brasileira era parcialmente distinto em relação à arquitetura moderna europeia e muito mais consistente em sua formulação. Com efeito, a concretização material dessa arquitetura brasileira é precedida e orientada por raciocínios muito específicos sobre a identidade da arquitetura moderna. Em dois textos que se podem considerar fundamentais – "Razões da nova arquitetura", de 1934[3], e a memória do projeto da Universidade do Brasil, de 1937[4] –, Lúcio Costa sustentava que a arquitetura moderna era essencialmente manifestação artística, o verdadeiro estilo de nosso tempo. Como todo e qualquer verdadeiro estilo do passado, arrancava de um empreendimento utilitário e se ancorava em uma técnica construtiva; porém seu objetivo, para além da utilidade e da técnica, era a beleza. Certamente as formas da arquitetura moderna deviam ser distintas das formas da arquitetura do passado, porque serviam a outros usos e empregavam outras técnicas. Não obstante, debaixo dessas formas distintas atuavam um mesmo espírito e as mesmas leis, que tudo deviam à racionalidade dos gregos e romanos. A arquitetura moderna não devia ser vista como ruptura histórica, senão como recuperação de uma tradição legítima apagada por uma maquiagem eclética e historicista.

Ademais, Lúcio Costa sustentava que a arquitetura moderna constituía uma proposição inclusiva. As manifestações arquitetônicas sempre se haviam baseado em duas concepções formais opostas, uma dinâmica e orgânico-funcional, a outra estática e plástico-ideal. A primeira tinha como modelo a arquitetura gótica, comparável a uma flor que se desenvolve de dentro para fora; a segunda tinha como modelo a arquitetura clássica, comparável a um cristal matematicamente composto. As duas haviam sido utilizadas independentemente no tempo e no espaço, porém a separação entre suporte e estrutura permitia que se integrassem na mesma arquitetura. Tampouco essa arquitetura moderna pressupunha uma uniformização universal. Podia efetivamente integrar movimentos internacionais – porque empregava uma técnica que não conhecia fronteiras – e caráter local – por suas particularidades de planta e elevação e pela seleção de materiais e revestimentos.

Pode-se dizer que aceitação e justificação de arquitetura moderna que Lúcio propunha estavam tacitamente qualificadas por uma visão realista do contexto econômico e político brasileiro dos anos 1930. Seria absurdo defender os princípios e cânones modernos como resposta imperativa às demandas operacionais e disponibilidades tecnológicas de uma sociedade mecanizada em um país cuja industrialização era apenas incipiente. Nem teria sentido aí propor a instauração de uma arquitetura entendida primeiramente como serviço social. Não é estranho que Lúcio sublinhe que o arquiteto moderno é artista e sua obra, produto de opções plásticas deliberativas não totalmente determinadas por programa e técnica. Pode-se também dizer que a proposta de Lúcio com relação à identidade da arquitetura moderna não era mais que uma resposta elegante a duas questões que obcecavam as elites brasileiras dos anos 1920: de um lado a afirmação da identidade da cultura nacional, de outro a integração dessa cultura à modernidade internacional. Cabe recordar que Lúcio havia sido, até 1929, o protagonista mais talentoso de uma arquitetura neocolonial, que se opunha ao ecletismo e buscava atualizar a arquitetura brasileira do século 18, identificada como a arquitetura representativa da unidade nacional, seja em sua versão erudita, seja em sua versão popular. Subsequentemente, Lúcio a havia abandonado, associando-se a Gregori Warchavchik, imigrante russo que desde 1926 trabalhava no Brasil e defendia uma versão *international style* da arquitetura moderna. A associação durou de 1931 a 1933, porém nesses dois anos Lúcio não havia deixado de ver na arquitetura barroca um exemplo de integridade a emular e evocar, embora não literalmente. Portanto, é possível imaginar que ele não achasse muito confortável o qualificativo *futurista* empregado pela imprensa para descrever a obra e as ideias de Warchavchik.

No entanto, o raciocínio de Lúcio não era, por princípio, regionalista ou de aplicação limitada ao que mais tarde se chamariam países periféricos. Possuidor de sólida cultura arquitetônica, Lúcio havia estudado judiciosamente os textos e as obras dos mestres modernos europeus em geral e de Le Corbusier em especial. Sua aceitação e justificação da arquitetura moderna não era acrítica. Tacitamente reconhecia as contradições e ambiguidades de seu conteúdo teórico-ideológico original e tratava ponderadamente de superá-las, mostrando, por exemplo, que carecia de qualquer significação real e delineação de um irremediável conflito arquitetônico entre passado e futuro. É possível que aceitasse a noção de um *Zeitgeist*, porém nada indica que o erigisse em entidade ditando *ex cathedra* soluções unívocas e inevitáveis em função de fatos utilitários e técnicos. Mas tanto sua distinção entre estilo e estilização como sua insistência na primazia da intencionalidade artística do arquiteto sugeriam que a arquitetura moderna deveria ser aceita porque a satisfação visual que poderia proporcionar a seu espectador era inseparável de um apelo à inteligência do mesmo, que derivava de um compromisso consciente de iluminação das condições gerais de seu tempo.

Cabe reiterar que a arquitetura moderna a que se referia Lúcio era explicitamente a arquitetura moderna em sua vertente corbusiana. Boa parte de seus raciocínios conciliatórios tinham antecedentes nas proposições de Le Corbusier. "Razões da nova arquitetura" é em grande medida uma interpretação de *Vers une architecture*[5], ainda que seu tom seja notavelmente distinto. Lúcio é sóbrio, equilibrado e nada profético, enquanto Le Corbusier é exortador, polêmico e, em geral, milenarista, como apontou Rowe. Contudo, era o único mestre moderno europeu cujo pensamento possuía um substrato dialético. Apesar ou por causa das contradições e ambiguidades de seus textos comparados entre si ou com suas obras, eram esses textos e obras que configuravam as bases de um estilo representante de uma modernidade que não se esquecia da afirmação de valores arquitetônicos constantes no tempo, bem como de um estilo que podia ser de qualquer lugar e às vezes passível de inflexão frente ao *genius loci*. O Corbusier que vem ao Brasil em 1936 é um Corbusier pós-Errazuris, pós-Maison de Week-end, pós-Palácio dos Sovietes; é um homem que havia se tornado muito mais sensível às particularidades de uma situação de projeto. Le Corbusier recuperava a ciência da composição arquitetônica. Sem reproduzir literalmente nenhum elemento de manifestação arquitetônica anterior, propunha conexões entre modernidade e manifestações arquitetônicas passadas de valor duradouro. Jogando com a ortogonalidade e a curva, com a racionalidade e a fantasia, mostrava como afirmar uma modernidade e como emular e evocar uma tradição. No contexto brasileiro, essa bem podia ser a tradição da arquitetura barroca do século 18, sem deixar de ser opção entre outras.

Por outro lado, tanto os raciocínios conciliatórios de Lúcio como seus antecedentes corbusianos tinham uma origem comum: a tradição acadêmica do pensamento arquitetônico francês do século 19. Banham tem mostrado que, apesar de seu manifesto antiacademicismo, Le Corbusier não havia escapado da influência da *Beaux-Arts*. O argumento se aplicaria com mais força ainda a Lúcio, familiarizado desde muito jovem com o Guadet de *Elements et théorie de l'architecture* e formado por uma Escola Nacional de Belas Artes organizada à imagem e semelhança de sua homônima francesa desde sua fundação, em 1826, por Grandjean de Montigny. Ninguém tem observado até agora que, apesar de seu rechaço do ecletismo e ao historicismo como soluções para os problemas de construção e representação do século 20, em nenhum momento Lúcio renegou os fundamentos conceituais e metodológicos da tradição acadêmica, como nos demonstra sua preocupação com a composição arquitetônica e, correlativamente, sua preocupação em transmitir seus princípios por meio de um projeto de ensino.

O conceito de composição era fundamental na tradição acadêmica, porém também o eram a ideia de caráter e a ideia de equivalência entre boa arquitetura e composição correta apropriadamente caracterizada. Se a composição obedecia a princípios constantes e gerais, a caracterização atendia ao desejo de representar simbolicamente as especificidades de um programa ou situação de projeto e de expressar os valores a elas associadas. A equivalência entre boa arquitetura e composição correta apropriadamente caracterizada envolvia tanto o reconhecimento de uma polaridade quanto a necessidade de conciliação entre seus termos opostos, por mais tensa que fosse. Os raciocínios conciliatórios de Lúcio não se opunham à tradição disciplinar em que havia sido educado. Ao contrário, eram respaldados por ela. Mais ainda, é a partir dessa tradição disciplinar que se pode contestar inteiramente a terceira questão delineada no inicio deste artigo, porque essa tradição já havia codificado teoricamente os procedimentos através dos quais se podia caracterizar uma arquitetura. Dizia Quatremère de Quincy – secretário perpétuo da Academia Francesa – em seu *Dictionnaire historique*, de 1832, que a caracterização arquitetônica era a arte de tornar sensíveis e fazer compreender as qualidades e propriedades inerentes às finalidades de um objeto arquitetônico através de suas formas materiais, jogando com a forma da planta e da fachada, com a escolha, medida e formato dos ornamentos e decoração, com a disposição das massas e com o gênero de construção e materiais empregados. Recordemos que Lúcio, na "memória" da Universidade do Brasil, menciona explicitamente o primeiro e o último procedimentos como maneiras de obter caráter local.

Não parece implausível que Lúcio tenha reconhecido ou intuído na obra corbusiana uma renovação dos elementos, princípios e esquemas de composição da tradição acadêmica que seguia uma reformulação de seu repertório de elementos de arquitetura, uma e outra convalidadas por transformações técnico-econômicas e sociais. Tampouco parece impertinente reconhecer nas obras de Lúcio, Oscar e seu grupo a expressão de uma vontade de caracterização aplicada a uma matéria-prima que não é mais a composição de cunho classicista, senão a composição corbusiana, com sua simultânea afirmação e negação da simetria, da centralidade e da hierarquia, com seu plano livre e sua seção paralisada, com seus limites geometricamente precisos e seus incidentes periféricos informais, com suas inversões de tectonicidade e sua utilização de traçados reguladores, com seus jogos de volumes geometricamente unitários. Ademais, essa caracterização se efetua segundo procedimentos que correspondem bastante precisamente àqueles descritos anteriormente: particularidades de planta e elevação como o emprego intensivo de geometria curvilínea exteriorizada e de elementos de proteção solar de planos envidraçados; escolha de ornamentos e decoração como os murais de azulejos e as colunas e lajes onomatopeicamente expressionistas; disposição de massas traduzindo a fragmentação de elementos de composição, atendendo sua natureza funcional e a seus requisitos técnicos, bem como a seu potencial simbólico; seleção de gênero de construção e materiais traduzida em uma atenção muito cuidadosa em relação às potencialidades expressivas dos mesmos.

Sem essa vontade de caracterização respaldada em uma tradição disciplinar renovada não se compreende a transformação do vocabulário corbusiano no Brasil. É a essa vontade deliberada de caracterização que se pode atribuir o desenvolvimento do repertório compositivo corbusiano. De um lado se introduzem novos elementos de composição e variantes significativas dos esquemas compositivos dos mesmos; de outro se amplia a referência de elementos de arquitetura corbusianos, seja pela elaboração dos mesmos, seja pela introdução de elementos novos. Está claro que a ninguém ocorrerá relacionar essa arquitetura com a arquitetura corbusiana em forma e conteúdo. O paraíso que Le Corbusier buscava reificar antes de 1945 era um paraíso pensado como consequência lógica das oportunidades proporcionadas ou prometidas pela máquina. O paraíso reificado por Lúcio, Oscar e seu grupo era um paraíso pensado como fruto da maneira de ser do brasileiro já culturalmente cristalizado no tempo, assimilada ao trópico risonho e franco da imaginação utópica. Não possui nenhum elemento escatológico em seu substrato mítico e tampouco tem correspondência alguma com a dimensão trágica de Corbusier depois de 1945, o Corbusier de Ronchamps, La Tourette ou Chandigarh.

Não se poderia, por outro lado, reduzir essa vontade de caracterização a um desejo exclusivo de evocar o barroco brasileiro, como sugere a interpretação convencionalizada corrente. Como mínimo, ela envolvia tanto a representação de uma geografia como uma história. Não obstante, desejava enquadrar-se em uma matriz compositiva cujas regras transcendiam essa geografia e essa história. Não se esgotava nisso. Seu alcance era muito mais amplo e geral, como a própria teoria do caráter. Afinal, problemas de representação de temas arquitetônicos como a capela e o cassino não são estritamente brasileiros. Se essa arquitetura moderna brasileira resiste a uma revisão hoje em dia é porque é efetivamente de seu lugar, porém carregada de valores que não são exclusivos desse lugar; é de seu tempo, porém carregada de valores que transcendem esse tempo.

Ademais, convém apontar que seus esforços de caracterização se inscreveram quase sempre dentro de cidades cujo desenho não refletia nem obedecia àqueles preceitos do urbanismo da Carta de Atenas, um desenho no qual a rua-corredor e o quarteirão fechado eram norma e onde se fazia distinção entre tecido edificado e monumento. Recordemos que, nesse desenho, o tecido constituía um fundo perceptível genérico, cuja coesão formal estava minimamente assegurada por normas de perfil, continuidade e alinhamento de fachadas. A situação particular *monumento* podia apresentar-se nitidamente como figura isolada ou constituir uma edificação capaz de ser percebida reversivelmente como fundo e figura. Tal contexto tendia quase naturalmente a conferir memorabilidade a uma arquitetura inscrita no tecido, mas com ele contrastante estilisticamente, ainda que se tratasse de um programa corriqueiro materializado com um pressuposto ordinário. Por outro lado, a maioria das realizações dessa arquitetura moderna brasileira de figuras isoladas correspondia a programas e sítios excepcionais e se materializava com pressupostos generosos. No contexto de sua situação, era quase natural que uma figura isolada se apresentasse como monumento. O Ministério da Educação tem seu caráter representativo enfatizado porque é um marco excepcional em seu contexto; seria banalizado dentro de um contexto que não contivesse mais do que outros Ministérios da Educação.

Lamentavelmente, Brasília vem a comprovar a veracidade dessa afirmação. Brasília assinala no país tanto o momento inaugural do triunfo paradigmático do urbanismo da Carta de Atenas como a debilitação da influência da ideia de caráter na arquitetura moderna brasileira. Brasília corresponde a uma proposição conceitual que alternadamente vê a cidade e a arquitetura como escultura (o jogo correto, sábio e magnífico de uma coleção de acrópoles sob a luz) ou como projeto de desenho industrial (uma coleção anônima de armários gigantescos feitos em série). No primeiro caso, anseia-se converter toda edificação em monumento; no segundo não há monumento, porém tampouco há tecido, somente a repetição monótona de um pequeno número de modelos a reproduzir igualmente. Assim, não surpreende que Brasília, cidade-capital a ser construída apressadamente, reflita uma dupla fascinação, com o protótipo e com o tipo do monumento – que de maneira muito óbvia Oscar identifica essencialmente com o templo da Grécia. De uma arquitetura de planos se passa a uma arquitetura de massas, a outra arquitetura. Frampton está correto quando vê a obra de Oscar em Brasília como declaração de absolutos em que não há lugar para a expressão de contingências; afirmação da forma, implacável, contra uma natureza a ser conquistada. Em Brasília se rompe uma tensão até então equilibrada entre arquitetura brasileira e espaço aberto circundante, tratado como coisa concreta e tátil. Em Brasília a vida se refugia no interior da edificação, e o espaço aberto se transforma em abstração visual, seja porque se presuma hostil, seja porque assim é projetado. Não parece despropositado estabelecer correspondência entre essa mutação e a mutação de *ethos* da cultura brasileira no final da década de 1950, que passa então a obcecar-se pelo desenvolvimento e progresso.

Convém insistir que as observações anteriores não esgotam a compreensão da identidade da arquitetura moderna brasileira de 1936 a 1957, nem estão completamente desenvolvidas. Ainda assim, pelo menos três lições se poderiam deduzir delas. Primeira, que se essa arquitetura pôde resolver de maneira muito sofisticada o problema da representação de uma identidade nacional foi porque não a definiu como problema único e isolado. Constitui legítimo exemplo de modernidade apropriada, no triplo sentido que lhe dá Cristian Fernandez. Na realidade, essa arquitetura pôde concretizar-se porque a animava um espírito ao mesmo tempo nacionalista e modernizador, universalista e respeitador de tradições, que coincidia com as aspirações de cultos funcionários da revolução de 1930 e da ditadura de Getúlio Vargas. Foi um momento raro de convergência entre um grupo de arquitetos talentosos e um grupo de comitentes poderosos, em circunstâncias especiais e provavelmente irrepetíveis. Contudo, essa arquitetura não foi manifestação unitária, nem a única arquitetura que se construiu então com o mesmo conjunto de intenções. Até que o Brasil se declarasse a favor dos aliados na Segunda Grande Guerra, Piacentini exerceu nos meios oficiais uma influência comparável à de Le Corbusier, e não via a si mesmo como um reacionário artístico.

Segunda, que essa definição e resolução sofisticadas foram facilitadas pela influência de uma tradição disciplinar acadêmica que havia desenvolvido categorias teóricas de valor genérico, não sujeitas estritamente a uma formulação estilística determinada. Não importa que essa influência fosse subliminar, encoberta. Se tal tradição pôde servir a Le Corbusier, Lúcio Costa e Oscar Niemeyer, certamente mereceria mais atenção que a que se lhe tem prestado na América Latina, ainda que parte da responsabilidade por esse descuido deva ser atribuída a esses mesmos personagens. Todavia essa é uma outra história.

Terceira e última, que se essa arquitetura é indubitavelmente moderna em sua linguagem, sua concretização não dependeu em nada da concretização da cidade da Carta de Atenas, a cidade ideal da arquitetura moderna. Ao contrário, suas realizações extraíam força representativa de sua confrontação com um contexto que obedecia a um paradigma urbanístico mais antigo, cujas regras formais permitiam que distintas manifestações estilísticas coexistissem e dialogassem civilizadamente em seu interior. Não interessa, de um certo ponto de vista, discutir se eram verdadeiras ou falsas. O ponto a destacar é a abertura desse paradigma a uma pluralidade de vozes, sem que isso necessariamente provocasse a cacofonia que se instalou nas cidades brasileiras com o triunfo da cidade da arquitetura moderna. Para o bem ou para o mal, a pluralidade de vozes é condição iniludível de uma sociedade que se pretenda democrática. Contudo, se as limitações da cidade ideal da arquitetura moderna nos levam a rechaçá-la hoje e a revalorizar outro paradigma urbanístico, isso não nos obriga a rechaçar em bloco a arquitetura moderna – ou mais precisamente as arquiteturas modernas. Há que reconhecê-las, e reconhecendo-as, reconhecer em algumas delas um passado que pode bem iluminar o presente e ajudar a construir o futuro.

Notas

1. FRAMPTON, Kenneth. *Modern Architecture: a Critical History*. Londres, Thames and Hudson, 1980. Versão brasileira: FRAMPTON, Kenneth. *História crítica da arquitetura moderna*. Tradução de Jefferson Luiz Camargo. São Paulo, Martins Fontes, 2000, p. 310.

2. BRUAND, Yves. *Arquitetura contemporânea no Brasil*. São Paulo, Perspectiva, 1981.

3. COSTA, Lúcio. Razões da nova arquitetura (1934). In *Lúcio Costa: registro de uma vivência*. São Paulo, Empresa das Artes, 1995, p. 108-116.

4. COSTA, Lúcio. Cidade universitária (1936-37). In Op. cit., p. 172-189.

5. CORBUSIER, Le. *Vers une architecture*. Paris, Crès, 1923. Versão brasileira: CORBUSIER, Le. *Por uma arquitetura*. Tradução de Ubirajara Rebouças. Coleção Estudos, n. 27. São Paulo, Perspectiva, 1989.

artigo 4 carlos eduardo dias comas

PROTÓTIPO E MONUMENTO,
UM MINISTÉRIO, O MINISTÉRIO
[1987]

Três estudos e uma solução

Marco inaugural de uma arquitetura erudita brasileira explicitamente filiada à arquitetura moderna europeia dos anos 1920 em sua vertente corbusiana, o atual Palácio da Cultura e antigo Ministério da Educação e Saúde Pública tem sido considerado, unanimemente, um dos prédios mais significativos desse século, no âmbito do país e estrangeiro. Os principais episódios de seu processo de concepção e materialização são bastante conhecidos. Durante o ano de 1935, desenvolveu-se concurso, e julgaram-se anteprojetos para o mesmo. O terreno previsto para o concurso era uma quadra doada pela Prefeitura do Rio de Janeiro, limitada pelas ruas Araújo Porto Alegre, Imprensa, Pedro Lessa e Graça Aranha, e localizada na Esplanada, resultante do arrasamento do morro do Castelo, em urbanização que se fazia seguindo plano elaborado de 1927 a 1930, pelo arquiteto francês Alfred Agache. Entre janeiro e março de 1936, apoiado por seus assessores mais diretos, o ministro Gustavo Capanema anula o concurso e contrata Lúcio Costa para elaborar novo projeto para o mesmo terreno. Lúcio constitui equipe integrada por Oscar Niemeyer, Affonso Eduardo Reidy, Jorge Moreira, Carlos Leão e Ernani Vasconcellos, que apresenta, em maio daquele ano, um primeiro risco.

Em julho Le Corbusier chega ao Brasil, convidado para consultoria do projeto, com a chancela do presidente Getúlio Vargas. Ele propõe, de imediato, a troca do terreno por outro que lhe parecia mais favorável, à beira mar, e elabora risco para este terreno. A impossibilidade de viabilizar tal troca fez com que Capanema insistisse em obter de Corbusier uma alternativa de solução para o terreno original. Riscada às pressas, essa alternativa não entusiasmou[1]. Após a partida de Corbusier, a equipe brasileira voltou a trabalhar, chegando a uma solução definitiva no final de 1936. Esta começa a ser construída em 1937 e é inaugurada por Getúlio em 1945.

Os quatro riscos mencionados são também bastante conhecidos. A proposta original brasileira acomoda os espaços de trabalho com volume em forma de U, com o corpo principal disposto perpendicularmente à rua Graça Aranha, e duas alas sobre pilotis alinhadas com essa avenida e com a rua da Imprensa. O ingresso se faria desde a Araújo Porto Alegre, em eixo com volume trapezoidal para auditório. Este avançava em espaço aberto com frente para a Pedro Lessa, na direção da Baía de Guanabara. O risco corbusiano para a avenida Beira-Mar acomodava os espaços de trabalho em um bloco linear alongado, todas as salas voltadas para a baía e acessíveis por corredor cujas extremidades apresentam dois corpos avançados abrigando circulações verticais e serviços. O bloco elevado sobre pilotis de quatro metros de altura é interceptado perpendicularmente por bloco de dois pavimentos, ligeiramente descentrado e abrigando, em linha, salão de exposições sobre pilotis, avançado em direção ao mar, e auditório trapezoidal em direção à cidade. A alternativa corbusiana para o terreno da Esplanada mantém os espaços de trabalho em bloco linear sobre pilotis de quatro metros de altura no alinhamento da Graça Aranha, com um único corpo avançado para circulação vertical e serviços na extremidade, junto à Pedro Lessa. Ao longo dessa rua, implantam-se o salão de exposições e auditório, conformando-se assim um espaço aberto quadrangular limitado por edificação em dois de seus lados adjacentes. O risco definitivo da equipe brasileira tem planimetricamente feição de T, constando basicamente de dois blocos de altura desigual que dividem a quadra em dois espaços abertos quadrangulares. A perna do T é o bloco mais alto, prisma retangular de quatorze pavimentos, elevados sobre pilotis de dez metros de altura, que abriga os espaços de trabalho e ocupa a mesma posição do corpo principal do primeiro risco da equipe brasileira. O bloco mais baixo, da altura do pilotis, contém o auditório e o salão de exposições, e se desenvolve horizontalmente em dois pavimentos ao longo da testada da rua da Imprensa. Simplificadamente, pode ser descrita como uma caixa retangular penetrada em um de seus lados menores por parte de um volume trapezoidal mais alto, e o eixo de simetria desse volume coincidindo com o eixo longitudinal da caixa. A intersecção dos dois blocos acomoda nos dois pavimentos serviços, circulações e vestíbulos. O salão de exposições se localiza no nível superior da caixa avançando em direção à Pedro Lessa, os acessos ao auditório e estrado de conferência na direção da Araújo Porto Alegre, e o auditório propriamente dito ocupando, obviamente, o volume trapezoidal.

A disposição dos blocos e espaços abertos sobre a quadra revela avaliação bastante consistente da hierarquia de cada uma de suas ruas limítrofes na trama do entorno. A composição abre-se para a Graça Aranha, Araújo Porto Alegre e Pedro Lessa, a primeira com porte de avenida, as duas últimas constituindo a conexão mais imediata com a avenida Rio Branco, espinha mais movimentada do centro do Rio; fechando-se relativamente para a rua da Imprensa, ratificada a sua condição de travessa. Desde qualquer uma, porém, a organização elevacional do Ministério se visualiza tripartida, comportando nitidamente um ático, um corpo principal e um embasamento.

O ático do Ministério é constituído pelo complexo de volumes curvilíneos e retilíneos revestidos de partilhas de vidro azul, que acomodam salões para restaurante e suas dependências, caixas d'água e casas de máquinas, e se dispõem em recuo no teto do bloco vertical, circundados por terraço linear. O corpo principal é constituído pelo próprio bloco administrativo vertical. É estruturado por uma grelha de colunas e pilares dispostas ao longo de onze linhas transversais e três longitudinais, as colunas exteriores ligeiramente recuadas em relação aos bordos das lajes e às fachadas. A fachada sul para a Pedro Lessa é completamente envidraçada, a fachada norte para a Araújo Porto Alegre envidraçada e protegida por grelha de concreto incorporando brise-soleil móveis, as duas empenas cegas e revestidas com placas de granito. Junto à empena da rua da Imprensa, dispõem-se sanitários, escada e bateria de elevadores para o público e o ministro, arranjo similar para funcionários encontra-se junto à empena da Graça Aranha. Apenas o primeiro dos quatorze pavimentos não tem seus espaços de trabalho subdivididos por tabiques de madeira a meia-altura. Reservado para o ministro, ele se diferencia por possuir salas compartimentadas até o teto, com altura um pouco maior e acesso ao teto do salão de exposições ajardinado por Burle Marx. O embasamento compreende o bloco horizontal, o pilotis sob o bloco administrativo e os espaços abertos do terreno, constituindo formal e funcionalmente o setor mais complexo da composição.

Mais precisamente, o limite superior desse embasamento é a laje de piso do pavimento do ministro, que se prolonga de um lado conformando o terraço do salão de exposições e de outro abraçando parcialmente o teto mais elevado do auditório, inclinado em um sentido e curvo em outro. É embasamento que se apresenta poroso, intercalando volumes fechados e espaços vazados. O espaço do pilotis sob o bloco administrativo não é contínuo. As três primeiras colunas de suas fileiras externas a partir da Graça Aranha se superpõem à caixa, abrigando vestíbulo de funcionários. O espaço adjacente de cinco por dois intercolúnios constitui pórtico de acesso pontuado por dezoito colunas circulares, flanqueado pela caixa do vestíbulo de funcionários e pelo bloco horizontal, inserto entre a primeira e a quarta linha de colunas a partir da rua da Imprensa. Este também é poroso ao nível térreo, comportando vazio para acesso veicular coberto entre espaço trapezoidal fechado de serviço sob o auditório e a caixa do vestíbulo do público e do ministro, flanqueada no lado oposto por pilotis de um pavimento de altura sob salão de exposições. Pode ser visto, porém, desde alguns ângulos, como composição de volume trapezoidal e caixa retangular virtualmente fechada por colunatas externas nas suas fachadas maiores, colunatas com a mesma altura da colunata do pórtico e solidárias à laje de entrepiso através de pequenos consolos. Os planos verticais entre laje de cobertura e laje de entrepiso encontram-se, no entanto, efetivamente fechados por panos de vidro nessas fachadas e por paredes cegas junto à Pedro Lessa e Araújo Porto Alegre, delimitando visivelmente acessos laterais ao auditório e ao salão de exposições elevados. Internamente, o salão de exposições é estruturado por duas linhas de colunas, inscrevendo-se, na nave central que estas definem, uma grande escada circular que estabelece conexão com o vestíbulo térreo; o centro da escada disposto sobre eixo de simetria longitudinal comum ao salão, ao vestíbulo e ao auditório. A título de curiosidade, pode-se notar que o espaço de serviço sob o auditório foi pensado, em determinado momento, como garagem, e o pilotis sob o auditório como estacionamento coberto. Entre junho de 1944 e a inauguração, o salão foi expandido em mais um intercolúnio, acessível diretamente por escada fechada. Essa expansão acarretou modificação do traçado original da Pedro Lessa, que não chegou a ser executado, unificando-se mais tarde a quadra do Ministério com a quadra em frente[2].

O revestimento de colunas e trechos de fachada não envidraçados do embasamento é feito com placas de granito ou painéis de azulejos concebidos por Portinari. De granito também são as lajes que pavimentam o piso do pórtico, do pilotis sob o salão de exposições e do acesso veicular coberto, e as esplanadas prolongando o pórtico, flanqueadas ao longo das testadas da Graça Aranha e Pedro Lessa por bandas de pedra portuguesa, em que se inscrevem grandes canteiros curvilíneos. Maciços de vegetação se colam às fachadas norte e oeste do auditório. Uma mureta baixa paralela a essa fachada oeste separa um canal para o carro do ministro da esplanada pedestre, constituindo curiosamente elemento que baliza, com muito vigor, o encaminhamento à entrada principal do prédio desde a Araújo Porto Alegre.

Um passeio arquitetônico

São as intersecções da Graça Aranha com a Araújo Porto Alegre e com a Pedro Lessa, os pontos de acesso e visualização privilegiados do Ministério, desencorajando as aproximações frontais a qualquer fachada do edifício. As fachadas menores dos dois blocos são cegas. A aproximação pelo trecho compreendido entre o meio da quadra da Graça Aranha e Araújo Porto Alegre mostra o auditório em foco, mas seu fechamento e sua inclinação fazem desviar o olhar para a lateral do campo de visão, onde o vazado do pórtico sugere encontrar-se ali a entrada principal do edifício. A aproximação a partir do trecho compreendido entre o meio da quadra da Graça Aranha e a Pedro Lessa mostra o salão de exposições à frente, mas a transparência de seus pilotis remete de forma análoga o olhar para a lateral. Em ambos os casos, os canteiros ao longo da avenida operam, em parte, como barreiras, insinuando dúvida sobre a primazia da mesma e favorecendo, aparentemente, uma aproximação desde a Araújo Porto Alegre ou a Pedro Lessa. Entretanto, uma aproximação frontal por essas ruas também se revela frustrante. Se o bloco vertical se mostra agora em foco, a transparência do pórtico torna-se máxima e propõe novamente a lateralidade das entradas. Assim, enfatiza-se uma rota preferencial oblíqua e também o impacto das visões diagonais de esquina, as únicas em que a composição pode ser percebida quase por completo e em que a intersecção dos dois blocos aparece em foco, denunciando a localização correta da entrada principal.

A mesma preferência pelo encaminhamento oblíquo e pela dispersão do interesse para a lateral manifesta-se no interior do vestíbulo do público. Por qualquer uma de suas duas portas que se entre, a configuração do balcão de atendimento, a disposição de elevadores e da entrada para a escada circular, levando ao salão de exposições, conspiram com êxito para desviar a atenção do plano frontal. Apesar da coincidência entre centro da escada e eixo longitudinal do vestíbulo e do salão de exposições, a chegada a este faz-se também em oblíqua, descobrindo a comunicação lateral entre salão e auditório. A própria centralização da escada associadas à parede cega do fundo do salão reiteram a importância de uma rota periférica dentro da caixa retangular do mesmo. Através de seus panos de vidro longitudinais, cidade, esplanada e pórtico oferecem-se novamente à contemplação, perspectiva luminosa precedendo ao mergulho no recôndito do auditório, previsivelmente simétrico em relação ao estrado de conferência, que é seu foco.

Esplanada, pórtico, vestíbulo, salão de exposições e auditório integram o que se poderia chamar de circuito cerimonial da composição, que se completaria tomando o elevador para o pavimento imediatamente acima e visitando em sequência o grande salão de espera, o salão de recepções, onde Portinari pintou friso contínuo junto ao teto tendo como tema os grandes ciclos econômicos brasileiros e, por fim, o terraço-jardim a sua frente. O circuito mais prosaico é feito tomando um dos elevadores de duas portas no térreo, com a chegada a qualquer um dos pavimentos do bloco vertical pela porta oposta à porta correspondente nos vestíbulos do público e do ministro. O esquema original de circulação no pavimento-tipo, que diferenciava a circulação do público da circulação de funcionários, foi abandonado em 1945, mantendo-se, porém, a sua visualização como um grande espaço único e a curvatura dos tabiques de madeira, quando interessa reforçar expressivamente o encaminhamento. Como em todos os espaços do prédio inexistem vigas à vista, os pilares e as colunas parecem ser interrupções lineares dos volumes onde se encontram.

Um protótipo

Boa parte dos comentários favoráveis ao edifício do Ministério tem se apoiado em leituras que o valorizam enquanto realização prototípica ou, mais simplesmente, como protótipo que podia e devia ser replicado.

Já em 1943, Philip Goodwin apresenta-o como solução padrão para um dos programas mais comuns da sociedade contemporânea, afirmando que a originalidade de cada pormenor seu era consequência de um estudo carinhoso e atento dos problemas operacionais de um prédio de escritórios em clima tropical[3]. Subentende-se que seja ele uma solução exemplar, ilustrativa da aplicação de uma metodologia funcionalista de projeto, à maneira de um Pavilhão Suiço. Apoiada na ideia de correlação entre especialização e eficiência operativa de um artefato utilitário e na ideia de correspondência biunívoca entre forma e função, essa metodologia propunha que o projeto não fosse mais que a tradução literal dos organogramas e fluxogramas operacionais, que otimizaria o atendimento das atividades, acomodadas arquitetonicamente. Em versão mais simplificada, prescrevia a correspondência entre os grandes setores funcionais de um programa e sua expressão volumétrica; implicava tacitamente a distinção entre o conjunto de situações repetitivas de um programa, acomodáveis em prismas retangulares, e as situações especiais exigindo geometria particular. O Pavilhão Suíço se decompunha em prisma, abrigando o conjunto de dormitórios e respectiva galeria de acesso, e em pilotis, teto-terraço, caixa de escada e volume térreo irregular para ingresso e alojamento do diretor. Esses quatro elementos diferenciados correspondiam a situações programáticas especiais. De maneira análoga, o Ministério se decompunha em prisma, abrigando o conjunto de espaços de trabalho com seus serviços e circulações, e em teto-terraço, pilotis, auditório, vestíbulo e salão de exposições, que eram programaticamente situações especiais.

Dentro dessa ótica, o Ministério daria testemunho irrefutável da autoridade da função enquanto matriz formal. Essa autoridade se exerce, contudo, em correlação com a autoridade da tecnologia característica da modernidade. É a partir da aliança entre função, materiais e procedimentos construtivos que Le Corbusier havia estabelecido os seus cinco pontos de uma arquitetura nova, defendido o pano de vidro e inventado o brise-soleil. Concretizado com pilotis, teto-terraço, pano de vidro, brise-soleil, plantas e fachadas livres, o Ministério é igualmente elogiado como solução exemplar de aplicação, em edifício de grande porte, dos elementos de arquitetura e esquemas compositivos corbusianos, enfatizando-se a pertinência de seu emprego em nosso meio, de acordo com as condições ambientais dominantes no país.

A convergência entre elementos de arquitetura legitimados por uma construção moderna e elementos de arquitetura das cidades mineiras do século 18 é também assinalada com frequência. O pilotis aproxima-se das palafitas em encosta, a estrutura independente de concreto armado aproxima-se da estrutura em madeira vedada por taipa de sebe ou por grandes caixilharias contínuas ora envidraçadas, ora treliçadas, assimiláveis sem dificuldades ao pano de vidro e ao brise-soleil. O conselho corbusiano de emprego de pedras brasileiras e painéis de azulejos para revestimento de paredes era justificável não só por disponibilidades locais e facilidade de manutenção em clima úmido, como também por atualizar precedentes da construção colonial e imperial no país. O Ministério é tomado por uma solução exemplar de linguagem formal moderna e internacionalmente válida, mas com sabor brasileiro, respaldada pela autoridade da história da arquitetura enquanto tradição construtiva racional e nacional, dela derivando sua emblematicidade expressiva[4].

Não é impertinente recordar aqui que essa visão da tradição construtiva brasileira selecionava preferencialmente um momento de fausto econômico, em que se postulavam pela primeira vez aspirações de independência e unidade nacionais, no marco de uma cultura urbana essencialmente mercantil. Entretanto, as ruas-corredor e os quarteirões fechados, que caracterizavam as cidades onde essa cultura se desenvolvera, pareciam agora anacrônicos, obsoletos, ineficientes. Le Corbusier e a vanguarda modernista europeia estavam engajados desde os anos 1920 na articulação de um novo paradigma de projeto para a cidade do século 20. O Ministério é tomado também por solução exemplar antecipatória do centro de negócios da cidade ideal propugnada pela Carta de Atenas do Ciam de 1933, a cidade das torres e barras em pilotis sobre um grande parque, onde a cor local seria assegurada pela utilização da vegetação nativa, como as palmeiras-imperiais que tanto haviam impressionado Le Corbusier ou as espécies exóticas que encantavam Burle Marx[5].

Um monumento

Em paralelo a essa exaltação do Ministério como protótipo, o seu estatuto de monumento é insistentemente registrado e apreciado. Em "The Need for a New Monumentality", de 1944, Sigfried Giedion propõe ser a reconquista da expressão monumental a tarefa mais difícil e perigosa que a arquitetura moderna devia enfrentar de imediato, afirmando que o Ministério é um passo nessa direção[6]. Em 1950, Stamo Papadaki observa que o Ministério é o único prédio de sua década que tinha, com êxito, intentado expressar uma arquitetura cívica a partir de meios contemporâneos, subentendendo a equação arquitetura cívica = monumento[7]. Em 1956, Henrique Mindlin fala do Ministério como aplicação pioneira das ideias corbusianas em escala monumental e afirma que a monumentalidade do prédio é expressão verdadeira do programa[8].

Na verdade, já em sua proposição inicial, o programa do Ministério não se confundia com o programa de um prédio de escritórios comum. Como Paulo Sá e Maurício Lissovsky mostraram em "O novo em construção", Capanema queria um prédio que retratasse a instituição que dirigia, por ele pensada como instrumento de um projeto cultural visando preparar, compor e aperfeiçoar o homem brasileiro "destinado a viver pela nação, nela integrado de corpo e alma"[9]. Por extensão , o prédio deveria ser também um retrato da nacionalidade que se edificasse nova, mas assente sobre o patrimônio herdado do passado.

Capanema queria um monumento, e a ideia de monumento denota etimologicamente objeto que rememora ou comemora pessoa, evento, instituição, ideias consideradas exemplares por sua excepcionalidade ou transcendência. Um monumento arquitetônico é veículo de atualização e condensação de convicções partilhadas por uma comunidade. É máquina de recordar desafiando o tempo, associada a ritos cuja formalidade ou cerimônia não são da esfera do cotidiano ou do corrente. Por outro lado, "além de ser uma memória, um monumento é também um ato do presente. Não somente é o reflexo de algo valioso no passado, mas também revela nossa atitude frente a seus valores que será transferida para o futuro" – como diz com muita propriedade o americano Romualdo Giurgola[10].

As estratégias de memorabilidade

Não cabe dúvida que tanto Lúcio Costa como Le Corbusier tinham plena consciência dos requerimentos monumentais que o projeto do Ministério deveria satisfazer. Ao propor a troca de terreno, Le Corbusier dizia que caso a construção se fizesse na Esplanada do Castelo, seria de se prever sua posterior "submersão num conjunto arquitetônico de tal natureza que de nenhuma maneira e apesar de toda a perfeição do prédio seria possível atingir uma impressão de nobreza e grandiosidade"[11]. Lúcio Costa escreve em carta de 1938 a Capanema que o

Ministério é prédio público de significação não apenas utilitária, mas também representativa, em que há "necessidade de se traduzir de maneira adequada ideia de prestígio e dignidade logicamente sempre associada à noção de coisa pública [...], essa ideia se manifesta [...] por uma certa nobreza de intenção revelada nas proporções monumentais da obra e na simplicidade e boa qualidade de seu acabamento"[12].

Para poder operar como máquina de recordar, o monumento precisa ser marco memorável e duradouro. A boa qualidade do acabamento é garantia de durabilidade. A simplicidade entende-se mais enquanto simplicidade volumétrica a serviço da memorabilidade, que a história mostra ser facilitada por certo grau de abstração formal, bem como por tamanho e escala incomuns e uma fisionomia grave, mas associada à ornamentação de riqueza extraordinária. Não é irrelevante que, na mesma carta, Lúcio mencione a importância do Ministério apresentar condignamente uma coleção de pinturas e esculturas encomendadas especialmente para o mesmo, ou que os azulejos de Portinari não sejam um revestimento decorativo constituído pela repetição de um único módulo padrão, mas painéis abstrato-figurativos, lembrando os painéis de azulejos em velhos claustros brasileiros.

Por outro lado, já na memória do projeto, em 1937, Lúcio falava da unidade, proporção e pureza plástica do prédio como seus atributos distintivos na paisagem. Como Le Corbusier, sabe que diferenciação do contexto é recurso básico para assegurar memorabilidade ao monumento. Em parte, essa diferenciação se busca pela composição, que subverte as normas da rua-corredor e do quarteirão fechado do tecido urbano a sua volta. Que o contraste é intencional, as próprias palavras de Lúcio confirmam: "Com esse partido, criamos um espaço livre necessário em volta do prédio que, localizado numa quadra circundada por ruas relativamente estreitas e de construções no alinhamento, fica em posição de destaque em relação aos demais edifícios"[13]. O partido da composição soma-se à unidade, proporção e pureza ou simplicidade volumétrica do prédio para estabelecer um contraste ambiental e reforçar, por conseguinte, as denotações monumentais do Ministério.

Com efeito, o desatendimento da norma de edificação perimetral completa da quadra, prescrita pelo Plano Agache, se constata nos três riscos feitos para a mesma. Todos eles propõem alguma continuidade entre espaço ou entre espaços abertos dentro da quadra e os espaços abertos das ruas a sua volta, abandonando parcialmente a sua concepção como ruas-corredor e revertendo a identificação de espaço aberto de quadra com o domínio privado do território urbano. A subversão das ideias de rua-corredor e quarteirão fechado se radicaliza no risco definitivo, com a disposição do bloco mais alto da composição no eixo central transverso da quadra. Na fachada da rua da Imprensa, o bloco horizontal e a empena no bloco vertical respeitam o alinhamento, mas o bloco vertical se recorta nitidamente no horizonte como objeto isolado, extraordinário em seu entorno. Nas outras fachadas, a presença de espaços abertos diante dos blocos edificados permite percebê-los, ao mesmo tempo, como fundo definitório desses espaços e como foco de atenção excepcional.

No entanto, a radicalidade dessa subversão da figuratividade habitual da rua-corredor e do quarteirão fechado é apenas aparente. Trata-se de uma subversão já prevista por um paradigma urbano tradicional, em que a oposição tecido repetitivo/monumento excepcional se admitia complementar. No marco desse paradigma, a rua é regra normativa e percebida como um vazio figural, cujo pano de fundo são as edificações contínuas e alinhadas que definem seu volume. Por vezes, os edifícios de importância extraordinária são deliberadamente propostos como sólidos figurais, destacando-se de um fundo que é o espaço aberto da rua transformado em largo ou praça. As equações predominantes – fachada de quarteirão fechado = fundo perceptível = domínio privado; e vazio de rua-corredor = figura perceptiva = domínio público – invertem-se parcialmente, com a introdução de objetos projetados como figuras esculturais que se destacam na massa repetitiva das edificações e ruas comuns, denunciando assim seu estatuto de monumentos. Essa estratégia de projeto é evidente em Ouro Preto, onde os edifícios públicos importantes se dispõem em frente de logradouros ou praças, constituindo situações de singularidade relativa dentro de um tecido ordinário de ruas-corredor e quarteirões fechados; por conseguinte, são situações de memorabilidade facilitada, em correspondência com seu significado coletivo excepcional.

Lúcio Costa diz a seguir, em sua memória, que o partido adotado "permitiu assim criar uma grande esplanada no pavimento térreo que, além de realçar a imponência do edifício, poderá ser utilizada para cerimônias de caráter cívico-cultural, de acordo com a finalidade do Ministério"[14]. Tomada em conjunto com a afirmação precedente, evidencia um reconhecimento da tradição urbanística secular em que o projeto do Ministério se inscreve e dá pertinência ao emprego de tipologias arquitetônicas consagradas por essa mesma tradição, embora modernamente reinterpretadas. Não é o caso do complexo inscrito em paisagem verde homogênea, como queria Le Corbusier em seu risco para a Beira-Mar. Nem os espaços abertos do Ministério se identificam com o espaço aberto ilimitado e indiferenciado associado à cidade da Carta de Atenas. São espaços abertos de figuratividade e funcionalidade específicas, uma e outra de antiga linhagem.

Assim, o pórtico de entrada do Ministério subdivide a esplanada pavimentada com lajes de granito em dois espaços que aludem funcional e figurativamente a adros de tempo, arquétipo do monumento sacro, ou átrios de palácios, arquétipo do monumento profano. As alusões se reforçam porque o pórtico não é o pilotis totalmente aberto do Pavilhão Suíço ou o pilotis aberto em dois extremos dos dois riscos corbusianos. É um vazio entre dois cheios, feito um propileu de cinco intercolúnios como a Acrópole de Atenas ou a colunata central de um *Louvre* ou *Petit Trianon*. Penetrar nesse pórtico é penetrar em uma sala hipóstila ecoando a antecâmara do santuário daquele templo em Tebas desenhado por Choisy e reproduzido em *Vers une Architecture*[15]. As colunas dessa sala permanecem esbeltas e eretas como troncos de palmeiras, as mesmas palmeiras cujas folhas estilizadas ornamentavam capitéis egípcios e que, plantadas em maciços, seriam uma das atrações dos jardins da Cidade Universitária do Rio, riscada também em 1936 por Le Corbusier.

Penetrar no pórtico do Ministério é como penetrar em um bosque de troncos de palmeiras petrificadas; e a essa petrificação do vegetal, sugerida com força, se contrapõe inversamente a insinuação de uma possível vegetalização da pedra. Os canteiros que prolongam a caixa do vestíbulo de funcionários restringem a superfície da esplanada propriamente dita àquela que efetivamente é continuação do pórtico. Em termos de locomoção e percepção, a planimetria em T do edifício se vivencia como uma planimetria em H, na qual de uma das pernas só restaram fragmentos e vestígios verdes, e a outra é vista como uma ala em cuja fachada se aplicaram colunas de ordem colossal, à maneira de um Campidoglio e em desafio à economicidade técnico-construtiva. Assim, os adros do Ministério podem ser experienciados também como reverberação duplicada e incompleta daquela *cour d'honneur* do risco inicial brasileiro, e na composição definitiva podem ser discernidos traços da planimetria em U daquele risco. Evidente neste, apenas uma sombra na solução final é a referência ao palácio que se reitera, é Versalhes revisitado via Liga das Nações, precedente corbusiano mais afim com o Ministério.

É possível que esse conjunto de alusões tenha nascido no inconsciente, misturado a razões mais pragmáticas. Contudo, sua propriedade é indiscutível enquanto recurso de assinalação de monumento. A partir da evocação de precedentes prestigiosos associados à arquitetura monumental, é a autoridade da história disciplinar que se invoca e se afirma como matriz de projeto, não apenas em termos de tradição construtiva racional e nacional, mas também em termos de tradição tipológica universal.

Os conteúdos da representação

É preciso admitir, no entanto, que essas alusões à tradição são abstratas, fragmentárias e ambíguas, que sua decodificação exige esforço e familiaridade com essa tradição e com a postura corbusiana em face dela. Na prática, essa postura é menos revolucionária que evolucionária, constituindo, ao mesmo tempo, afirmação de continuidade e de ruptura invocadora da história e conferindo a uma e outra igual importância[16].

Se a Liga das Nações faz alguma referência a Versalhes, esta é velada ou filtrada por princípios de abstração, fragmentação ou ambiguidade, em sintonia com uma sensibilidade moderna e uma sensibilidade ao moderno. Quase paradoxalmente, essa sensibilidade tem raízes em um profundo respeito pelo passado e sua arquitetura. Reproduzida fielmente, esta não passaria de cenografia *kitsch* mistificadora, despojada da vitalidade significativa que historicamente possuíra. Fidelidade a uma tradição não se mantém sem tradição parcial à mesma. Parafraseando Lúcio Costa no final de "Razões de uma nova arquitetura", as formas devem variar para que o mesmo espírito subsista[17]. É a própria autoridade da história disciplinar enquanto matriz de projeto que impede tanto sua invocação como autoridade exclusiva como a rememoração literal e completa dos precedentes que a integram.

Os elementos de arquitetura e composição do Ministério emergem pois inconfundivelmente modernos em sua aparência. As alusões tipológicas materializam-se como conotações subversivas, especialmente impactantes na organização elevacional e na organização do circuito cerimonial da composição.

Se a organização elevacional do Ministério é tripartida como a do palácio clássico ou barroco, as assinalações honoríficas – tradicionalmente conferidas ao embasamento, corpo principal e alas laterais – mostram-se nele submetidas a uma série de deslocamentos. O corpo principal é ocupado por espaços de trabalho. O único vestígio de andar nobre que neste subsiste é o pavimento reservado ao ministro. O embasamento não é mais apenas acomodação de mobilidade e de serviços. É onde se dispõem os espaços cobertos e fechados de reunião pública, tradicionalmente associados ao corpo principal e ao andar nobre, – ocupando, no entanto, o que se consideraria a posição secundária de uma ala de serviços.

Contudo, porque auditório e salão de exposições estão efetivamente elevados, configurando um mesmo bloco com vestíbulo do prédio, e se apresentam assimetricamente balanceados em relação à entrada, em algum momento, sob o pórtico, é possível duvidar da identificação anterior entre bloco horizontal e embasamento, bloco administrativo e corpo principal e, em delírio surrealista, imaginar que o bloco administrativo é apenas uma espécie de frontão desmesurado de um pórtico, também desmesurado diante de um palácio restrito ao bloco horizontal.

Esplanada, pórtico, vestíbulo, salão de exposições e auditório, que integram em sequência o circuito cerimonial do Ministério, são espaços discretos, apresentando planimetria regular e eixos de simetria em pelo menos um sentido. Contudo, esses eixos não podem ser tomados nunca por eixos de movimento privilegiado, o movimento ao longo dos mesmos sendo constantemente obstaculizado ou tendo sua importância minimizada. É possível chegar da esplanada ao pórtico através do seu intercolúnio central, mas qualquer destaque que se lhe quisesse dar– seria desmentido pelo teto plano, que propõe estratificação igualitária de todo o espaço interior do Ministério – exceção feita ao auditório.

A passagem do pórtico ao vestíbulo não só exige mudança de eixo de movimento, como faz descobrir que o eixo longitudinal do pórtico coincide com o eixo de sua fileira central de colunas. Há coincidência entre eixo de simetria de uma das naves do pórtico e o do vestíbulo, mas parede cega e disposição da escada forçam a mudança de rota para o eixo comum ao vestíbulo, salão de exposições e auditório. Por breve momento, ao ingressar no vão que conduz à escada circular, rota e eixo de simetria coincidem, para definitivamente se apartarem depois por causa dessa mesma escada.

A simetria organiza a concepção do projeto mas não sua experiência, que impõe modificações de trajetória, favorece o movimento diagonal e lateral, enfatiza a importância da visão oblíqua, minimiza o interesse em qualquer foco frontal centralizado e frustra a expectativa de se encontrar, dentro do circuito, um espaço que tenha simultaneamente dimensão de centro geográfico e centro hierárquico da composição, que constitua ponto de onde sua organização interior se desvele.

As perspectivas a partir das esquinas da Graça Aranha pareciam prometer que a importância óbvia da intersecção entre os dois blocos como centro seria especialmente elaborada, e tal não acontece. O vestíbulo de entrada não se constitui nem aparece senão como espaço de passagem rápida sem maior atrativo, antes obscurecendo que descobrindo a natureza dos espaços adjacentes. Completo o circuito, a hierarquia de toda a intersecção aquadradada – entre os dois blocos registra-se, efetivamente secundária, local de dispersão pragmática antes que de convergência simbólica. Salão de exposições, auditório e pórtico confirmam-se espaços de hierarquia equivalente. No entanto, o único dentre eles que pode entreter pretensão de centro geográfico é de novo um espaço de passagem, seu próprio centro bloqueado por coluna. A *promenade architecturale* proposta pelo circuito é duplamente circular: tem como ponto de partida a cidade e a ela retorna, rondando um centro finalmente inatingível. Obviamente, terreno e entorno do Ministério não facilitavam a progressão cidade-edifício-natureza, como em Versalhes ou na Liga das Nações – embora o primeiro risco brasileiro contemplasse embrionariamente tal ideia, e o croqui que Corbusier fez, após o projeto definitivo elaborado, mostre como se poderia restabelecer, caso se quisesse, a presença frontal da natureza no terreno.

A importância desse conjunto de alusões e subversões pode-se licitamente considerar crucial, porque é em seu conteúdo metafórico complexo – que em última instância repousa a expressividade simbólica do Ministério enquanto monumento – que se pode ler uma representação do mundo na perspectiva de uma civilização determinada, uma representação da nacionalidade e sua cultura e uma representação da instituição que abriga.

Enquanto representação do mundo na perspectiva da civilização ocidental moderna, o Ministério sugere ser da essência desta a inexistência de centro ou ponto de vista em que se possa compreendê-la por completo, que a condição normativa de sua construção implica estratificação horizontal do espaço que neutraliza e dispersa qualquer intento de criação de um centro hierarquicamente dominante. Centros e pontos de vista são múltiplos, relativos e provisórios: dependendo da posição do observador, aquilo que é lateral ou periférico vira foco, a aproximação em diagonal é mais reveladora que o ataque de frente, a atividade mais iluminadora que a contemplação passiva. Por outro lado, este é um monumento que não nos fala de uma mediação entre cidade e natureza pela arquitetura. Contudo, se pode tomar o pórtico por bosque petrificado e os canteiros térreos por pavilhões vegetalizados, então, a natureza se insinua como fundamento da arquitetura, espaço a transpor para chegar à arquitetura como segunda natureza e com a primeira aparentada de tal modo que qualquer uma delas poderia tomar por sinal e vestígio da outra.

Enquanto representação da nacionalidade e sua cultura, o Ministério, mais que sugere, afirma tranquilamente a pertinência dessa nacionalidade e cultura no marco mais amplo da cultura e da civilização ocidentais, quer no passado, quer em um projeto de futuro. Entre a parte Brasil e o todo Ocidente, as relações apresentam-se dialéticas. O Brasil do futuro está se construindo no presente informado por um passado próprio, mas este não existe isolado do passado do Ocidente; assim o passado do Ocidente se reivindica instrumental para um Brasil futuro. O Ocidente do futuro está se construindo informado por um passado em que o Brasil passado não é episódio desprezível; assim o Ocidente do futuro pode influir-se por um Brasil passado. Por outro lado, se o passado informa necessariamente todo projeto de futuro, todo projeto de futuro ilumina seletivamente um passado. Do passado brasileiro e do passado Ocidental, interessam aqueles episódios cujas conotações se intuam emocional e ideologicamente afins com o esboço de um projeto de futuro, seja em termos de um futuro genérico-nação ou de um futuro específico-edifício representativo da nação. Não é um Brasil primitivo e rude que se evoca, é um Brasil altivo, cioso de suas riquezas já conquistadas e desejoso de guardá-las para os seus. É um Brasil que é história e geografia entrelaçadas, e que canta sua geografia tropical como natureza risonha e franca, paraíso passado, presente e futuro de clima ameno, onde interior e exterior podem se confundir, onde a terra é boa e os habitantes andam nus.

Por fim, o Ministério faz-se representação da instituição que abriga. A natureza pública do seu embasamento, a penetrabilidade, porosidade e permeabilidade do mesmo, e a continuidade entre piso da esplanada e pórtico declaram ao público a acessibilidade da instituição, do governo e do Estado, com uma formalidade e um se dar ao respeito que recusa a grandiloquência fácil e vazia. Aqui se diz possível minimizar distância entre autoridade e povo, como entre ministro e funcionário. E, contudo, em retrospectiva, caberia perguntar se a identificação da administração com o corpo principal do edifício não pode ser lida tanto como celebração da dignidade do trabalho, como premonição profética e não necessariamente emancipatória da hegemonia burocrática.

As instâncias de originalidade

A filiação corbusiana do vocabulário e sintaxe do Ministério nunca foi um segredo; sua contribuição ao desenvolvimento desse vocabulário e dessa sintaxe foi raramente examinada, a exceção sendo o brise-soleil móvel. Cabe insistir na ausência de precedentes corbusianos para o pórtico entre dois volumes sólidos e dois espaços abertos. A disposição similar do Carpenter Center é muito posterior e possivelmente influenciada pela disposição do

Ministério, que constitui aporte notável ao repertório de soluções modernas de *composição periférica* – termo de Colin Rowe – ou centrífuga, em que frontalidade e centralidade são simultaneamente proclamadas e negadas. A porosidade que se associa a essa disposição caracteriza também a planta baixa do bloco horizontal e contrasta com as soluções típicas de pilotis corbusiano, exemplificáveis por Garches e Savoye. Em Garches, o pilotis fica envolvido pelas paredes exteriores, sua presença apenas se inferindo por trás das janelas horizontais. Em Savoye – ou em Cartago – a colunata perimetral do pilotis se apresenta isolada, conformando uma arcada ao longo de volume interior fechado. A organização de planos reais e virtuais obliquamente penetrados, que caracteriza o interior de Garches, é reproposta externalizada e contraposta à simplicidade dos espaços internos do circuito cerimonial. A extroversão se confirmará como marca registrada da arquitetura moderna brasileira e carioca; a simplicidade da planta do piso da galeria e auditório, organizados ao redor de núcleo sólido de circulação, precede realizações similares do Mies americano.

O Ministério demonstra tanto a assimilação dos procedimentos compositivos corbusianos por parte da equipe brasileira, como a assimilação de seus esforços para "tornar sensível e fazer compreender as qualidades e propriedades inerentes à finalidade de um edifício através de suas formas materiais"[18]. A fórmula é do acadêmico Quatremère de Quincy em sua *Encyclopédie méthodique* de 1799 e se condensa na ideia de caracterização apropriada como aliada necessária de uma composição correta na materialização da boa arquitetura. Educado em uma Escola de Belas Artes instituída à imagem e semelhança de sua homônima francesa, não deviam passar despercebidas a Lúcio Costa as raízes acadêmicas de muitas ideias corbusianas. A despeito do antiacademismo manifesto do arquiteto franco-suíço, não seria implausível que Lúcio compreendesse as invenções corbusianas como resultado de uma vontade de caracterização arquitetônica da era da máquina, associada à vontade de caracterização arquitetônica tanto de uma versão moderna de tipos tradicionais, quanto de programas sem precedentes históricos. Não é irrelevante que Lúcio mencione em sua memória do Ministério que o brise-soleil da fachada norte se adotou porque qualquer outra solução de controle climático daria ao edifício o aspecto indesejável de um edifício de apartamentos. É a compreensão profunda dos elementos, esquemas e princípios compositivos corbusianos que permite à equipe brasileira apartar-se de seu mestre.

O Ministério é hoje Palácio da Cultura, e meio século nos separa de seu projeto. Seu estatuto de monumento não foi, no entanto, abalado pelo tempo. A excepcionalidade e a transcendência das pessoas, eventos, instituições que nos traz à memória subsiste, e sua expressão arquitetônica ainda é capaz de edificar-nos, feliz e exemplar esforço de composição e caracterização apropriada de um monumento, e de um monumento moderno, e de um monumento nacional que é também prédio público, prédio público administrativo brasileiro e urbano, e prédio público administrativo de um momento e uma locação específicas. O Ministério tem caráter de monumento. É sua valorização como protótipo que precisa ser seriamente qualificada, porque cabe reconhecer que protótipo e monumento são noções, de certo modo, conflitantes.

Cabe reconhecer que, no entendimento moderno, reprodutibilidade e replicabilidade quase ilimitadas são atributos essenciais de um protótipo. A novidade e a singularidade de um protótipo são, por princípio, momentâneas. Um protótipo carrega dentro de si o desejo de vulgarizar-se. Antecipa um futuro em que a cultura onde é gerado o assimile como um artefato ordinário, comum, corrente, anônimo. Nasce na expectativa de que essa cultura o despotencialize de sua originalidade eventual e venha a fazer dele uso cotidiano, sem maior cerimônia. Em contraste, se o monumento é máquina de recordar e para recordar, a singularidade relativa persistente no tempo e no espaço é um de seus atributos essenciais. Vulgarizado e inscrito em um entorno que só contenha artefatos iguais ou similares, o monumento deixa de sê-lo.

Sem dúvida, o Ministério continua sendo solução exemplar de linguagem moderna e brasileira, ainda que a complexidade e diversidade da história e geografia do país não autorizem a dizer tratar-se da única linguagem moderna e brasileira possível. Inaceitável é reduzi-lo a um prédio de escritórios comum em uma cidade radiosa e a exemplo de metodologia "funcionalista" de projeto – que só poderia ser colocada entre aspas. Entendê-lo assim é despojá-lo de toda sua riqueza simbólica e postular um vínculo essencial entre a arquitetura moderna e a cidade ideal da arquitetura moderna, que o próprio Ministério e sua história desmentem. Se é protótipo monumentalizado, protótipo de monumento, de replicabilidade muito limitada enquanto forma, ainda que atual como princípio.

Tal redução é, no entanto, historicamente compreensível, em parte porque o impacto das tentativas de concretização dessa cidade ideal no Ocidente não se fez sentir antes de 1960, e o Ministério foi injustamente relegado a uma espécie de limbo crítico. Em parte, porém, é possível conectá-la ao próprio risco corbusiano para a Beira-Mar. Este sim se postula como fragmento prototípico de um *rédent* radioso. Independentemente dos méritos indiscutíveis que possui, é lícito pensar que, construído, faltar-lhe-ia a densidade memorável do Ministério brasileiro ou, por que não, das próprias *villas* em que Corbusier havia estabelecido as bases para renovação de uma tradição compositiva e projetara casa e palácio a uma só vez[19]. Há dois Corbusier e é provável que um não se entenda sem o outro. De um lado, há o Corbusier profeta, messiânico, genuinamente preocupado com a construção da utopia na terra, mas talvez por isso mesmo frequentemente dogmático e esquemático. De outro, há o Corbusier artista, poeta, mágico, elaborado, dialético, preocupado com a utopia e a contingência ao mesmo tempo. Se o Ministério permanece hoje uma das realizações arquitetônicas mais significativas do século, é porque a equipe brasileira soube canibalizar o poeta antes que o profeta e, canibalizando-o, soube fazê-lo seu em profundidade.

Notas

1. As razões apresentadas por Lúcio Costa na memória do projeto são: orientação inconveniente para as salas de trabalho, desvantagens urbanísticas e não aproveitamento da vista para a Baía. A memória foi escrita em 1936 e publicada na coletânea de textos: XAVIER, Alberto (org.). *Lúcio Costa: sobre arquitetura*. Textos de Lúcio Costa. Porto Alegre, Centro dos Estudantes Universitários de Arquitetura, 1962, p. 56-62.
2. Conforme comparação das plantas publicadas in GOODWIN, Philip. *Brazil Builds*. Nova York, MoMA, 1943, p. 111, com as

plantas publicadas em MINDLIN, Henrique E. *Modern Architecture in Brazil*. Rio de Janeiro, Colibris, 1956, p. 199 (Versão brasileira: MINDLIN, Henrique E. *Arquitetura moderna no Brasil*. Tradução de Paulo Pedreira; prefácio de S. Giedion; apresentação de Lauro Cavalcanti. Aeroplano/Iphan, Rio de Janeiro, 1999), e documentação apresentada no caderno 17 do "Projeto de recuperação e preservação do Palácio da Cultura", Fundação Pró-Memória.

3. Cf. GOODWIN, Philip. Op. cit., p. 106.

4. Conforme documento interno da Fundação Pró-Memória.

5. Conforme sugere os croquis axonométricos do Ministério que sempre o apresentam descontextualizado.

6. GIEDION, Sigfried. The Need for a New Monumentality. In ZUCKER, Paul. *New Architecture and City Planning: a Symposium*. Nova York, Philosophical Library, 1944, p. 549-568. Republicado in *The Harvard Architectural Review*, n. 4, primavera de 1984, p. 52-61, com foto do Ministério.

7. Cf. PAPADAKI, Stamo. *The Work of Oscar Niemeyer*. Nova York, Reinhold, 1950, p. 49.

8. Cf. MINDLIN, Henrique E. Op. cit., p. 196.

9. LISSOVSKY, Mauricio; SÁ, Paulo Sérgio Moraes de. O novo em construção: o edifício do Ministério de Educação e Saúde e a disputa do espaço arquiteturável nos anos 1930. *Revista do Rio de Janeiro*. Volume 1, n. 3, Niterói, 1986, p. 17-29.

10. GIURGOLA, Romualდo. Monumentality and the City. *The Harvard Architectural Review*, n. 4, primavera de 1984, p. 41. Tradução do autor.

11. LE CORBUSIER. Relatório em 10/08/1936, arquivo Gustavo Capanema, série F. 34.10.19.II.31.

12. COSTA, Lúcio. Carta a Capanema, 25/3/1938, arquivo Gustavo Capanema, série F.34.10.19.IV-14. Citada também in BARDI, Pietro Maria. *Lembrança de Le Corbusier*. São Paulo, Nobel, 1984.

13. XAVIER, Alberto (org.). Op. cit., p. 57-58.

14. Idem, ibidem, p. 58.

15. CORBUSIER, Le. *Vers une architecture*. Paris, Crès, 1923. Versão brasileira: CORBUSIER, Le. *Por uma arquitetura*. Tradução de Ubirajara Rebouças. Coleção Estudos, n. 27. São Paulo, Perspectiva, 1989.

16. As relações de Le Corbusier com a história foram apontadas por Colin Rowe em 1947 no ensaio "The Mathematics of the Ideal Villa", republicado no seguinte livro: ROWE, Colin. *The Mathematics of the Ideal Villa, and other Essays*. Cambridge Mass., MIT Press, 1976. A obra de Rowe é fundamental para a compreensão de Le Corbusier e da arquitetura moderna do entreguerras.

17. XAVIER, Alberto (org.). Op. cit., p. 41.

18. QUATREMÈRE DE QUINCY, Antoine-Chrysostome. *Encyclopédie méthodique*. Paris, 1779. Tradução do autor.

19. As estratégias espaciais do Ministério têm íntimo parentesco com os projetos da Maison La Roche e da Villa Garches, além do projeto da Liga das Nações. Ver ROWE, Colin. Op.cit. e os números especiais de *Oppositions* dedicados a Le Corbusier.

artigo 5 lauro cavalcanti

LE CORBUSIER, O ESTADO NOVO E A FORMAÇÃO
DA ARQUITETURA MODERNA BRASILEIRA
[1987]

Uma das principais preocupações do Estado Novo é a construção do novo homem brasileiro. Como instrumentos para tal objetivo, são criados dois ministérios: o do Trabalho, Indústria e Comércio e o de Educação e Saúde Publica.

O trabalho é considerado o meio por excelência para integrar o homem à sociedade, transformando-o em cidadão-trabalhador, em uma "concepção totalista do trabalho, atenta às mais diversas facetas da vida do povo brasileiro: saúde, educação, alimentação, habitação, etc."[1]. Abrangência conceitual que aproxima o Ministério do Trabalho da atuação exercida pelo Ministério da Educação e Saúde.

Este deveria preocupar-se não apenas com a educação, mas principalmente com a formação da mentalidade do novo homem que se pretendia forjar. Era preciso elevar o nível das camadas populares, sendo necessário para isso "desenvolver a alta cultura do país, sua arte, sua música, suas letras"[2]; órgãos oficiais, como a revista *Cultura Política*, veiculavam artigos insistindo na inexistência de um povo brasileiro e na premência de forjá-lo.

Para essa gigantesca tarefa da formação da nacionalidade havia que tornar homogêneo o país, aplainando as distinções regionais e raciais que distinguiriam o Brasil. Desnecessário comentar o forte conteúdo etnocêntrico dessa proposta, que traz em seu bojo as ideias de Oliveira Vianna, associando raças e temperamentos e atribuindo à miscigenação grande parcela da culpa pelo atraso brasileiro.

Como instrumentos para a formação do novo homem e da nacionalidade, o Ministério da Educação e Saúde contará com a ação pedagógica e propagandística da música, educação física, cinema, rádio e habitação. Desempenhará a música forte papel na tentativa de educação popular. Villa-Lobos liderará o canto orfeônico, regendo centenas de pessoas na procura de incorporar cantos tradicionais da área rural à música erudita. À educação física é atribuído enorme relevo na obra de construção do povo brasileiro, na "formação eugênica das massas"[3]. O cinema era encarado como forte instrumento para "influir beneficamente sobre as massas populares, instruindo e orientando, instigando os belos entusiasmos e ensinando as grandes atitudes e as nobres ações"[4].

O rádio era visto como elemento educador por excelência, devendo ter fundamentalmente uma aplicação pedagógica. A habitação era outro setor considerado essencial: às más condições de higiene da moradia eram atribuídas não só doenças, como também o desânimo do homem trabalhador.

A sede: entre neoclássicos, neocoloniais e modernistas

Estabelecido o elenco de suas atividades e metas, faltava ao Ministério da Educação e Saúde a construção de sua sede, que deveria simbolizar todo seu esforço renovador, voltado para o futuro do Brasil. Para tal fim é promovido um concurso arquitetônico em 1935. O campo da arquitetura de então se dividia, basicamente, em três correntes: a moderna – adeptos do movimento internacional –, a eclética – favorável a referências e estilos internacionais do passado – e a neocolonial – que propugnava um retorno às formas do passado colonial. No concurso, os modernistas são desclassificados por não respeitarem as disposições recomendadas, as quais condicionavam a adoção de uma solução acadêmica. O prêmio é conferido a Archimedes Memória, catedrático de grandes composições, diretor da Escola Nacional de Belas Artes desde a saída de Lúcio Costa e membro da Câmara dos Quarenta da Ação Integralista Brasileira. Seu projeto mesclava elementos neoclássicos com ornamentos marajoaras.

Configura-se grande embate entre neocolonialistas e modernistas. Giravam as discussões em torno de três elementos: passado, vínculo com Brasil e futuro. Curiosamente, as duas correntes reivindicavam para si o primado nesses três elementos. Os neocoloniais, ligados aos conservadores reformistas dos anos 1920, alegavam que no culto a tradição colonial estava o nacionalismo de sua proposta, e a crença na tradição seria a raiz da qual brotaria o futuro – futuro essencialmente restaurador, que recuperasse os valores de um Brasil colonial.

Os modernistas, por seu turno, alegavam ser a leitura neocolonial do passado totalmente superficial, restrita a pastiches arquitetônicos. Examinada profundamente, uma forte ligação surgiria entre os princípios estruturais da arquitetura colonial e da moderna. Apontavam semelhanças estruturais entre as casas tradicionais sobre estacas e o pilotis, a estrutura de madeira das casas coloniais e o esqueleto de concreto armado, as grandes extensões caiadas da arquitetura tradicional e a pureza do novo modo de construir. Assim, a arquitetura moderna brasileira, embora caracterizada pelas condições técnicas e sociais novas, se proporia, segundo seus adeptos, a reinterpretar a tradição construtiva brasileira. A base teórica dessa postura era dada em consonância com os postulados modernos estabelecidos pela vanguarda da época – principalmente Oswald de Andrade e Mário de Andrade, que propugnavam o casamento das posições da vanguarda erudita com elementos tradicionais e populares. Os arquitetos modernos ganham a discussão argumentando que suas construções são, a um só tempo, novas, nacionais e estruturalmente ligadas ao passado.

Capanema, ligado aos modernistas mineiros, desejava que o prédio fosse, acima de tudo, símbolo da mão modernizadora de seu ministério. Resolve, por forte influência de seu chefe de gabinete Carlos Drummond de Andrade, de Rodrigo Mello Franco de Andrade e de Manuel Bandeira, desconsiderar o resultado do concurso; chama, então, Lúcio Costa para coordenar os trabalhos de um novo projeto. O qual, por seu turno, convence Capanema a trazer Le Corbusier para orientar o grupo de profissionais brasileiros, engajados nos projetos da sede do Ministério da Educação e Saúde e da Cidade Universitária; origina-se daí um estreito relacionamento entre os arquitetos brasileiros e o pioneiro da arquitetura moderna, que ultrapassará, de muito, a simples execução do prédio do Ministério da Educação e Saúde.

Le Corbusier e o Brasil: pontos coincidentes

Apesar das inevitáveis reações dos arquitetos conservadores, encampadas por alguns jornalistas, as ideias de Le Corbusier tiveram enorme ressonância entre os técnicos e a *intelligentsia* brasileira. Seguramente, isto se deve, em boa parte, aos vários pontos coincidentes entre o discurso de Le Corbusier e os dos intelectuais ligados ao Estado Novo. No Brasil, falava-se em "construção do homem novo", ao passo que o arquiteto franco-suíço se referia a um "espírito novo" e à necessidade de criar novas mentalidades de morar. Para os intelectuais e ideólogos do Estado Novo, o trabalho seria "o meio por excelência de superação dos graves problemas socioeconômicos do país"[5], a revalorização do homem para evitar o caos; no reformismo corbusiano, a categoria arquitetura substitui a categoria trabalho: "A engrenagem social, profundamente perturbada, oscila entre uma melhoria de importância histórica ou uma catástrofe. As diversas classes ativas da sociedade não têm um abrigo conveniente, nem o operário, nem o intelectual. É uma questão de construção que está na chave do equilíbrio rompido hoje: arquitetura ou revolução"[6].

O aspecto pedagógico também une o arquiteto e o discurso estado-novista: enquanto o primeiro quer "ensinar a morar", os ideólogos brasileiros falam em "civilizar por cima". A representação sobre as camadas populares é bastante próxima: o homem é considerado irresponsável, infantil, preguiçoso, necessitando de uma intervenção redentora do arquiteto e/ou do Estado. Em direção à família estão voltadas as principais preocupações: "o espírito de cada homem formula desejos; esses desejos se referem fatalmente a família, instinto de base da sociedade"[7]. Para o Estado Novo, moradia e grupo familiar estavam intrinsecamente ligados: "Casa e família eram praticamente uma mesma coisa [...].

A preocupação com a família era, portanto, uma questão central à proteção do homem brasileiro e ao processo material e moral do país"[8]. Um último ponto de ligação refere-se à busca de homogeneidade: enquanto no Brasil se buscava construir uma nacionalidade em oposição a regionalismos, Le Corbusier almejava o estilo internacional de larga aplicação que terminasse com interpretações construtivas nacionalistas.

Essa série de coincidências deve, certamente, ter contribuído para a legitimação que o Estado Novo dá aos arquitetos modernistas. E alterado o eixo de reconhecimento, anteriormente situado na academia.

Uma vez resolvido o problema da sua sede-símbolo[9], os arquitetos se debruçarão sobre uma das questões mais prementes no Brasil: aquela referente à habitação popular, seguindo, em parte, os moldes de Le Corbusier da máquina de morar.

Notas

1. GOMES, Ângela Maria de Castro. A construção do homem novo: o trabalhador brasileiro. In OLIVEIRA, Lúcia Lippi; VELLOSO, Mônica Pimenta; GOMES, Ângela Maria de Castro. *Estado Novo: ideologia e poder*. Rio de Janeiro, Zahar, 1982, p 156.
2. SCHWARTZMANN, Simon et al. *Tempos de Capanema*. São Paulo, Edusp/Paz e Terra, 1984, p. 97.
3. PEREGRINO JÚNIOR, João. O papel da educação física na formação do homem moderno. *Educação física*, n. 62/63, Rio de Janeiro, Cia. Brasil, 1942, p. 32. Apud LIMA, Magali Alonso. *Formas arquiteturais esportivas no Estado Novo (1937-1945)*. Rio de Janeiro, Funarte, 1979, p. 22.
4. CAPANEMA, Gustavo (1934). Apud SCHWARTZMANN, Simon et al. Op. cit., p. 87.

5. Cf. GOMES, Ângela Maria de Castro. A construção do homem novo: o trabalhador brasileiro (op. cit.), p. 152.
6. CORBUSIER, Le (1923). *Por uma arquitetura*. Tradução de Ubirajara Rebouças. Coleção Estudos, n. 27. São Paulo, Perspectiva, 1973, p. 191.
7. Idem, ibidem, p. 195.
8. GOMES, Ângela Maria de Castro. A construção do homem novo: o trabalhador brasileiro (op. cit.), p. 158.
9. Para Lúcio Costa, o prédio do MES é, simultaneamente, um "marco histórico e um marco simbólico. Histórico pois foi nele que se aplicou pela primeira vez em escala monumental a fachada envidraçada; simbólico porque num país social e tecnicamente subdesenvolvido foi construído com vistas ao futuro enquanto o mundo se engalfinhava em autoflagelação na Segunda Guerra Mundial". COSTA, Lúcio. Muita construção, alguma arquitetura e um milagre. *Arte em Revista*, n. 4, São Paulo, ago. 1980. Republicado in COSTA, Lúcio. *Lúcio Costa: registro de uma vivência*. São Paulo, Empresa das Artes, 1995, p. 157-171.

artigo 6 ruth verde zein
O FUTURO DO PASSADO OU AS TENDÊNCIAS ATUAIS
[1987]

Ao escrever uma avaliação da arquitetura recente para comemorar os quinze anos da revista *Projeto* (1972-1987), deparamo-nos com uma grave questão: como falar de 1987 sem falar da história? E como falar da história e chegar ao presente? A solução está no paradoxo de Zenon: para ultrapassar o impasse, basta supor o momento em que ele deixou de sê-lo. Porque Aquiles só consegue vencer a corrida com a tartaruga um instante depois.

Duas rupturas e uma unidade

O movimento moderno brasileiro como ruptura com o passado, na década de 1930; a série de obras imortalizadas em *Brazil Builds* e *Modern Architecture in Brazil*, compondo uma escola brasileira que manteria sua unidade como proposta e conceito até atingir seu auge em Brasília; a ruptura política do golpe militar de 1964 interrompe esse processo. Em poucas palavras, é o que nos contava a história oficial de nossa arquitetura. Ou pelo menos era a história oficiosa que aprendíamos na década de 1970, na universidade. História interrompida em 1960 e, portanto, defasada, já então, de quase quinze anos.

Passados outros quinze anos, certamente o panorama mudou. Há um esforço coletivo de pensar, falar e escrever sobre nossa arquitetura mais além dos limites da mera e repetida consagração dos feitos da geração heroica – que tampouco fora estudada com a profundidade merecida até pouco tempo atrás. Mas, com todo nosso respeito aos nossos maiores e às suas magníficas obras, resta-nos, entretanto, saber o que fazer, hoje, em arquitetura. E, para isso, seria preciso saber como se está fazendo arquitetura, hoje, e por que é assim e não de outras maneiras.

Para nós arquitetos, enquanto exercemos nossa profissão, a história não pode ser apenas uma coleção de fatos estanques de um passado glorioso; mas deve se apresentar como um instrumento de trabalho do cotidiano profissional. De que nos serve, pois, uma versão da história que nem sequer chega ao presente? Presente que nos toca, que está em contínua mutação, integrando a cada passo as contribuições que lhe são apostas.

Não há como continuar mantendo como referência tal visão linear e triunfante de nossa arquitetura, sob pena de não chegarmos ao hoje. Aquela história – a do primeiro parágrafo – é insuficiente e ineficiente para dar conta da realidade atual, por motivos que ficarão ainda mais claros adiante. Como transpor então esse vazio no tempo? Em primeiro lugar, revendo criticamente essas verdades estabelecidas; em segundo, buscando uma metodologia de trabalho que possa atender ao objetivo desejado: auxiliar criticamente o fazer arquitetônico atual.

A segunda ruptura

Se tudo ia bem, por que a história parou em Brasília, suposto auge e consagração dessa unidade da arquitetura brasileira? Essa é uma questão-chave para deslindar esse nó. E quais as respostas que nos eram dadas, nos anos 1970, na universidade? Uma delas é que a causa principal dessa interrupção se devia ao golpe militar de 1964, o qual teria produzido uma ruptura de andamento do processo arquitetônico brasileiro.

De fato, a situação política repressiva causou diversos males a nossa cultura; mas há que se convir que ela, talvez, não seja a causadora maior das transformações arquitetônicas que viriam ocorrer a partir dos anos 1960, mas, simplesmente, mais um ingrediente de um processo muito mais complexo, mundial e mesmo inevitável. Pode-se chegar a essa conclusão ponderando-se, mesmo que rapidamente, alguns fatos. Não havia esse poder autoritário quem havia promovido o definitivo assentamento e crescimento de Brasília, fazendo-a cumprir de fato suas funções de capital, ali se instalando confortavelmente? Talvez então não se falasse do que sucedeu com Brasília justamente por isso: por ser ela a sede desse poder discricionário. Porque dizer isso era admitir, implicitamente, que o fato arquitetônico e urbano de Brasília (à parte suas qualidades e defeitos) era impotente, em si mesmo, tanto para garantir a democracia, como para mudar a realidade social e política do país.

Mas não era esse justamente um de seus mais importantes e básicos pressupostos? Não nos haviam ensinado a firme crença de que a arquitetura moderna seria um dos motores de transformação da sociedade ao criar, por meio dos espaços livres, homens livres? Brasília, realizando essa utopia da modernidade – a ideia da construção da cidade sem barreiras como cristalização do advento da sociedade sem fronteiras econômicas –, pôs em pé um mito e, ao mesmo tempo, desnudou-o, pondo à luz suas mais íntimas contradições. O golpe militar de 1964 não mudou esse fato, nem interrompeu esse processo: apenas o deixou mais patente. Enquanto as obras modernas eram exceções de excelência em cidades baseadas em outros pressupostos urbanos, podiam clamar seu estatuto de exemplos de um ideal de mudança político-social, seu eventual insucesso nesse objetivo sendo fruto dessa inadequação urbana. Mas, quando se está no âmbito inquestionável da cidade moderna, o que justificaria essa ineficácia?

A pretendida unidade

Outra resposta bastante ouvida naqueles momentos dos anos 1970 é de que a história se interrompia em Brasília porque se havia, desde então, perdido o rumo correto: as eventuais novas realizações não teriam valor por haverem se afastado da unidade da arquitetura moderna brasileira.

Postulava-se assim, implicitamente, uma ortodoxia – que, de fato, nunca existiu. Não se pode inferi-la de uma coletânea de exemplos, todos, sem dúvida, da maior qualidade se tomados intrinsecamente, mas muito pouco significativos em quantidade (pode-se listar, sem dificuldades, praticamente todas as obras modernas brasileiras entre 1930 e 1960), e muito pouco significativos em relação às cidades onde se inserem, onde configuram apenas exemplos dispersos no contexto urbano preexistente. Mas a aplicação dos princípios modernos em grande escala, que se incrementaria de maneira exponencial no período pós-Brasília, veio também a modificar o significado de muitos de seus valores, principalmente no que se refere ao confronto com a questão urbana. Assim, o que pode ser muito belo, porque em contraponto, pode ser muito deficiente se repetido à exaustão. Mas os autores dessa repetição não incorrem em erro, do ponto de vista que adotam. Nada mais fazem do que cumprir o que a própria arquitetura moderna postula: tornar-se repetível e universal, e quanto mais, melhor.

Saltar o risco de giz

Com apenas essas considerações – e podem ser feitas várias outras – já fica claro por que a tal história quase oficiosa tinha parado em Brasília: porque só uma visão crítica dessa historiografia do movimento moderno poderia continuá-la, percebendo o que estava de fato acontecendo. Há em nossa melhor modernidade dos anos 1930-60 menos unidade do que se postula, e não há tantas rupturas ou desvios de rota no período pós-Brasília, e sim, mais precisamente, o desenrolar de situações que, se bem cheguem a resultados talvez inesperados, nem por isso deixam de ser o cumprir-se de seus próprios conceitos básicos iniciais – tal como o médico espantado transformando-se em monstro com sua própria e milagrosa beberagem.

Enquanto aprendíamos na universidade que, depois de 1960, "nada se fez", nossos professores viviam o auge profissional das realizações do milagre, quando muito se fez, ao menos quantitativamente, o que foi fundamental para a consolidação do papel profissional do arquiteto brasileiro, que passou da ação isolada à atuação em grande escala. Não seria uma hipótese descabida supor que, se muito dessa intensa produção é criticável, às vezes descartável ou, até mesmo, aportada em situações francamente prejudiciais, isso não se deveu apenas às condições políticas adversas – como muitas vezes nos justificamos –, mas também à falta de uma maior consciência crítica arquitetônica, que não via ou não queria ver as transformações que estavam se processando no seio da disciplina, situação potencializada pela pouca maleabilidade conceitual da maioria dos arquitetos, formados segundo a entusiástica e sectarista convicção na missão radicalmente transformadora da modernidade.

Mas, bem ou mal, havia que saltar as próprias limitações e realizar o que a sociedade solicitava do arquiteto. Como isso foi feito, e se daí resultou algo que pode ser visto como uma mutação, é o caso a ser estudado. E, para isso, voltamos ao segundo ponto: a necessidade de buscar alguma metodologia de trabalho que nos ajude a entender esse fazer atual.

O facho de luz decide a sombra

A história que se pretenda linear pode ser comparada à luz de uma lanterna: embora ilumine com certa nitidez uma faixa precisa, deixa tudo o mais na sombra, e seu facho não atinge muito longe. O narrador, se quiser ser fiel a sua verdadeira e ampla atribuição como historiador, necessita voltar a rever o que não fica dito e o que se pospõe, contrapõe-se e opõe-se ao que foi dito. A história também não parece ser contínua, mas cíclica: é fácil perceber nela padrões de início, consolidação, auge, persistência e esgarçadura. Daí não se infere serem padrões que meramente se encadeiem, como elos de uma corrente: mais bem se notam superposições, interrupções, retomadas posteriores. E, é claro, cada padrão troca, com os demais, informações de ordem variadas, a ponto de ser apenas o esforço de metodização o que os separa com nitidez, pois a realidade é sempre imbricada e complexa.

Esses conceitos – simultaneidade, ciclos, não estanqueidade, diversidade – parecem ser básicos em uma apreciação histórica que se pretenda contemporânea. Parece claro também que um discurso escrito, necessariamente linear, talvez não seja a maneira mais apropriada de explicitar essa visão histórica. Daí por que se recorrerá aqui, como referencial, a um esquema gráfico, provisório e sem pretensões a ser a obra acabada, por dois motivos: primeiro, porque não temos dados suficientes para completá-lo de maneira mais ampla do que a que nos é possível hoje, dados que dependem de uma atividade cultural-arquitetônica-crítica que transcende as possibilidades de um autor isolado; segundo, porque não é o caso de substituir verdades absolutas velhas por verdades absolutas novas.

Fica, pois, explícito que o modelo de análise proposto é aberto e não pretende ter qualquer autoridade exceto a dos limites precisos deste trabalho. E só até aí ele pode ser corretamente assumido.

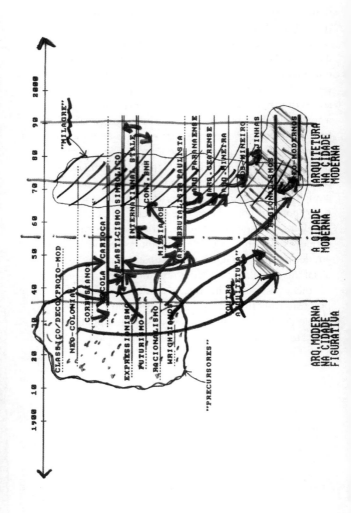

A primeira ruptura

O esquema gráfico atém-se à arquitetura moderna e ao marco do século 20. Esse limite de estudo advém dos objetivos propostos neste estudo, ou seja, interessa-nos aqui mais diretamente aquilo que referencie a compreensão da arquitetura atual. Tem-se, pois, como ponto de partida a admissão de nos situarmos hoje, basicamente, no espectro das heranças dessa arquitetura moderna.

Esse corte, ou essa definição de campo, não significa, entretanto, o entendimento da arquitetura moderna como nascida de um vácuo anterior ou como ruptura absoluta com quaisquer outras arquiteturas que a tenham imediatamente precedido. Essa ressalva é importante, ainda mais porque reconhecemos o enraizamento profundo da modernidade nas bases do academicismo, do qual extrai grandes parcelas de sua organização estrutural para, nelas firmando-se, lançar-se mais além.

Mesmo assim, embora não seja a discussão deste texto, reservamo-nos o direito, garantido pela física (que admite a luz simultaneamente como onda e partícula, dependendo do observador e dos fins a que se quer chegar), de declarar os primórdios da arquitetura moderna simultaneamente transição e ruptura, essa última mais sensível a seus contemporâneos, e a primeira mais atraente para nós, observadores já distanciados no tempo.

Arquitetura e cidade modernas

A estrutura do esquema funda-se em uma primeira grande periodização, menos temporal que conceitual, a qual distingue três momentos básicos: 1. a arquitetura moderna em exemplos isolados no seio da cidade figurativa[1]; 2. a implantação da cidade moderna; 3. a arquitetura nas regras da cidade moderna. Momentos sucessivos, de diferentes ênfases principais e de limites imprecisos, variáveis segundo os tempos/lugares específicos.

No primeiro momento, destaca-se a criação de um repertório e de uma linguagem diferenciadora, utilizando ainda recursos de projeto e técnicas construtivas de momentos anteriores, mas buscando respostas que possam servir à intensificação da tipificação das soluções arquitetônicas modernas; em que cada obra é simultaneamente única, por sua originalidade, e prototípica, por almejar sua futura disseminação e reprodutibilidade. Poderia ser identificado, grosso modo, com o período que vai dos anos 1930 a Brasília.

No segundo momento – já implícito no primeiro, pois a arquitetura moderna sempre se supõe parte integrante de uma nova urbanidade – inicia-se a definição, na prática, de estruturas urbanas mais adequadas aos ideais dessa modernidade. De nosso ponto de vista contemporâneo é sem dúvida um momento de inflexão, coincidindo basicamente com o advento de Brasília (1957-60) e de outros grandes projetos urbanos, incrementados com as políticas urbanas dos anos 1960 em diante.

No terceiro momento tem-se a consolidação do segundo, de maneira a se poder afirmar que, na realidade atual, dificilmente se trabalha com outros pressupostos que não aqueles da cidade moderna e suas regras, pano de fundo ao qual se acomodam ou contrapõem as arquiteturas que essa estrutura admite, a seu bom ou mau grado.

Compreende-se a necessidade dessa periodização no sentido de buscar distinguir com muita clareza a arquitetura feita na busca da modernidade da arquitetura que, sem negar sua herança moderna, admite também a crítica da cidade moderna. Evitando, outrossim, a estéril e palavrosa discussão do esgotamento do moderno, mas sem fugir da admissão fática de que hoje não é mais possível manter-se na inocência da originalidade messiânica da modernidade, sem enxergar quais tenham sido suas reais consequências no ambiente construído.

Simultaneidade e ciclos

O esquema reúne linhas horizontais que ocorrem ao longo do eixo do tempo, designando cada qual uma determinada tendência ou escola. De cada uma dessas linhas poderiam derivar-se outros gráficos, à parte, em que, ao eixo horizontal do tempo, agregasse-se um eixo vertical de intensidade/abrangência, com o qual seria possível estudar mais detidamente seus ciclos de aparecimento/auge/decadência. Nesse esquema geral, entretanto, o que nos interessa é destacar a simultaneidade das tendências, mais que estudá-las separadamente, possibilitando cortes verticais que nos mostrem o panorama arquitetônico a cada momento, entendido como conjunto de atividades pontuais, pertencentes a universos conceituais diferenciados.

Cada linha horizontal é a representação daquilo que têm em comum determinados fatos, em si isolados, mas que foram agrupados, e dos quais se extraem conceitos gerais por um esforço de sistematização que lhes é externo – fruto de análises posteriores ou, mais raramente, surgindo da consciência imediata que tais eventos tenham de si mesmos como pertencentes a um conjunto conceitual dado.

O título sob o qual são agrupados é apenas uma simplificação didática; embora inevitável, não deve ser tomado em si mesmo como valor absoluto, mas apenas como designação indicativa – embora possa servir de base para dele resultarem linhas derivadas de seguidores/discípulos, os quais ou se servirão dessa designação como base temporária para o desenvolvimento de novas outras linhas, distintas, embora aparentadas com a original, ou podem tomá-lo demasiadamente ao pé da letra e degenerar em escolásticas estéreis e repetitivas, praga que se necessita combater para quem deseja a vitalidade da arquitetura.

Espírito de época

Para simplificar o esquema foram eliminados certos cruzamentos entre as linhas, que comparecem relacionando apenas algumas delas, mas que são bem mais intensos do que é possível indicar proveitosamente em um estudo básico. Seria necessário deixar explícito que não se pode perder de vista, a cada momento, o respectivo *espírito de época*, que tanto relaciona as linhas entre si como com o panorama arquitetônico mundial, do qual poderiam ser consideradas, em um estudo muito mais amplo, como que um subgrupo.

Optou-se por essa simplificação não por quaisquer pruridos xenófobos (em relação às influências externas que, sem dúvida, estão presentes a todo o momento) ou apenas para facilitar a leitura do esquema – mas por um esforço de pensar esse panorama arquitetônico a partir de nós mesmos. Por outro lado, a vontade de tentar sistematizar de algum modo, ainda precário e provisório, as *tendências* ou *escolas* é uma proposta que tem sido vista, até hoje, com amplas restrições pelos modernistas mais ortodoxos, os quais buscam ser coerentes com sua hipótese historiográfica podadora (no sentido de podar os ramos laterais para dar *força* ao galho principal). Não é o nosso caso: aqui, a compreensão da globalidade passa pela aceitação de sua estrutura ampliada: espalhada em muitas direções, cheia de vazios a serem preenchidos, e em que a vitalidade advém não da seleção que afunila possibilidades, mas do relacionamento em equilíbrio dinâmico e variável das muitas facetas desse habitat arquitetônico.

Aplicando o modelo, quando possível

Sendo instrumento de trabalho, e não obra em si, o esquema só se justifica se for utilizado. Cada linha pode proporcionar uma leitura *horizontal*, que serviria para defini-la e justificar sua existência, detectando seu ciclo e avaliando sua abrangência no tempo/espaço. Podem ser feitas também leituras *verticais*, tomando-se um dado momento e verificando quais as tendências aí presentes, em que trecho de seu ciclo se encontram (ou seja, realizando leituras horizontais pontuais) e buscando aproximar-se do panorama dado por tal conjunto simultâneo de aspectos, de maneira a extrair daí características gerais que distingam o momento escolhido. Esse será o tipo de leitura que faremos, como exemplo, adiante.

Não por acaso, tomaremos quatro datas: 1937, 1957, 1972 e 1987. A intenção explícita é detectar os três grandes períodos acima definidos: a arquitetura moderna, a cidade moderna, a arquitetura na cidade moderna. A distância de vinte a quinze anos entre esses anos escolhidos parece ser suficiente para destacar as diferenças e embasar a discussão, que se segue, do panorama do momento de elaboração destas análises (1987) – para o qual, é claro, não usaremos esse esquema. Pois esquemas estáticos só servem para auxiliar a entender o passado, nunca para entrever o futuro. Se a descrição da história é mutável de acordo com a visão que dela é feita a partir do presente – como ficou estabelecido de início –, haveria que propor um futuro para entender o presente (!), o que não passaria de um improvável exercício de futurologia. Assim, para se falar do futuro – ou das tendências atuais –, o método deverá ser outro.

1937, entre modernos e modernos

A tradição e os novos tempos, a nacionalidade e o universal, as técnicas milenares e os novos materiais. Jogando com a oposição desses valores, definem-se posturas extremas: em uma ponta, os tradicionalistas; em outra, a vanguarda. Parece ser esse o panorama arquitetônico de princípios desse século – ao menos no cenário europeu, e a acreditar-se no que contam os relatos canônicos que a modernidade faz daquele momento[2].

Entre nós, tais temas aparecem matizados em tons pastéis, seja pela distância dos grandes centros, seja por nossa peculiar maneira de antropofagicamente engolir o que nos interessa, transformando-o em algo diverso, compósito, mestiço e ambíguo. Assim, mais que oposições, temos composições variadas desses valores (às vezes, até, reunindo em um só traço itens contraditórios), resultando em linhas diversas conforme recaia a ênfase nesse ou naquele tema.

Em 1937, seria empobrecedor, para nossa realidade, tematizar as linhas arquitetônicas existentes como uma oposição absoluta entre modernos e não modernos. Todos se pretendem os melhores intérpretes da arquitetura de seu tempo, propondo caminhos diversos. E todos se remetem diretamente ao cenário europeu, das ideias de Piacentini às de Le Corbusier. No confronto entre as várias possibilidades que se apresentavam, predominava a ideia de estilo – inclusive para os partidários do *estilo moderno* – e as discussões ocorrem tanto na esfera técnica-construtiva como, principalmente, na simbólica.

No classicismo simplificado de corte afrancesado ou italianizante ao art déco, com decorações marajoaras, buscava-se a mescla formal de tradição e atualidade, universalidade e cor local; o ecletismo elege o neocolonial por estilo apropriado para dar corpo à momentosa questão da nacionalidade; os vanguardistas de província adaptam como podem os manifestos futuristas ou as preocupações expressionistas. Em meio a vários racionalismos, surgem os corbusianos, cujo crescimento a partir do início dos anos 1930 sempre deve algo ao esforço de Le Corbusier em divulgar *in loco* sua doutrina, cujas qualidades e apelos satisfaziam potencialmente certos anseios, não só da elite de arquitetos como das aspirações de modernização do Estado Novo[3].

Entretanto, não é o caso de nivelar por baixo, declarando toda a arquitetura que se fazia então como igualmente de interesse para a compreensão da modernidade. A referência aqui, na verdade, é às obras de exceção: os edifícios da máquina governamental, as feiras de exposição, algumas poucas residências de elite.

As cidades ainda conservam sua trama urbana colonial e os modos de construir dos imigrantes italianos, que desde fins do século 19 passam a substituir a tradição da taipa/pedra pelo tijolo; o concreto armado e o ferro comparecem nas obras de maior porte, principalmente nos equipamentos urbanos; mas a linguagem é ainda a do século anterior, com alguns embelezamentos à francesa e novas avenidas de inspiração haussmanianas sendo implantadas nas cidades mais importantes.

Nesse contexto urbano, destacam-se as exceções modernas, cujo apelo à economia construtiva e aos valores da era industrial encontra maior ressonância a partir do esforço modernizador que se segue à República Nova. Naquele momento, é o Rio de Janeiro o local por excelência para sua implantação, pela maior proximidade com as fontes desse poder; em São Paulo ou em outras capitais regionais, as novas ideias conseguem clientes mais na área privada que na pública, e esta permanece aferrada principalmente ao classicismo simplificado.

Se nossa história oficiosa privilegia a vertente corbusiana não é, porém, sem muitas e boas razões. Ainda hoje é sensível o impacto causado, aqui e lá fora, pela produção de escassos dez anos registrada, com certa surpresa, pelo *Brazil Builds* de 1943, reunindo uma notável coleção de obras brasileiras – e este seria sem dúvida um dos seus traços mais intrigantes: a brasilidade, apesar da evidente filiação corbusiana. Também nesse sentido é exemplar o processo de elaboração do projeto final do prédio do MES[4].

Esse repertório, posteriormente enfeixado em uma *escola carioca*, tão rapidamente consolidado, passa a ser adotado desde fins dos anos 1940 por arquitetos de outras cidades brasileiras, mesmo aqueles profissionais que dispunham de alguma experiência e já tinham desenvolvido uma linguagem própria, como Rino Levi ou Vilanova Artigas. Mas, se não se levar em conta essa nuvem multicolor de tendências modernas que caracterizava os princípios da década imediatamente anterior, ficaria incompleta qualquer explicação sobre as peculiaridades da sobriedade racionalista de Levi ou do brutalismo de Artigas a partir dos anos 1950, quando ele retoma o gosto, que nunca chega totalmente a abandonar, pelos materiais aparentes e pela simplificação volumétrica que caracterizam a obra de seus primeiros anos de formado[5].

Claro que uma questão é: e o que sucedeu com as demais linhas que compareciam com, aparentemente, o mesmo peso em 1937? Ainda não há respostas definitivas para isso, principalmente pela quase ausência de pesquisas nessa área, que só de há pouco tempo para cá se tornou atraente aos historiadores, que vem incrementando esse viés de investigação. E além de responder o que se passou, há que se arriscar hipóteses sobre por que assim se passou, o que sem dúvida é mais complicado. Seja como for, é um campo aberto aos interessados em uma revisão crítica da história recente de nossa arquitetura.

1957, a utopia desnudando-se

Vinte anos depois, já há uma arquitetura moderna brasileira consolidada e reconhecida no panorama mundial. Ainda uma vez, vale o mesmo raciocínio: *uma* arquitetura é apenas um modo de indicar, simplificando, o amálgama de distintas linhas justapostas. Só que, dessa vez, elas não apresentam uma variedade que tenderia a uma convergência e selecionamento, como aparentemente ocorrera em 1937, mas indicam divergências potenciais que, por sua momentânea proximidade e similaridade, ainda não revelam as direções variadas de seus vetores, só constatáveis claramente no momento posterior em que, confortavelmente, instalamo-nos.

Mas, de fato, há um traço comum a todas elas. Seja na linha mais *tradicional* (corbusiana, carioca), seja na obra de arquitetos que buscam influências internacionais outras (Aalto, Le Corbusier da Maison Jaoul, o Mies van der Rohe etc.), seja no *brutalismo paulista*, então incipiente, ou nos primórdios, entre nós, das torres do estilo internacional corporativo dos anos 1950, todos arquitetos e suas arquiteturas estão convencidos das bondades da cidade moderna para fazer face ao *caos* urbano – que resultaria, segundo acreditavam, da incapacidade do tecido urbano tradicional de responder a certas questões da atualidade, mormente o problema viário, que entre nós assume importância desmesurada por seu ar eficiente (para o olhar de então – ou o predatório, no olhar de hoje).

As condições geográficas e históricas concretas de cada cidade oferecem resistência, em variados graus, a essas intervenções, e compreender a importância da implantação do urbanismo modernista nesse contexto seria sempre mais difícil, se analisados casos particulares. Daí considerarmos interessante tomar como caso exemplar, para uma melhor compreensão dos traços comuns que caracterizam o momento aqui em análise, uma situação *ideal* – em que, aparentemente, todas as condições estão dadas para que o arquiteto realize, sem empeços, as aspirações modernas: Brasília, é claro, cujo concurso para o plano piloto ocorre (e não por acaso escolhemos a data) em 1957.

Sem restrições de verba, em um terreno quase plano, sem o peso da história para atrapalhar – é a liberdade criativa dos desejos dos arquitetos de então. Todavia, à parte as diferenças de aparência, todos os participantes propõem soluções cuja similaridade conceitual é tão visível hoje como imperceptível na época. Pois quando todos nós falamos a mesma língua, esse dado básico torna-se irrelevante para o diálogo.

Com a exceção do projeto ganhador, todas as propostas apresentadas não são especificamente projetos de uma capital nacional, mas sim modelos de cidade, "esquemas cujos princípios poderiam ser utilizados em situações variadas"[6]. Consistem esses esquemas em, pela ordem: um sistema viário, *a priori*, de vias expressas (complementado por vias locais e privadas), em que não faltam trevos e passagens de nível para evitar cruzamentos; os vazios da grande malha de vias principais abrigando setores habitacionais, comerciais, culturais ou administrativos, sempre estanques e distintos (o que varia é a forma de ocupação arquitetônica, se por edifícios altos, altíssimos, baixos, dispersos, sequenciais etc.); muito espaço intersticial sobrando, ou melhor, compondo a escala desejada de muitos vazios e de poucos concentrados cheios; o traço paisagístico mais marcante, ou seja, o lago, é quase sempre encarado como barreira delimitadora da trama urbana, mais empecilho que fonte de inspiração.

O desenho urbano proposto resulta, na maioria dos projetos, na solução em malha ortogonal, mais rígida ou mais espalhada, com poucas exceções: a da cidade autossuficiente nuclear, que se multiplica em sequência (no projeto dos irmãos Roberto) e a da cidade linear (no projeto de Guedes, Millan e Azevedo, embora também, de maneira implícita, no projeto vencedor).

A questão de como deve funcionar uma cidade qualquer e não de como deveria ser a capital de um país é ao que respondem todos os participantes, com a exceção, repito, do ganhador. Nem poderia ser de outra forma, para bons discípulos da modernidade: o que se busca é o homem universal; "é para esse ser universal e abstrato que é indivíduo moderno que são propostas novas estruturas urbanas"[7].

De fato, o primeiro Le Corbusier (fonte principal em que bebem nossos modernos) não coloca a questão do que seria um centro simbólico nacional; ao contrário, sua Paris do Plan Voisin é a antítese da Paris centro do mundo, é apenas um exercício demonstrativo de como poderiam ser as cidades em geral. A questão do monumental ligada ao movimento moderno é ainda, nos anos 1950 (apesar de alguns textos iniciando seu debate), um ponto negativo e nebuloso, ainda mais com a presença, excessivamente recente, dos excessos fascistas da realidade europeia. Daí, as severas críticas de Bruno Zevi e de outros autores rechaçando cabalmente a monumentalidade e a excepcionalidade do projeto de Lúcio Costa, com o argumento básico de que a monumentalidade era, em princípio, incabível no projeto moderno – ao menos no projeto urbano, já que os edifícios modernos costumam ser bastante imponentes e até monumentais.

Embora pertinentes, se tomadas na lógica da modernidade *à outrance*[8], tais críticas pretendem uma ruptura irreal com a história. Somente se iniciava nos anos 1940-50, em alguns textos esparsos de Collin Rowe, então pouco conhecidos, a se discutir a questão da herança acadêmica no interior da modernidade. Assim, não é de estranhar que não fosse bem compreendida a filiação acadêmica do plano de Lúcio Costa, ou fosse, então, negado seu enraizamento ainda mais profundo no espírito das cidades ideais renascentistas, ou até mesmo seu caráter de acrópole plana. É compreensível que Brasília tenha sido mal-entendida em seu momento, mas não é mais que continue sendo mal interpretada. Pretender que tais influências são descabidas é um paradoxo que demonstra, de um lado, o beco sem saída do a-historicismo para o qual caminhava então a modernidade, e, de outro lado, faz-nos meditar na genialidade de Lúcio Costa, mais uma vez realizando a síntese entre tradição e ruptura[9], reunindo sua ampla cultura arquitetônica aos seus ideais modernos para responder ao que de fato se estava perguntando: o que poderia ser uma capital, e não o que é qualquer cidade. Claro que sua Brasília não é a única resposta possível a uma capital brasileira, mas era a única que naquele momento se apresentou.

Com essa referência esclarecedora do caráter único de Brasília, reforça-se, por outro lado, o que já foi afirmado: que, ao pretender concretizar a utopia da cidade moderna que traria em seu bojo a sociedade sem contradições sociais e econômicas, ela nada mais faz do que desnudar a incapacidade da arquitetura, em si mesma, de transformar a realidade político-social.

Certas ingenuidades contidas no memorial de Lúcio Costa, como a ideia de que as diferentes classes sociais conviveriam em uma mesma superquadra, é reveladora das reais intenções dessa utopia igualitária: não se pretende mudar o *status* social, mas harmonizá-lo espacialmente. E será essa utopia da democracia espacial que orientará – e continua ainda hoje embasando – todos os grandes projetos urbanos que, a partir de Brasília, são implantados em todas as cidades brasileiras, das grandes capitais a quaisquer cidades do interior – essas últimas por intermédio dos planos diretores, que, embora bem raramente sejam postos integralmente em prática, serviram para mudar a mentalidade do poder público a favor dessas ideias, fato que não é absolutamente secundário.

O zoneamento como ordem urbana e o conjunto de regras que orientam o *uso do solo* (expressão que por si só demonstra a equação implícita cidade = mercadoria); as vias expressas como possibilidade de todos terem acesso a qualquer parte; a eliminação de gabaritos e controles formais por índices e coeficientes, permitindo a qualquer um compreender na ponta do lápis quanto vale seu pedaço de território urbano, sem precisar imaginar o que isso resulta como cidade ou até mesmo como arquitetura – eis alguns dos predicados dessa democracia espacial, presente certamente até quase o fim do século 20, e talvez com sobrevida pelo 21, no discurso dos planejadores urbanos que se pretendem progressistas e nas plataformas dos políticos que se pretendem empreendedores. Ideias hoje tão esculpidas no raciocínio do *bom senso comum* a ponto de se tornar difícil contestar as falácias aí contidas. Uma delas, que bastaria para demonstrar o sentido oligopolista dessas ideias, é o incentivo (fiscal, de índices, etc.) à incorporação e aos grandes projetos, em nome da alta densidade populacional e da economia de infraestrutura urbana, mas servindo, de fato, para congestionar algumas áreas e manter vazias outras, e para realizações de baixíssima qualidade arquitetônica. Deploradas, sim, pelos arquitetos, enquanto continuamos a alimentar os pressupostos ideológicos, fantasiados de verdades técnicas, e que têm como consequência os males que criticamos.

Bom, e o que isso tudo tem que ver com 1957 ou com Brasília? Diria que é como achar o ovo da serpente, com a vantagem de saber, de antemão, os estragos da serpente adulta.

Esta é a característica marcante encontrada para simbolizar essa leitura vertical: a implantação que seria extensiva, embora em seus primórdios, dos conceitos da cidade moderna como base ordenadora da arquitetura que, a partir daí, é feita nessa cidade. Se, até então, nossa arquitetura podia ser confundida como um ramo um tanto peculiar das matrizes europeias, inicia-se, a partir da década de 1960, um movimento de derivação que faz com que sejamos mais modernos que nossos ascendentes inspiradores e que, para nós, a modernidade tenha um peso pesado totalmente distinto do que enfrentam, atualmente, nossos primos europeus.

Para se chegar a uma leitura mais recente, portanto, é indispensável ter em mente essa diferença e esse peso, além de levar em conta outras peculiaridades muito nossas, como certo xenofobismo que caracteriza a categoria dos arquitetos brasileiros, algo bem distinto do cosmopolitismo dos colegas argentinos (por exemplo), o que nos torna diferentes, na hora de estabelecer parâmetros de medida, até de nossos irmãos latino-americanos.

1972, o milagre e a crise

Voltando ao esquema proposto, e em uma tentativa de simplificação, poderiam ser identificadas em 1972, entre outras, as seguintes linhas arquitetônicas: o plasticismo simbólico de Oscar Niemeyer e seguidores; a arquitetura brutalista paulista no modelo de Vilanova Artigas e discípulos – ambas pretendendo interpretar, a seu modo, a valorização da tecnologia nacional; os representantes do estilo internacional corporativo, em geral afeitos aos edifícios torre de vidro das grandes sedes de empresas; esparsos sobreviventes da arquitetura brasileira da vertente carioca dos anos 1940-50; a influência, circunstancialmente modificada, da arquitetura brutalista paulista dos anos 1960 em vários estados, principalmente Minas Gerais, Ceará e Paraná, cada qual apresentando distintas peculiaridades; as soluções arquitetônicas alternativas, em geral politicamente contestatórias; o pseudoestilo ou o grau quase zero de arquitetura dos conjuntos habitacionais tipo BNH; os primórdios de algumas buscas de arquiteturas adequadas a regiões não centrais; algumas arquiteturas influenciadas pela concepção sistêmica; e talvez outras mais, em um panorama que tende a uma individuação em que cada obra é quase uma tendência em si mesma.

Claro, nenhuma dessas linhas pode ser tão sumariamente descrita sem a perda quase total de seu sentido. Embora fosse interessante desenvolver leituras horizontais que esclarecessem melhor o que indicam os predicados expostos acima, a proposta dessa leitura é vertical, ou seja, ater-se aqui aos traços comuns daquele momento que possam ajudar a esclarecer a arquitetura atual.

Primeiramente, nota-se a crise do arquiteto como criador, mítico e absoluto: com exceção de poucos autores consagrados, em geral de gerações anteriores, o destaque passa a ser dado cada vez mais às obras do que aos arquitetos; além disso, os projetos de cada arquiteto tendem a seguir não uma linha única, mas a demonstrar um desejo e uma capacidade de se adaptar a essa ou aquela linha arquitetônica, dependendo da oportunidade, do programa, do cliente, etc. Delineia-se assim certo pragmatismo de procedimento eclético que, se demonstra parcialmente desorientação e despersonalização, pode também indicar um uma nova mentalidade, e até uma saída possível, se for explorada com criatividade e sem preconceitos.

A crise do perfil do arquiteto remete diretamente à crise do ensino. Sem dúvida, o modelo político da ditadura militar, com a expansão do ensino superior privado e as restrições ao ensino público, pode ser e vem sendo responsabilizado pelo rebaixamento geral na qualidade do ensino profissional superior, em todas as áreas. Mas não há por que esquecer, como frequentemente se faz, que tais fatos ocorrem coincidentemente em meio a uma crise de identidade do próprio arquiteto.

A partir dos anos 1960, mudam gradativamente as condições de sua inserção no mercado de trabalho, com o aumento na demanda de seus serviços, com a modificação do que se espera de seu papel (deixando de ser o profissional da utopia para ajudar a pô-la em prática) e sem a mudança, ao mesmo tempo, de certos conceitos genéricos prefigurativos das utopias políticas e econômicas, e nos quais se baseavam os arquitetos para pensar seu pensar. Além disso, o arquiteto, cada vez menos, trabalha isoladamente. O porte das obras começa a fazer nascer as empresas de *engineering* em que a arquitetura é um dos itens do pacote, e raramente o mais importante deles; muitas agências estatais passam a ter equipes próprias de arquitetura, e mesmo os escritórios particulares tendem a expandir-se e substituir desenhistas por jovens arquitetos.

Mesclam-se, portanto, dois fatores: certa crise própria do desenrolar filosófico-conceitual da modernidade (já analisada na leitura vertical anterior em suas características gerais) e a modificação geral nos meios de produção arquitetônica. Essa última poderá ser imputada à ditadura militar, embora talvez fosse inevitável em qualquer situação de expansão da economia no sistema capitalista; mas a primeira, certamente, não depende de causas políticas estreitas, fundando-se bem mais em considerações de outra abrangência.

Este é outro traço comum daquele momento, exacerbado pela situação política adversa: certa incapacidade de distinguir o que, dentro do panorama arquitetônico, deve ser creditado às condições próprias do fazer arquitetônico e o que, de fato, deriva de imposições políticas. Não havendo essa clareza, surge a tendência de se confundir posições arquitetônicas com posturas partidárias, resultando daí um maniqueísmo na discussão arquitetônica – que seria cômico se não fosse trágico.

Para exemplificar essa mistura indevida, um pequeno exemplo: o auge do milagre econômico (por volta de 1972) proporcionou uma fase de experimentação cuja tendência era a de produzir objetos arquitetônicos em que o exagero era a tônica dominante; e isso ocorre nas obras de arquitetos das mais variadas inclinações políticas – seja nos autores das torres da Esplanada de Santo Antônio, no centro do Rio de Janeiro, seja nas escolas da periferia de São Paulo, em concreto e com grandes vãos. Isto é, todos e cada um exprimem a sua maneira estética e justificam, com seus argumentos éticos, a oportunidade de tais empreendimentos – que, vistos à curta distância de quinze anos, podem ser envelopados em uma mesma tendência monumentalista e ufanista que caracterizava aquele momento. Não seria também exagero supor que tais demonstrações são uma espécie de *canto do cisne* de alguns pressupostos modernos, exagerados e postos de cabeça para baixo. Assim, já que a arquitetura não pode mesmo mudar a sociedade que sirva para, com os meios capitalistas, experimentar soluções para um futuro ideal; ou, já que ela não muda nada mesmo, aproveitaremos o que é possível para nos divertirmos. Ambas as posturas são milenaristas, niilistas e um tanto cínicas.

Outro traço característico do momento é certa simplificação formal que é, na maioria das vezes, bem mais um empobrecimento do que um recurso estético. Adequando-se às expectativas imediatamente utilitaristas e financeiras, a arquitetura passa a ser mero resultado volumétrico da área máxima admissível pela especulação imobiliária pseudocientífica dos zoneamentos. Isso é mais notável no campo da habitação popular, em que o raciocínio do custo/área mínimo chega a aberrações, como casas cujo tempo de financiamento é superior ao tempo de sua durabilidade. Mas a monotonia e a má qualidade não são apenas de origem extra-arquitetônica: muitas imposições advêm de opções estético-conceituais que mal se justificam a si mesmas e são perpetuadas por mero costume, preguiça ou cristalização mental[10].

Esse empobrecimento, entretanto, não é privilégio dos programas de baixo custo: não é a falta de verba que justifica, por exemplo, a evidente falta de criatividade dos edifícios da avenida Paulista, que, salvo as exceções devidas, restringe-se a repetir modelos que nem sequer apresentam vantagens assim tão marcantes que os validassem como soluções universais. Ou ainda, em outra vertente bem diversa, o exercício reiterado do projeto do paralelepípedo com quatro pilares e grandes vãos, fórmula que servia para quase tudo, de casas a estações rodoviárias. É ainda a expansão acrítica de uma noção da modernidade, aquela da reprodutibilidade de seus modelos, mas entendida de forma bitolada.

Crises da arquitetura: parece incongruente falar-se disso em pleno auge produtivo do milagre econômico. Mas é o que de fato estava se dando, apesar da expansão e, em parte, por causa dela. É o que exprimem frases como "depois de Brasília nada se fez", pois esta não indica em absoluto uma realidade de fato, mas o sentimento difuso da incapacidade de avaliar as mudanças que estavam se processando, por se contar apenas com o instrumento disponível então: a simplificada e ufanista análise linear que explicava nosso auge e sucesso de até os anos 1950, a que me referi no início deste texto. Faltava, na época, uma consistência crítica que auxiliasse a pensar essa transição – em parte pela teimosia de não querer vê-la. A situação política ditatorial de fato piorou o panorama, não por ser a única responsável pelo agravamento dessa crise, mas por servir de explicação-panaceia universal para quaisquer problemas, justificando indevidamente seu não enfrentamento correto.

A vantagem da crise é ela ser sempre o princípio de novos caminhos, e não apenas o fim de velhos. Crise, dizem os sábios chineses, é a mescla de perigo com oportunidade. De seu seio costuma sair muita coisa imprestável, mas também pode ser um vomitório salutar, espécie de abre-alas para dar espaço à renovação.

1987, em cinco temas mais um

Para sair da habitual louvação aos autores, ou da simples seleção das obras, optamos por falar do hoje por intermédio de temas. Como já foi dito, para 1987, o esquema inicial proposto é de pouca ajuda, pois não se pode fazer leituras horizontais ou verticais quando não se tem dados de como vem e para onde vão as possíveis linhas arquitetônicas. Ainda assim, talvez seja possível detectar temas que, de momento, enfeixem a maior gama possível de preocupações com as quais lidam os arquitetos brasileiros.

Os cinco temas são: reciclagem, a arquitetura dos negócios, a cidade da especulação, a arquitetura como ofício e técnica e os regionalismos.

Não custa nada dar nomes e títulos desde que eles se atenham a ser meros indicadores do que se quer significar. Portanto, nada de tomá-los ao pé da letra ou supor que o simples rotular resolve alguma coisa. Porque, apesar de este texto ser superficial – no sentido de que apenas roça a superfície do assunto pelo qual se interessa –, não está procurando criar modismos e sim contribuir de alguma maneira para o pensar crítico de nossa arquitetura.

E este é mais um tema: a crítica da arquitetura. Que já existe entre nós, sim.

Ressemantizando a reciclagem

Às vezes parece que nada mais há para ser inventado. Essa sensação é tipicamente finissecular, pois o mesmo ocorreu no fim dos oitocentos: não se havia esboçado ainda a teoria da relatividade e já se pretendia saber tudo. Sejamos, pois, menos presunçosos, admitindo que muito há para ser feito e apenas passamos por um momento de reflexão, já que o tempo é cíclico – a um momento de expansão/crescimento exterior segue-se outro momento de concentração/crescimento interior.

Um dos temas mais característicos de nosso momento é a reciclagem; mas, em vez de considerá-la adstrita à mera reutilização de objetos, seria útil entendê-la também como reciclagem de ideias, com as mesmas preocupações: quais ideias/objetos manter, quais considerar menos relevantes, como aproveitá-las, com que grau de respeito ao passado reutilizá-las, como mesclar passado e presente, etc.

Na arquitetura, a reciclagem pode abranger desde o clássico restauro (que é sempre refuncionalização, pois se recuperam coisas, mas dificilmente se mantêm usos e costumes ultrapassados) até o pós-moderno na vertente de apropriação historicista, felizmente bem raro entre nós. Pode-se ainda citar a reciclagem de espaços do século 20 ou a reciclagem de ideias do século 20, principalmente na revisão crítica engajada dos ideais da modernidade, ou mesmo apenas de suas concepções formais.

Para nós, habitantes de países pobres, o conceito de reciclagem poderia servir de chave para inverter o habitual pensamento predatório sob o qual foi instaurada nossa colonização. Tal como uma pedra fundacional, essa ideia da terra vasta e dadivosa que nunca se acaba está tão inscrita no modo de ser americano que nos torna candidatos aos piores desastres ecológicos advindos da expansão inconsequente e destruidora. Substituir o desperdício pela reutilização criativa passa a ser um imperativo não de moda, mas de sobrevivência.

Quaisquer obras que recuperem, de alguma maneira, o patrimônio cultural, artístico, tecnológico ou busquem favorecer o equilíbrio ecológico poderiam ser englobadas no tema da reciclagem.

E essa não é uma postura passadista, cheirando a mofo; ao contrário, o futuro da nave espacial Terra está dependendo de seus habitantes se colocarem de acordo e compreenderem a máxima lavoisieriana de que não dispõem de recursos ilimitados. A única coisa que ainda não oferece limites é a criatividade, chave antientrópica para esse sistema fechado de reapropriação de recursos arquitetônicos.

Também não é o caso de extrapolar, daí a inconveniência absoluta da destruição de coisas e valores. A morte é necessária ao equilíbrio da vida, e manter artificialmente um organismo sem recursos de revivescência é forçar a natureza e apenas adiar o inevitável. Aliás, um dos motivos pelos quais caminhamos para o desequilíbrio ecológico é supormos uma eternidade linear, quando ela é, mais provavelmente, um eterno retorno.

Arquitetura dos negócios

Boa arquitetura é possível em qualquer parte; e será também viável nas cidades modernas em que vivemos, trabalhando com suas regras – as quais até que necessariamente se modifiquem, são momentaneamente soberanas. E o que é ser bom em arquitetura? Ou melhor, quais as qualidades indispensáveis de um objeto arquitetônico? A resposta a isso é variável conforme tempo e lugar determinados. Portanto, uma qualidade básica da arquitetura é ser apropriada[11] ao momento e ao ambiente em que se insere.

Claro que um edifício de alta qualidade pode envelhecer e deixar de ser útil à sociedade que o suporta: seu destino será então o simples desaparecimento ou sua manutenção com a transformação de seu conteúdo predominante, que passa de utilitário a simbólico. Entretanto, vamos nos ater aqui à arquitetura que é feita hoje e está viva, uma vez que o item anterior abrangeu esses outros casos.

Talvez seja desnecessário, por ser óbvio, dizer que a boa arquitetura deve garantir condições razoáveis de habitabilidade, segurança, estabilidade e durabilidade. Para atingir tais objetivos, não há regras *a priori* quanto às tecnologias a empregar: em princípio, desde as tecnologias de ponta às mais tradicionais podem servir, tomando-se o cuidado de levar em conta nossa realidade econômico-social, a qual, aliando grandes potencialidades à miséria cotidiana, vontade de autodeterminação e dependência cultural, torna bastante complexa a decisão quanto ao que seja ou não apropriado tecnologicamente. O que é bom para nós pode não sê-lo em outra parte e principalmente vice-versa: nem tudo o que interessa a outras realidades sociais nos compete. Nisso, como em outros campos, a convivência harmônica das mais diversas tendências no emprego de materiais e técnicas será certamente a melhor maneira de selecionar, em cada caso, o que for mais conveniente.

Além disso, por boa arquitetura se entende não a que apenas atende aos requisitos técnico-funcionais, mas a que seja esteticamente boa. Se a estética fosse apenas uma questão de juízo de gosto não haveria como estabelecer parâmetros de avaliação. Sem pretender definir aqui conceitos que necessitariam de longos tratados – mesmo porque nos falta capacidade para tanto –, pode-se afirmar que os critérios estéticos também variam no espaço/tempo, e que talvez se pudesse entender como esteticamente boa a arquitetura que seja *apropriada* – na citada definição de Cristián Fernández.

Mas por que esse título – arquitetura dos negócios? Porque, em princípio, no sistema capitalista, tudo é negócio. Houve tempo (e não muito longínquo) em que havia, ao menos no debate universitário, temas considerados progressistas e outros reacionários, no sentido político desses termos. Por exemplo, o projeto de uma residência burguesa era progressista (!) porque permitia experimentar soluções de futuro; o projeto de um edifício comercial (de escritórios ou apartamentos) era reacionário (!!) porque destinado à especulação imobiliária. Tal aberração chegou mesmo a ser entendida como critério estético. Sua inconsistência é óbvia, ou seja, repetindo: tudo é especulação financeira no sistema capitalista, e isso não serve de parâmetro arquitetônico.

Feita a ressalva (necessária para quem viveu a época das *patrulhas ideológicas*), pode-se admitir ser possível, no espaço dito da especulação, boas arquiteturas – as quais, mesmo seguindo as regras dos zoneamentos e legislações de que não prescinde uma cidade moderna – muitas vezes restritivas e limitadoras da criatividade –, sempre podem usar recursos melódicos ou harmônicos para incrementar a qualidade. Não se trata, no caso, de obras com programas necessariamente excepcionais, pois talvez o ideal fosse obter uma homogeneidade mínima qualitativa que constituísse a base da produção arquitetônica da cidade. Esse objetivo também não depende tão somente da habilidade do arquiteto: a importância do programa na paisagem urbana[12], as condições de mercado que atenderá e as disposições mais ou menos abertas do comitente são fatores de peso específico alto. Nem resultam exclusivamente de verbas amplas, já que há muitos contraexemplos para provar que dinheiro não é sinônimo de qualidade arquitetônica, e ostentação e suntuosidade não criam necessariamente boa arquitetura.

O que não dá mesmo é justificar a má arquitetura com a desculpa de ser arquitetura de negócios. Como arquitetos, nossa obrigação é produzir resultados ao menos minimamente compatíveis com a qualidade profissional, seja qual for a realidade político-social na qual vivemos. Claro que há dificuldades de mão de obra, de execução e de materiais que raramente mantêm as características mínimas desejáveis; claro que há uma certa viciação do mercado, mal acostumado a soluções padronizadas de baixa qualidade; claro que há dificuldades econômicas conjunturais que desestabilizam o exercício profissional. São obstáculos a superar na melhoria de nossa atividade profissional, temas nos quais concentrar esforços, enquanto arquitetos. Insisto na distinção entre arquiteto e cidadão: o que nos compete primeiramente, como profissionais, não é definir o destino político do país – assunto que deve nos interessar enquanto cidadãos –, e sim trabalhar para a elevação na qualidade de nossos *produtos* para que a receptividade a eles seja também cada vez mais qualificada.

A cidade da especulação

Mas seria ilusão supor que tudo vai pelo melhor dos mundos, e a arquitetura flutua sobre a realidade deitada em seus louros. Sem fazer o raciocínio niilista dos que negam a arquitetura porque esperam dela mais do que ela pode dar enquanto limitada disciplina do conhecimento ou ainda mais limitado meio de transformação da realidade, há que se alertar para certas peculiaridades de seu universo ideológico, presentes nas ideias que os arquitetos ajudam a pôr em prática, nem sempre com clareza quanto às transformações negativas que estão promovendo.

E, como sempre, na prática a teoria é outra. Mais acima, no item "utopia desnudando-se", procurou-se caracterizar rapidamente o impasse da passagem da utopia da cidade moderna às estruturas reais que a realizam. Essas noções sobre a democracia espacial continuam sendo a base de nosso ensino e da prática profissional. Alega-se às vezes que teria havido uma deturpação dos ideais da modernidade; mas seguimos aplicando-os tal como agora são possíveis. Se o arquiteto não pôde modificar o mundo com seu risco, nem por isso é menos responsável pelas distorções oriundas de suas idílicas concepções, ao menos enquanto não se opõe explicitamente a elas. É importante ter claro isso para, se for o caso, tentar reverter expectativas da mesma maneira como ajudamos a criá-las.

O uso do solo e o zoneamento estanque, duas das suas noções básicas, ajudaram a transformar a cidade em mercadoria e a paisagem urbana em traços descontínuos cuja coerência é dada apenas pelas ligações viárias. Para se criticar tais resultados, é necessário também rever as premissas. Conjuntos habitacionais, *shopping centers*, centros cívicos a outros programas que concentram funções unívocas em sítios determinados e isolados entre si podem resolver problemas de circulação e mesmo de segurança (no sentido de criar espaços de elite facilmente vigiáveis), mas colaboram para dificultar a leitura e empobrecer o caráter da paisagem urbana que, talvez, devesse ser algo diversificado, mas coerente. Índices, categorias de uso, coeficientes de aproveitamento e de ocupação, recuos obrigatórios e todo o arsenal do planejador legislativo podem ser úteis para se ter um controle qualquer do que o poder público permite ou não edificar, mas são ineficazes para supor ou criar uma imagem de cidade, além de oferecerem campo aberto aos subterfúgios legais, elevados a saber indispensável à prática arquitetônica. Além disso, tendem a criar modelos formais repetitivos e esquemáticos porque, de fato, partem de modelos formais apriorísticos: em geral, as cabalísticas fórmulas numéricas dos planejadores urbanos podem ser reconstituídas como a descrição de uma abstração volumétrica do passível de ser edificado.

É muito simples, ou simplório, acusar a má qualidade urbana como mero resultado da especulação financeira. Mas os burocratas e empreendedores não inventaram sozinhos os recursos que viabilizam tais resultados e, em última instância, modificaram o próprio conceito de cidade. Nisso foram, e muito, ajudados pelas ideias dos arquitetos.

Sempre haverá a saída de afirmar que "não se pode fazer nada": a cidade contemporânea é assim mesmo, isso faz parte da inevitabilidade dos novos tempos, e o que se deve é simplesmente trabalhar em suas regras ou buscar aperfeiçoá-las – acusando de idealistas e passadistas quem quer que denuncie tal situação. É uma possibilidade do agrado dos mais pragmáticos que deverão, por coerência, jamais reclamar de maneira *blasé* disso tudo.

Este tema – a cidade da especulação – subjaz em nossa atividade profissional; dele participamos por inércia ou por iniciativa deliberada, como cidadãos e habitantes, encarando-o como pedra de tropeço ou como ilusão de lucro fácil. É difícil situá-lo, porque abrange os limites da arquitetura, desenho urbano, planejamento urbano, além de envolver o questionamento daquilo que, desde há cinquenta anos, consideramos verdades axiomáticas. Embora já nem acreditemos mesmo mais nelas. Não se pretende mudá-lo moto próprio, ou a golpes de caneta; ninguém reinventa a cidade sozinho, mas a sociedade a faz evoluir progressivamente. A cidade não é um fenômeno isolado, nem é produto apenas da incúria dos arquitetos. O que se procurou aqui, apenas, foi alertar para algumas de nossas responsabilidades, já que elas são fundamentais para definir os resultados do presente e os caminhos para um futuro próximo.

Arquitetura, ofício e técnica

Em geral, quando se fala de arquitetura se procura ressaltar a excepcionalidade de obras e autores, aquelas realizações que se destacam por suas qualidades intrínsecas, ligadas a temáticas culturais com grande repercussão pública. Mas o dia a dia do arquiteto é feito não de grandes gestos ou de oportunidades ímpares, e sim do exercer cotidianamente seu ofício. Aliás, como fica claro no item anterior, talvez essa atividade se afigure muito mais importante para a garantia da qualidade profissional cidadã do que um punhado de poucas belas e raras obras, justiça seja feita a elas e a seu papel de estimulador, pontual, mas de alto nível.

Certos programas mais técnicos prestam-se ainda menos aos rasgos de personalismo arquitetônico. É o caso das indústrias – um campo cada vez mais aberto ao arquiteto que souber trabalhar e conviver com a multidisciplinaridade necessária para enfrentá-lo – ou mesmo de centros de processamento de dados, centrais telefônicas ou quaisquer programas em que o conteúdo tem tal relevância e determinação que o continente muitas vezes tende a restringir-se a um mero invólucro. Outros programas também exigem tal contenção, por distintos motivos: edifícios de escritórios e sedes de grandes empresas, por exemplo, costumam ser elaborados com base em considerações de flexibilidade, adaptabilidade, conforto, etc., as quais terminam impondo um espaço o mais neutro possível, resultando afinal em soluções bastante semelhantes de uma a outra obra.

Outros casos poderiam ser citados, mas estes já são suficientes para se tecer alguns comentários. Primeiramente, tais restrições aparentes à criatividade não devem ser tomadas à conta de obstáculos, mas como condições inerentes de trabalho, existentes em quaisquer campos profissionais. Da nossa capacidade de convivência harmoniosa com elas depende a estabilidade da nossa atividade como categoria. Outra consideração: frequentemente a arquitetura é identificada apenas com o risco inicial, o croqui, o desenho livre e solto, talvez pela proximidade entre arquitetura e arte; mas, além de arte, ela também é técnica e ofício, e se o arquiteto-criador não tiver controle de seu produto, até os mínimos detalhes, acabará sofrendo as injunções de sua própria desídia, frustrando-se com a má qualidade do resultado final.

As limitações impostas pela cidade da especulação, muitas vezes, são responsáveis pela definição de programas e obras nos quais geralmente não há como escapar de uma determinada volumetria, de certa solução básica, e as imposições de momento/moda acabam por limitar o tipo de estrutura, a seleção dos acabamentos, etc., deixando ao arquiteto pouquíssima margem de ação além a de aderir ou desistir da participação em tal projeto. É claro que tal situação é criticável, o que já foi feito no item anterior. Mas e daí? Que fará o colega que necessita trabalhar e viver?

Claro que não se propõe um mero pragmatismo amoral. Mas pode-se criar uma espécie de *moral provisória* à moda cartesiana, concentrando esforços na qualidade técnica das obras, no aperfeiçoamento dos detalhes, na sistematização da produção, itens que deveriam estar presentes em quaisquer obras e só poderão ajudar a habilitar cada vez mais seus autores a exercer com dignidade seu trabalho.

Uma questão que fica embutida quando se trata de tal assunto é a do ensino. De que maneira a formação do arquiteto o prepara para enfrentar seu ofício? Com a desculpa de formar arquitetos conscientes dos problemas sociais e críticos em relação à estrutura política, durante os anos 1970, terminou-se descurando do aprendizado do saber arquitetônico propriamente dito. De outro lado, mesmo passado o momento do auge da politização, segue-se afirmando, com frequência, que "arquitetura não se aprende" – afirmação falaciosa cujas consequências negativas podem ser percebidas na evidente piora da qualidade dos profissionais que a cada ano saem das universidades. Arquitetura aprende-se, é sistematizável, passível de ser ensinada didaticamente – desde que se faça um esforço consciente e sistemático nesse sentido.

O que não se aprende é a ser genial – mas quem disse que a escola existe apenas para embalar as exceções, que existem a despeito de quaisquer sistemas educacionais? A arquitetura é um campo do conhecimento humano, e como tal, transmissível e aperfeiçoável de maneira constante. Entender isso se torna fundamental para a qualidade de seus resultados.

Regionalismos brasileiros

Uma das noções básicas da modernidade é sua pretensão à universalidade, principalmente no aspecto da tecnologia construtiva, em que o recurso da pré-fabricação e da estandardização traria uma desejada economia de escala, facilitando a racionalização da produção. Esses postulados, que de tão repetidos quase se converteram em axiomas, permeiam nossa avaliação do que seja ou não uma arquitetura do nosso tempo.

"Desde há algum tempo, o homem moderno crê que os meios de comunicação o liberaram da dependência do lugar. Isto é uma ilusão", afirma Enrique Browne[13]. Para ele, a arquitetura latino-americana tem se desenvolvido em uma permanente tensão entre espírito de época e espírito de lugar – de modo simples, entre o desejo de estar *em dia*, a par das novidades, e a vontade de pertencer a um ambiente. O fato de sermos ex-colônias, onde as notícias chegavam com grande atraso e o isolamento daí consequente são contingências que passamos a identificar com um passado a superar, enquanto a cultura e a tecnologia europeias, e depois norte-americanas, afiguram-se, para nós, como um ideal a atingir, o que se torna mais patente com o esforço político modernizador a partir dos anos 1930.

Entre a maioria dos arquitetos é ainda comum a desvalorização de tudo o que possa ser atribuído a qualificação de local, tradicional, artesanal – conceitos entendidos como sinônimos de reacionarismo cultural e político. Entretanto, a perda cultural – da nossa cultura –, que tal atitude representa, pode ser já irrecuperável, como se nota no empobrecimento, despersonalização e rebaixamento de qualidade da mão de obra disponível.

As realidades de um país das dimensões do Brasil – com sua variedade geográfica e climática, com as dificuldades naturais de circulação e com as peculiaridades culturais distintas das várias regiões – têm proporcionado e induzido, cada vez mais, a manifestação do que se poderia chamar de regionalismos arquitetônicos, ou de arquiteturas que tentam, a seu modo, equilibrar os espíritos de época e lugar sem deixarem de pertencer à tradição e herança de nossa modernidade.

Recusando trabalhar com a ideia de modelos universalizantes apátridas, aclimáticos, tais arquiteturas enfatizam a visão crítica das possibilidades criativas da adequação ao clima e das tecnologias disponíveis, buscando sempre uma simbiose entre a arquitetura erudita, aquela aprendida nas escolas, da qual conserva certo rigor e metodização de procedimentos, e a arquitetura popular, ou aquilo que ainda nos resta do modo de construir regional que, em nosso país, nunca é puramente autóctone, mas resultado de sincretismos, unindo as tradições portuguesa, indígena, negra e aquelas advindas das imigrações italiana, alemã, etc.

As soluções naturais de adequação climática contrapõem-se à solução óbvia de tudo resolver com o condicionamento artificial que, embora necessário para alguns programas e atividades, não deve ser tomado como panaceia geral, não só por uma questão de economia, como por uma visão menos predatória dos recursos naturais disponíveis. Ademais, isso supõe um esforço de criatividade e de pesquisa, aliando dados científicos e modos de fazer consagrados. A mesma necessidade de pensar mais um pouco, usar a cabeça para criar e não apenas para copiar, comparece na escolha das técnicas construtivas, não bastando, pois, folhear catálogos e aplicá-los indiscriminadamente, mas obrigando a pensar o modo de realizar como um processo integrado em que muitos fatores estão em jogo.

Essas ideias não são aplicáveis apenas em lugares afastados ou em climas exóticos. Nada impede que construções urbanas ou mesmo arquiteturas próximas de regiões mais desenvolvidas possam criar uma linguagem que seria passível de ser enquadrada também como regional, pelos critérios acima. Não só porque muitas das periferias de nossas cidades são talvez mais carentes e problemáticas do que as regiões afastadas do país, mas porque, em qualquer parte, é possível revalorizar esse saber popular que, aparentemente, estaria em extinção, mas que subsiste e é parte de nossa cultura, muito mais do que nos damos conta em nossa visão universitária e elitista.

A crítica da arquitetura, por fim

Em todos os textos de crítica da arquitetura está em discussão, além do conteúdo das ideias expostas, a própria possibilidade da crítica; ou, ainda, para o que ela serve.

Muito se fala da ausência de crítica da arquitetura em nosso país. Todavia, qual o critério para se definir o que é ou não crítica? Se englobarmos nesse item não só o que é produzido com a intenção explícita de teorizar sobre arquitetura como aquilo que aparece mais informalmente em jornais, revistas, TV ou cinema, se incluirmos também as diretrizes que norteiam o ensino universitário, talvez possamos concluir que quase sempre se está fazendo crítica – assim como M. Jourdan fazia prosa –, sem sabermos.

Será válido dar tal abrangência à produção crítica? Mas válido para quê? Qual a finalidade de pensar sobre o fazer: é apenas um exercício de elucubração mental? Se assim for, de fato a crítica é restrita a poucas produções e talvez só interesse aos seus pares, os críticos. Mas pensar é apanágio do ser humano, e nossas ações são orientadas pelas estruturas de nosso pensar, ou, ao menos, ambos estão indissoluvelmente imbricados. E, nesse caso, a reflexão sobre o fazer é inevitável, e o tema da crítica passa a interessar a todos.

Quando se fala de tendências, a questão da crítica fica mais candente. Mas é falso, a meu ver, esperar do crítico fórmulas ou formas prontas do que devam ser as tendências; não lhe cabe ditar regras advindas de seu gosto, do partido a que pertence, do grupo de interesse para o qual trabalha. Isso não é crítica, é futilidade ou militância, uma dispensável e a outra tendenciosa. De minha parte, creio que os críticos não existem para moldar a seu bel-prazer a cabeça das pessoas, mas para ajudá-las a questionar, refletir e pensar sobre seu pensar e seu fazer.

Nos últimos quinze anos – tema inicial deste texto – muito se tem feito no Brasil e na América

Latina no campo da crítica da arquitetura. Não é necessário citar um rol de nomes para prová-lo, basta folhear os periódicos e os catálogos das editoras. Quase todos os autores estão buscando analisar nossa realidade e nossa história a partir delas mesmas, no esforço de construir nossas próprias teorias. É um trabalho que mal principia e está quase todo por fazer, pois até agora temos nos contentado em ser versões de segunda mão da história e da realidade de outros lugares. Teorias que não foram feitas para nossa realidade poderão ser úteis como instrumentos parciais para entendê-la; mas não podemos tomá-las ao pé da letra sem acabar por nos considerar errados por não nos adequarmos a elas, quando o que ocorre é o inverso: elas é que não se conformam inteiramente a nós.

Quando se afirma a ausência ou a pobreza de nossa crítica, muitas vezes se está cometendo esse erro: o de medir com a régua dos outros. Se estamos principiando, se falta ainda muito para chegar à profundidade necessária, se há pouco interesse e muitas dificuldades, nem por isso devemos nos considerar provincianos impotentes. Que os países centrais sejam etnocêntricos, compreende-se; o que não dá é que coloquemos nosso centro alhures[14].

É por isso que a crítica da arquitetura já existe entre nós, sim, e tende, nos próximos anos, a ampliar-se. Basta olhar com nossos olhos e pensar com nossa cabeça para concluir isso.

Notas

1. Emprego aqui a definição de Carlos Eduardo Dias Comas acerca da cidade figurativa e da cidade funcional.

2. Nota atual da autora – Pode-se citar, a esse respeito, o livro de Hugo Segawa, de fato posterior à elaboração deste texto, mas

não as discussões que ajudaram a provocá-lo. Ver SEGAWA, Hugo. *Arquiteturas no Brasil 1900-1990*. São Paulo, Edusp, 1998.

3. A esse respeito, ver CAVALCANTI, Lauro. Le Corbusier, o Estado Novo e a formação de arquitetura moderna brasileira. *Projeto*, n. 102, São Paulo, ago. 1987, p. 161-163. Artigo republicado nesta coletânea.

4. Ver análise a respeito in COMAS, Carlos Eduardo Dias. Protótipo e monumento, um ministério, o Ministério. *Projeto*, n. 102, São Paulo, ago. 1987. Artigo republicado nesta coletânea.

5. ZEIN, Ruth Verde. Vilanova Artigas: a obra do arquiteto. *Projeto*, n. 66, São Paulo, ago. 1984, p. 123-138.

6. MACHADO, Lia Zanola; MAGALHÃES, Themis Quezado de. Brasília, espace, utopie et modes de vie. *Architecture d'Aujourd'hui*, n. 251, Paris, jun. 1987. Tradução do autor.

7. Idem, ibidem.

8. Do latim, "sem trégua".

9. Ver ZEIN, Ruth Verde. Historietas de la historia: cuando continuidad y ruptura se dan las manos. *Summa*, n. 230, Buenos Aires, out. 1986.

10. Ver COMAS, Carlos Eduardo Dias. O espaço de arbitrariedade: considerações sobre o conjunto habitacional BNH e o projeto da cidade brasileira. *Projeto*, n. 91, São Paulo, set. 1986.

11. Segundo definição do arquiteto chileno Cristián Fernández, presente no texto "Regionalismo critico o modernidad apropiada?", publicado pelo Taller América como contribuição ao III Seminário de Arquitetura Latino-Americana, SAL III, realizado em Manizales, Colômbia. Resumidamente, Fernández define a busca de uma arquitetura apropriada a nossa realidade peculiar como parte do esforço de criar uma modernidade apropriada a nossas realidades latino-americanas. Ele distingue no termo *apropriada* três denotações: apropriada enquanto *adequada* ao aqui e agora da realidade de cada situação; apropriada enquanto *tornada própria*, aberta às contribuições que nos chegam, após passarem por nosso crivo digestor; e apropriada enquanto *própria*, adequada às condições particulares de nossas realidades.

12. Ver ZEIN, Ruth Verde. Terminais urbanos, locais de destaque na paisagem. *Projeto,* n. 94, São Paulo, dez. 1986.

13. BROWNE, Enrique. Un doble espiritu en la arquitectura contemporánea de America Latina. In *Otra arquitectura en America Latina.* Cidade do México, Gustavo Gili, 1990.

14. A esse respeito, Browne nos conta, na obra citada, o caso de dom Pedro de Oña, nascido no Chile e criado em Lima, que publicou em 1591 o poema épico "El arauco domado", com ares de Virgílio, Tasso e Ariosto, flora e fauna europeias e, para completar, com as estações do ano invertidas. O que demonstra como é antiga nossa excentricidade.

artigo 7 luis espallargas gimenez
AUTENTICIDADE E RUDIMENTO.
PAULO MENDES DA ROCHA E AS INTERVENÇÕES
EM EDIFÍCIOS EXISTENTES
[1988]

Em arte, e mais ainda em arquitetura, o novo e o original confundem-se por vezes como sinônimos: algumas coisas são inovadoras porque desconhecidas, outras por despertar novamente o primordial. Trata-se de uma sutil e adjetiva distinção que demarca profundas oposições entre as intenções dos arquitetos que têm proposto arquitetura moderna – oposição entre o estranhamento do novo e a intimidade com o novo.

Reconstituir a originalidade imaginando a cabana de Adão ocupou muitos arquitetos com a busca da moradia ideal e do paraíso perdido. Recordar em um único desenho a pureza, a precisão e o engenho, pressupostos do abrigo original, quando arquitetura e construção eram uma e a mesma coisa, propiciaria o encontro com a essência e a perfeição de um feito arquitetônico.

A origem, por ser memorável, deve ser em qualquer caso familiar. Tal reconhecimento – seja ele histórico, genético ou essencial – imediatamente cumprirá a desejável exigência de autenticidade, subentendida como identidade, que pode aproximar seus objetos e ações da verdade, da nacionalidade e da universalidade.

Quando se persegue a origem da arquitetura, é natural atribuir um papel básico à técnica, porque quando a arquitetura retornar a seu primeiro e ancestral problema, perguntará por seus aspectos elementares e construtivos. Enfrentará seu recorrente, constitutivo e irrevogável problema.

Na busca dos aspectos originais existem vários caminhos: é possível romancear historiograficamente as técnicas anteriores para idealizar uma função moderna, como quis o romântico Eugène Viollet-le-Duc com o estilo gótico; é factível legitimar e ativar a técnica primitiva e conduzi-la pelo fio da forma e do espaço modernos, como mostrou o eclético Le Corbusier no polêmico projeto da casa Errazuris na costa chilena. E, finalmente, é e sempre será formidável interpretar qualquer técnica construtiva revelando nela a fugaz ancestralidade imanente a um procedimento que, a exemplo dos períodos remotos, não distinga entre arte e ciência ou entre arquitetura e construção. Uma técnica capaz de capturar e registrar a perspicácia que reproduz o poder e o princípio da primeira ideia, de imitar o instinto certeiro e a razão mais pura de primitivos inventores habituados aos fundamentos da criação. Uma técnica efetiva, sempre conhecida e compartilhada, capaz de adquirir poderosos significados culturais, e que, ao dar conta da constituição do objeto arquitetônico, habilita-o a prescindir das arbitrariedades da forma e dos ornamentos supérfluos que povoam as arquiteturas mais vulgares. Por este caminho, se recuperará a origem, menos como historicismo ou imaginação formal e mais como a atitude que irá suprir a ausência da original noção grega de *tecné*.

Mas uma tal ideia de técnica, para não ser acusada de anacrônica, deve encontrar sentido em técnicas contemporâneas que, selecionadas, estabeleçam compromissos e preferências com alguns aspectos técnicos: procedimentos ou aparências que tenham características simples e primitivas e até brutas e rústicas. Nos quais, consequentemente, não participe a Tecnologia ou o estágio técnico moderno em que os procedimentos estão fundamentados e controlados pela ciência aplicada e por seus métodos de controle e dedução. Tecnologia científica que substitui o artefato pelo produto bem acabado; que troca o elemento e sua integridade pelo componente e sua submissão; que privilegia a montagem em detrimento da construção, insinuando mais valor para um virtuoso detalhe de junção ou arremate do que para a estrutura definidora de arquitetura. Técnica avançada que faz referência à produção e à indústria e que descarta, de maneira irreversível, a empírica e instintiva técnica do artifício e do rudimento.

Paulo Mendes da Rocha

Falar do trabalho de Paulo Mendes da Rocha obrigaria a voltar um pouco à história recente da arquitetura paulistana, para desde lá traçar algumas características que, em sua obra, resistem com firmeza a autenticidade sempre.

Paulo Mendes da Rocha fala sempre da técnica, porém em quase toda sua obra o aspecto técnico homenageado e mais evidente é a estrutura. Construir corretamente tem clara importância para a arquitetura, contudo a estrutura será, neste caso, a única entre todos os momentos técnicos que pode ter a estatura de partido arquitetônico indiferente aos tratados e manuais. Tal constatação é tão verdadeira para essa escola, que interfere em todas escolas de arquitetura brasileiras, que faz com que se ensine preferencialmente o cálculo de estruturas de concreto em lugar de construção no seu sentido amplo.

É como se a arquitetura ficasse esgotada na própria construção de sua estrutura, e é provável que a arquitetura brasileira apenas reconheça valor na técnica quando a ela se faz referência por intermédio da estrutura. Construir, no sentido que os arquitetos querem desde a arquitetura, limitou-se, durante anos, à construção de estruturas. E quanto mais isto ficasse patente, sem distrações ou superposições de elementos de mediação ou etapas secundárias, tanto melhor.

Após sistemática desfiguração cultural e após a contínua decadência representada por *simulacros de cidades* de inspiração estrangeira e projetos copiados de *antologias de arquiteturas*, fazia sentido, para muitos arquitetos de uma geração, pensar em recuperar a arquitetura exigindo sua referência às mais autênticas raízes nacionais. Ou seja, conectando tal reação original com a técnica ancestral, com o passado genuinamente cultural que pudesse ter sobrevivido à colonização, bem como com os demais aspectos míticos – a utilização de formas arquetípicas e a insistência nos predicados mais essenciais da arquitetura: abrigar, cobrir, ajustar-se à natureza, dominar essa mesma natureza, etc.

A técnica para Paulo Mendes da Rocha não corresponde a uma ponta técnico-científica avançada, nem está ligada aos produtos mais industrializados ou aos acabamentos mais perfeitos. Existe um dedutível escrúpulo que evita o virtuosismo tecnológico comum, por exemplo, na arquitetura dita *high-tech*. Não há refinamento ou acabamento, mas sim a estrita e rude explicitação de uma técnica voluntariamente cabocla. Isso fica evidente em uma arquitetura repleta de detalhes simples e caseiros, como a aranha de bitolas redondas que ancoram a protensão das vigas, ou como o engenhoso guarda-corpo de cantoneira ou ferro de armação dobrados manualmente e ponteados no canteiro, ou ainda como as janelas artesanais que pivotam excentricamente, repousando de forma distinta em função do deslizamento em canaletas das cargas que são seus vidros duplos. Tudo leva a pensar na afirmação de uma técnica baseada na capacidade humana de enfrentar e resolver um *arte factu* e, com isso, evitar a presença de sistemas industrializados e soluções de catálogo.

Pinacoteca

Nos dois exemplos comentados aqui existem coincidências notáveis. Em ambos ocorre a intervenção em edifícios exemplares com características próprias muito fortes e problemas de acesso e utilização a ser corrigidos. Nos dois casos os aspectos urbanos e públicos têm um destaque importante nas decisões do projeto arquitetônico. Nas duas vezes Paulo Mendes da Rocha trabalha em equipe com duas equipes de arquitetos mais jovens, com quem tem total afinidade.

Curioso: como um arquiteto que detesta a história da arquitetura nos seus aspectos mais gerais pode ser um bom arquiteto? Duas possibilidades: ou a boa arquitetura não tem correspondência com os feitos históricos, ou a distância que se quer manter da história não é tão grande quanto se deseja fazer crer.

Cobrir e atravessar, apoiar-se e grudar-se – parasitar –, no sentido de quem nasce e cresce em outros corpos organizados.

Porque ali a construção constituiria um aspecto fundamental do desenho e da forma da arquitetura.

As pontes enquadram-se no esquema tripartite do edifício.

Simetria e similaridade contam no forte edifício. As pontes constroem o novo eixo central sugerido pela nova orientação do edifício, e o *belvedere* obedece a excepcionalidade do lugar. A similaridade sugere rampas nos dois níveis.

As imagens de Giambattista Piranesi nos *Carceri* são análogas.

Na Pinacoteca, descascam-se as paredes desprovidas de revestimentos e ornamentos que escondiam poderosas alvenarias, fábrica de tijolos de textura e presença fabulosas em que, como costuma acontecer nas ruínas, o mito da construção alcança um resistente e persistente apelo e em que, o estado inacabado e bruto dos materiais sugere uma experiência estética contundente. Tal assepsia, ao descarnar, reconhece que os agentes portantes constituem a ação primordial, simultaneamente essencial e material, de uma construção, que neste caso não é propriamente uma estrutura de tipo reticulado – elementarizada em vigas e pilares ou de tipo ósseo e gótico, associada ao esqueleto animal –, mas sim uma estrutura ancestral de muros de carga com índole romana. Paredes e engrossamentos com colunas adoçadas ou pilastras pareadas, inventadas nas perspectivas de Donato Bramante para a casa de Rafael em Roma.

Ruínas são testemunhos de antecessores – elementos e documentos da base cultural que antecedem e que se herdam. Aspectos que são guardados para neles poder reconhecer, entender e explicar a base cultural do passado.

Do outro lado, uma visão estrita e moderna: a que teria emancipado um país anteriormente colonizado.

A inversão de entrada ao edifício surge como o princípio da intervenção: quer *corrigir* um acesso sufocado e comprimido, muito próximo à barulhenta e movimentada avenida Tiradentes, deslocando-o para o aprazível jardim lateral voltado para a estação da Luz, em logradouro mais pacato e humano. Mas quer mais. Também quer reorganizar a visão labiríntica, alterando os sentidos em todos seus sentidos e dando assim escusa para introduzir pontes-passarelas que tornam os percursos claros, retilíneos e talvez algo redundantes. Tal inversão legitima-se em crítica, em certo desprezo a um edifício acadêmico em estilo neoclássico, e ao mesmo tempo na possibilidade de recuperá-lo, submetendo-o à operação moderna e purificadora, ou a uma intervenção técnica.

Um julgamento isento poderia sugerir o contrário: não há transgressão, nada acontece na intervenção do edifício neoclássico que não estivesse previsto em seu rígido esquema planimétrico e distributivo. As pontes são absolutamente devedoras dos abstratos eixos de simetria. Sua colocação em dois níveis corresponde à noção clássica de similaridade, que leva por este raciocínio a repetir os mesmos elementos em situações similares – o que um raciocínio funcional não recomendaria, por ser a circulação interrompida pelo octógono no nível superior.

É difícil imaginar que um edifício de matriz clássica possa ter circulações ou espaços labirínticos, já que seus esquemas funcionais e distributivos estão fundamentados na clareza e obviedade de sua organização em planta. Portanto, a dificuldade de orientação e a falta de legibilidade deveriam ser atribuídas ao reconhecido estado degradado e deturpado que muitos anos de mal e irresponsável uso haviam imposto ao edifício do museu: uma planta tripartida com octógono central e pátios retangulares laterais e abertos em simetria biaxial. Nada pode ser mais imediato, consensual, conhecido e evidentemente pouco inspirado, já que pertence a um tempo em que a invenção não era um valor. A inversão do acesso diminui, no uso, o caráter classicizante da planta, já que entrar pela lateral sugere mais uma série de ambientes justapostos e menos uma simetria.

Há um discurso moderno e ortodoxo de quem olha a história com valores contemporâneos e, portanto, a subestima. No entanto há, por outro lado, uma atitude distinta de projeto, que consegue reconhecer nos edifícios da história valores permanentes da arquitetura, distantes de qualquer nostalgia ou romantismo, incorporando-os e com eles reagindo. Aqui a ação adquire um significado renovado e avesso ao texto moderno.

Na verdade, as pontes-passarela estão mais para afirmar que após cruzar o pátio se está, agora, dentro do edifício, e menos para retificar qualquer insuficiência de circulações.

Os pátios abertos são transformados em salões interiores de pé-direito triplo, protegidos por diáfanas coberturas planas de vidro que, apesar de parciais, sugerem o empacotamento do edifício e insinuam sua catalogação. A retirada das esquadrias diminui o aspecto exterior de fachada das paredes e dramatiza o aspecto de ruína das aberturas. Além disso, a continuidade do piso de granito do piso inferior somado à passarela nos dois níveis reforçam a ambivalência entre interior e exterior.

A laje do octógono no segundo pavimento amplia a importância desse nível.

Pode ser que o próprio classicismo (sempre) execrado tenha armado suas armadilhas. Frágil como invenção, é potente no seu sentido comum e convincente. Aos mesmos lugares e situações correspondem os mesmos elementos. Tal visão clássica do mundo que considera a noção de perfeição e a consequente unicidade provavelmente estimula um moderno projeto de intervenção a repetir as passarelas sobre os pátios nos dois níveis do edifício quando, na verdade, a travessia não se completa pela inexistência de passagem através do octógono.

Fiesp

Não há exceções nesta arquitetura, muito menos episódios. A estrutura define as arestas brancas de um prisma retangular transparente grudado na barriga da estrutura mastodôntica ou faraônica. E o anterior edifício, centrado em um terreno, começa a ganhar padrões de implantação. A extensão do prisma até a divisa direita do terreno amarra o térreo e consequentemente restitui um valor à elevação frontal que Golias nunca havia tido. O recuo do térreo com a demolição da laje permite balançar na frente a estrutura metálica, novamente diferenciando intervenção e intervindo. O plano nobre que se destaca da calçada pública a partir da avenida é substituído por níveis desencontrados, que subvertem e conferem novo sentido para o lugar. Reafirma o sentido público, com a dilatação das calçadas e do espaço, com a transparência que permite desnudar, perpassar e atravessar com a vista e com a exposição apresentada ao pedestre como vitrine da galeria. A intervenção não se concentra no acrescido, pois compreende que há de se conferir novo valor ao existente.

A técnica apenas pode comparecer como ideia ou partido de arquitetura na forma de estrutura, mas tampouco se trata de qualquer estrutura. Está se falando de esqueletos.

É possível que na arquitetura moderna a relação dos arquitetos se estabelecesse no campo da técnica e que tal relação atualmente tenha sido transferida para uma relação entre arquitetura e tecnologia.

É possível que Paulo Mendes da Rocha prefira valer-se mais da técnica e menos da tecnologia. De uma técnica que pode ser quase confundida, como em origem de fato ocorria, com a arte ou com a ciência. De uma técnica que penetra em todas as atividades humanas, como um processo genérico ou operação qualquer que trata de atingir um efeito determinado. Para Paulo Mendes da Rocha, existe um Brasil genuíno e longínquo das imposições e das modas estrangeiras que provavelmente será reencontrado por uma técnica que dê conta não apenas da construção ou fabricação de objetos tangíveis, mas também das relações sociais e do homem. Não se trata de uma técnica da eficiência e menos ainda de uma que vise reprodutividade ou consumo, mas sim de outra, que resulta da inteligência humana e que produz feitos simultaneamente simples e memoráveis.

artigo 8 sophia s. telles
LÚCIO COSTA: MONUMENTALIDADE E INTIMISMO
[1989]

A obra construída de Lúcio Costa é relativamente pequena, mas a obra escrita – composta de vários artigos publicados em revistas, a maioria deles recolhidos em 1962 e 1970[1] – ajuda a compreender melhor o sentido de sua ação. Reconhecidamente a referência mais importante para uma parte da moderna arquitetura brasileira, sobre Lúcio Costa pouco ou nada foi escrito, e ele próprio manteve-se em uma posição discreta e algo isolada, especialmente após 1938, ano do Concurso para o Pavilhão do Brasil em Nova York, feito posteriormente em conjunto com Oscar Niemeyer[2]. É provável que uma avaliação de seu trabalho somente seja possível depois que a arquitetura brasileira tenha constituído uma obra suficiente para que nela se entreveja o partido delineado por Lucio há muitos anos, menos um repertório de formas ou uma determinação construtiva do que uma atitude[3] diante da modernidade, sempre demarcada por um olhar retrospectivo sobre nosso passado colonial. A inevitável abordagem literária do pensamento de Lúcio Costa deve-se, portanto, à descrição poética dos seus memoriais e aos seus depoimentos sobre a arte, a arquitetura e o Brasil.

Uma primeira indicação da maneira particular pela qual Lúcio considera a civilização industrial aparece de forma reservada em alguns poucos textos, em que deixa entrever uma leve desaprovação ao modernismo importado, referindo-se provavelmente aos modernistas paulistas. Em 1948, respondendo a Geraldo Ferraz sobre a primazia do projeto moderno no Brasil, Lúcio afirma que a obra de Niemeyer não proviria de fonte secundária (Warchavchik), mas de um vínculo direto com Corbusier, além de manter a afinidade com a tradição colonial. Nesse depoimento, confirma a sua própria contribuição para "neutralizar o complexo *modernista*". Em 1951, Lúcio observa que as atitudes *a priori* do modernismo oficial jamais seduziram o grupo de arquitetos cariocas que estudava a arquitetura moderna, especialmente Corbusier, entre 1931 e 1935, e como diz, "tornaram-se modernos sem querer"[4]. A ansiedade, que em São Paulo havia configurado o mundo moderno como a tensão sempre iminente na passagem da condição provinciana à cosmopolita, parece não afetar Lúcio. Ao contrário, a era industrial deveria permitir o "estilo diferente de vida, equilibrada e serena – o oposto [...] da agitação febril erroneamente associada à ideia de *vida moderna*"[5]. Se as novas técnicas preconizam o "progressivo e fatal abandono das soluções técnicas regionais"[6], os valores da tradição construtiva da colônia – a simplicidade, a harmonia e a austeridade – deveriam reger o sentido e a intenção do projeto moderno. Somente se a arquitetura pudesse constituir um fio de ligação com o passado colonial, ela seria efetivamente significativa e escaparia aos modismos estilísticos, inclusive dos falsos modernismos. Lúcio defende que a honestidade construtiva da arquitetura moderna, especialmente daquela ligada à tradição latina e mediterrânea, representa a possibilidade de resgate dos valores que haviam sido afastados pelo ecletismo do século 19 e mesmo pelo neocolonial[7].

A vinda de Corbusier para a América do Sul em 1929, representou, como é claro, um impulso para a arquitetura no Brasil, e em 1936 o arquiteto já fora escolhido por seus fundamentos doutrinários. Segundo Lúcio Costa, esses fundamentos integravam "os três problemas distintos que interessam e constituem [...] um problema único: o problema *técnico* da construção funcional e do seu equipamento; o problema *social* da organização urbana e rural na sua complexidade utilitária e lírica; o problema *plástico* da expressão arquitetônica na sua acepção mais ampla e nas suas relações com a pintura e a escultura"[8]. A questão de base ressaltada pelo arquiteto brasileiro é que, ao contrário das contradições oriundas das limitações da produção artesanal, a técnica moderna possibilitaria resolver materialmente o dilema, o conflito do interesse individual em face dos interesses coletivos. Tal seria "o traço definidor da verdadeira Idade Industrial". Nas suas palavras, justiça social por imposição da técnica e não por "solidariedade humana e caridade". Lúcio aponta o descompasso entre uma ordem social ultrapassada e as possibilidades reais da modernização técnica, que se encontraria, por isso, tolhida no "ritmo normal de sua expansão"[9]. Desloca assim o enfrentamento dos problemas da modernidade social e política no país para as soluções da racionalidade técnica, seguindo aqui a postura de Corbusier. De outro lado, Lúcio procura um vínculo entre o procedimento construtivo do passado e as novas técnicas do concreto armado, e afirma que a necessidade de estudos sobre os sistemas de construção resultariam afinal na demonstração de que mesmo a arquitetura moderna – ainda na referência a Corbusier e a sua crença positiva no progresso – enquadrava-se na "evolução que se estava normalmente processando". Na linhagem francesa que parte de Viollet Le Duc, toma como base a casa rural e não igrejas ou palácios, a exemplo das construções portuguesas, rudes e acolhedoras, que demonstrariam melhor a qualidade da "raça", com seu aspecto "viril", e, "na justeza das proporções, ausência de *make-up*, uma saúde plástica perfeita". No Brasil, leva em conta, especialmente, a casa do colono, "a única que ainda continua *viva* em todo o país". Na descrição de Lúcio: "É sair da cidade e logo surgem à beira da estrada [...] feitas de *pau* do mato próximo e da terra do chão, como casas de bicho [...] e ninguém liga de tão habituado que está, pois *aquilo* faz mesmo parte da terra como formigueiro, figueira-brava e pé de milho – é o chão que continua [...]". E assinala em outro momento que "o engenhoso processo de que são feitas – barro armado com madeira – tem qualquer coisa do nosso concreto-armado. [...] Por ser coisa legítima da terra, tem para nós, arquitetos, uma significação respeitável e digna enquanto *pseudomissões, normando ou colonial*, ao lado, não passam de um arremedo sem compostura"[10].

Lúcio terá desejado constituir um léxico construtivo que na sua utilização funcional pudesse retomar uma tradição, aquela que identifica com a severidade e o ascetismo da arquitetura moderna. De certo modo, busca uma unidade assentada na *integração* entre o vernáculo perdido do passado e os novos procedimentos, mais do que na *síntese* formal que é própria de Corbusier. A diferença de atitude entre os dois arquitetos é significativa. A questão é que Corbusier não identifica imediatamente as construções da era industrial com a obra de arquitetura. Reconhece que o estilo da época já está aparente e provém das transformações operadas pela civilização maquinista. Se, de um lado, bate-se pela aceitação do *standard*, da industrialização, das casas em série e da tão conhecida organização das funções, por outro lado distingue a arquitetura como um fato plástico, busca uma nova estética sob as regras mais abstratas da modernidade em sua adesão à arte moderna e especialmente ao cubismo. De fato, a confiança nos novos procedimentos e a sua exaltação não se confundem com o que Le Corbusier chama algumas vezes de "emoção plástica" e outras, de "sensação arquitetural". A técnica diz respeito, portanto, mais ao estilo da época do que à arte que, se deve participar do *Esprit Nouveau*, mantém-se, entretanto, quanto à forma, prerrogativa do arquiteto.

É essa liberdade de pensar a arquitetura para além das coisas utilitárias que faz Lúcio inclinar-se também para Corbusier. Descarta assim os demais arquitetos, que considera mecânicos na adequação mais imediata da forma à função, embora ressalve Gropius e, especialmente, Mies Van der Rohe. Sem dúvida o projeto de Corbusier reafirma em Lúcio a disposição de conciliar arte e técnica em uma direção paralela, mas não tão próximas que escapem ao significado singular que Lúcio vai deixando entrever na sua defesa do projeto moderno no Brasil. Nele, arte e técnica ganham um outro sentido, uma distância, mais do que uma proximidade.

Na referência clássica e mediterrânea de Corbusier, que a Lúcio tanto interessa, a arte deveria voltar aos cânones de perfeição, da qual a civilização técnica como segunda natureza é agora o modelo: "um estado novo de coisas está lá, implacável", e este século nos dá os meios de realizar "na pureza dos conceitos puros"[11]. Se a técnica é, nas palavras do arquiteto, o suporte de um novo lirismo, Corbusier reafirma a emoção plástica como uma atitude eminentemente intelectual: "Na atmosfera pura do cálculo reencontramos certo espírito de clareza que anima o passado imortal". A nova perfeição abre caminho a "esta aspiração do espírito para o definido e a pureza"[12], no sentido preciso da clareza cartesiana. As figuras geométricas, destituídas dos excessos ornamentais do ecletismo, permitem afinal o tão decantado jogo dos volumes sob a luz. Em Corbusier, portanto, a unidade entre a arte e a técnica é regida essencialmente pela visualidade, e a eventual presença de elementos vernaculares, ou da planta palladiana, dobra-se à função moderna por meio de uma síntese formal poderosa que destrói a literalidade das referências, ao subjugá-las à operação abstrata de seu partido.

Em Lúcio, ao contrário, a tentativa de recuperar os valores do passado acaba por configurar nos próprios procedimentos construtivos o lugar de uma outra unidade, mais problemática. Ao longo de seus textos, ele faz uma sutil diferença quanto ao caráter da fruição estética, ao transformar a emoção plástica nas palavras *sentimento* ou *intuição poética* quanto à escolha deste ou daquele elemento, escolha esta que é a "essência mesmo da arquitetura". Para Lúcio, "se a arquitetura é fundamentalmente arte, não o é menos fundamentalmente construção. É, pois, a rigor, construção concebida com intenção plástica". Tal intenção não atua de uma forma abstrata, mas condicionada sempre pela "consciência do sentido verdadeiro dessa preciosa experiência acumulada"[13]. Talvez por isso, por ter buscado constituir uma tradição, o arquiteto brasileiro não poderá distanciar-se totalmente da prática acadêmica da arquitetura, na qual será a qualidade dos vários agenciamentos – os técnico-funcionais e os históricos – que deixará aflorar, ao fim, a sensibilidade do artista na intenção do projeto. Se a emoção estética em Corbusier provém do julgamento da bela proporção, o sentimento é antes uma disposição imediata, um contato direto com o mundo sensível. Em Lúcio, a "complexidade utilitária e lírica" parece ordenada pela presença perene da natureza e pela memória da paisagem colonial. Retira assim da arte o papel ativo de configuradora do espaço moderno – que reserva mais à racionalidade técnica – para depositá-lo em uma sensibilidade contemplativa. À arte caberia o sentimento e a intuição de integrar a cultura do passado à nova civilização.

A grande diferença entre os dois arquitetos refere-se à posição de onde partem. Para Corbusier, a defesa do mundo técnico é uma estratégia que faz de sua obra uma tática ofensiva. Em Lúcio, há uma ambiguidade na medida em que a arte e o artista, se devem identificar-se com um projeto civilizatório, ocupam no entanto uma posição defensiva ante as relações sociais engendradas pela era moderna. Mas é importante ressaltar aqui a referência ainda de Corbusier e sua visão virgiliana da casa de campo, a reminiscência, em seus projetos, dos urbanistas utópicos do século 19 e a defesa insistente da vida simples e frugal, mesmo em suas monumentais *Unités d'habitation*. De certa maneira, a identidade forte entre ambos diz respeito à atenção ao lugar do indivíduo em uma sociedade de massa.

Mais de uma vez, Lúcio define a solução da arquitetura moderna para a moradia em termos "igualmente individuais" para as grandes massas de população, ao descrever as vantagens da concentração em altura e áreas mínimas por morador, desde que se preservem os serviços comuns e se obtenham grandes extensões de área arborizada, "a fim de assegurar a todos os moradores perspectiva desafogada e a benéfica sensação de isolamento". Os edifícios, grandes blocos isolados, capazes de liberar grandes áreas de terreno, garantiriam "maior desafogo visual e, como consequência, maior sensação de intimidade"[14]. Não defende, como é claro, a existência do espaço privado, ideia excessivamente burguesa para as inclinações socializantes da arquitetura moderna, mas a garantia da vista desimpedida que isola o indivíduo do apertado contato com a multidão. As objetividades técnicas e funcionais parecem deslizar, assim, ao encontro dos valores do passado: o isolamento da casa rural e a intimidade com a natureza.

Para Lúcio, a técnica é um pano de fundo que deverá suprir as carências mais imediatas – o que, no caso do Brasil, é quase tudo, mas à arquitetura cabe reparar a maior carência de um país novo: a necessidade de cultura. Um esteta muito mais do que um político, o que defende é a possibilidade de uma manifestação de cunho brasileiro. Poderíamos substituir a palavra *brasileiro* por *nacional*, mas será mais prudente manter a primeira, porque nação implica cidadania, e o que Lúcio reivindica é um sentimento de brasilidade constituído pela história mais do que pela política. O arquiteto reconhece que a educação de um povo requer várias gerações, e daí o desconforto frente à problemática pobreza, em todos os sentidos, do país. A modernização iminente deveria suprir, portanto, uma dupla falta, como se fora possível justapor o passado ao presente na linha do futuro, refazendo de certa maneira o fio da história por uma consciência perspectiva. Mas não será possível. Nenhum estudo sistemático, nenhuma cultura erudita seriam capazes de provocar uma transformação sem o engajamento na situação presente.

Lúcio, mais ainda do que Corbusier, parece recuar ante os efeitos da civilização industrial; em sentido amplo, ante o caráter propriamente urbano da sociedade de massa. Se a voracidade antropofágica dos modernistas de São Paulo se debatia em razão dessa modernidade próxima, Lúcio se ressente na verdade de outra proximidade: a de um passado que não sedimentou uma tradição, uma memória que se vê esgarçada e cujo sentido escapa. Embora otimista quanto às possibilidades da era industrial, não consegue esconder certa desconfiança em relação ao próprio país, e seu olhar sobre a colônia parece tombar sob o peso de um presente fechado sobre si mesmo, como se fora um lapso não identificado na própria imagem da tradição. A memória é assim um esforço, algo intelectual para reconhecer aqui e ali traços permanentes de uma continuidade. Em alguns de seus textos iniciais, Lúcio demonstra uma melancolia, quase um conformismo diante da pobreza do país, do povo inculto. Em algum momento chega a falar da precariedade da "raça" e que, no fundo, cultura é uma coisa de raça[15]. Não fora a esperança de que mais tarde o advento da produção industrial e a educação impulsionada pela autoridade do Estado[16] pudessem agir nesse sentido transformador.

Não se pode saber das razões que fizeram o arquiteto recolher-se muito cedo a um reservado segundo plano, mas deve-se reconhecer a admirável independência de pensamento que lhe permitiu romper com os tradicionalistas do neocolonial para advogar o projeto de Corbusier, e lhe permite igualmente a defesa de Niemeyer e sua práxis voluntariosa.

Lúcio distingue no artista a absoluta liberdade de criação embora tal liberdade muitas vezes se distancie dos pressupostos que defende como a intenção correta para a arquitetura moderna no Brasil. Sobre a criação artística dá uma definição: "O conjunto da obra criada por um determinado artista constitui um *todo* autossuficiente e ele – o próprio artista – é legítimo *criador* e único senhor desse mundo à parte e pessoal"[17]. O que admite em Niemeyer, na referência a Corbusier, abre uma distância entre sua própria visão da arquitetura, assentada em uma base vernacular, severa e simplesmente ordenada pelos pressupostos modernos, e a liberdade de manifestação individual. Em outros textos, Lúcio exporá as razões dessa defesa. O artista deve condensar as aspirações do povo, deve catalisar as emoções populares e "comover" com sua obra "o coração das massas"[18]. É como se o artista devesse sintetizar o sentimento do país. E é o sentimento, não o julgamento da arte, o que está em questão.

Surpreendentemente para um arquiteto moderno, Lúcio mantém de sua formação acadêmica, junto com a noção de gênio, a disposição passiva da arte – suavizar o mundo do trabalho como uma fonte de recreação e lazer –, o que lhe permite conciliar as posições que defendem a arte pela arte com aquelas da arte social[19]. Mas não era essa sua questão. O afastamento em relação à sociabilidade moderna, desdobrado na visão contemplativa da arte, identifica-se com o isolamento e a intimidade que desenhara sob a imagem de um passado austero e simples. A defesa da liberdade do artista responde à mesma atitude com respeito à ação desencadeadora da técnica e, especialmente no Brasil, ao embate que deve travar com um presente sem tradição e, por isso mesmo, carregado da irrespirável grosseria de um país novo. Manteve-se, por isso, distante das implicações políticas da arte realista[20] e, como arquiteto, procurou um estilo que não se resumisse às transformações da civilização técnica. Em suas palavras, é o *modo de ser* brasileiro, depositado nas reminiscências do vernáculo mais popular, nos elementos anônimos da colônia, que desejou ver resguardado pelo projeto moderno. Mas entre o passado colonial e o futuro trazido por Corbusier, Lúcio não terá se conformado, talvez, à dissolvência do presente moderno que reconhece como uma transição necessária, que se pode deduzir, aqui e ali, nos seus comentários sobre a banalidade da vida cotidiana no Brasil, na graça e na fina ironia diante da incultura do país e na irritação incontida frente à insensibilidade da burguesia.

O afastamento de Lúcio aponta para o impasse entre a imagem de uma individuação marcada pelo sentimento e pelo afeto, configurada nas marcas culturais do passado, e a rarefeita subjetividade moderna. Mas essa é a questão mesma do modernismo no Brasil. A arquitetura, em muitos de seus projetos posteriores, não escapará a essa distância, ao vazio entre a cultura e a civilização, se pudermos dizer assim. Os projetos que se constituem sob a influência de Lúcio, exatamente porque se debruçam sobre o país, deverão atingir a modernidade, mas em um ou outro sentido: por meio da *imaginação*, que termina por depositar a cultura no desenho da natureza (Niemeyer), ou pela *política*, que se desenha nas formas da racionalidade técnica (Artigas). Mas a referência aos projetos de Lúcio se fará identificar em muitos dos arquitetos seus contemporâneos. Será preciso, então, demarcar antes algumas questões.

Entre os poucos projetos edificados de Lúcio Costa, dois são representativos do modo como o arquiteto resolve tanto um partido moderno quanto um projeto de raiz vernacular, integrando ambos os procedimentos. Os edifícios do Parque Guinle no Rio de Janeiro (1948-1954) e o hotel de Friburgo (1944) são exemplares de seu raciocínio. Os primeiros apresentam uma estrutura básica corbusiana: pilotis, plantas variadas, duplex, brise-soleil. A locação dos prédios visa a deixar o parque o mais intocado possível e libera a vista mesmo sob orientação térmica desfavorável. A solução da fachada a ser protegida é curiosa. A malha cartesiana da estrutura constrói um plano estável, que deverá ser contraposto quando preenchido pela disposição alternada dos panos rendilhados dos cobogós[21] sempre variados em densidade, e varandas semiprotegidas por brises verticais. Embora não haja uma simetria simples na composição das unidades, o ritmo das aberturas enfatiza novamente a malha ortogonal onde estão contidas. A extensa superfície do edifício não deixa assim de ser resolvida em uma operação compositiva de janelas e varandas que tende a dissolver a ambiguidade entre o interior e o exterior, sugerida pela sucessão de panos vazados.

A solução de Lúcio é evidentemente de grande qualidade plástica: a decisão de abrir *janelas* em uma superfície já perfurada adquire o valor poético de acentuar a disposição de abertura, ao mesmo tempo em que recupera o sentido de vedação da parede construída. Da mesma maneira, a textura minuciosa que o olhar aos poucos vai apreendendo na extensa malha do edifício acaba por construir uma superfície que dissolve o seu próprio valor translúcido. O projeto indica uma das questões mais interessantes para a arquitetura desse período: a possibilidade de conciliar a exterioridade da planta moderna com a referência colonial, exatamente oposta, de fechar e defender a intimidade da construção.

O fato é que o uso do cobogó é radicalmente diferente do significado do brise-soleil, embora ambos estejam aparentemente cumprindo uma mesma função. O cobogó tem o caráter de elemento de justaposição, sua escala é artesanal e é uma variante das treliças que protegem o interior das casas coloniais. Do lado externo, o efeito do rendilhado adquire o valor de uma superfície e, portanto, de vedação. Como é claro, o seu encanto maior se produz pela vista interior, ao difundir uma luminosidade rebaixada e íntima. De qualquer maneira, a treliça ou cobogó cumprem a função de fechamento do edifício, permitindo ao mesmo tempo ventilação e luminosidade onde não se deseja uma relação com o exterior.

O brise-soleil, invenção de Corbusier, é, ao contrário, um recurso para manter a noção de exterioridade sem prejuízo da proteção contra o sol. Como uma solução integrada ao projeto, constrói-se à escala do edifício e se identifica por isso sua estrutura. A relação que estabelece entre interior e exterior se equivale formalmente na medida em que a escala do desenho produz um efeito gráfico na fachada que se movimenta continuamente para dentro e para fora, destruindo a percepção de uma superfície estável em favor de um plano ativo.

A presença de treliças e cobogós será muito comum em projetos dos anos 1940 e 1950. A arquitetura moderna brasileira parecia se instaurar pela integração da referência corbusiana com esses elementos tradicionais, logo acrescidos do uso dos azulejos, recurso aventado primeiramente no edifício do Ministério da Educação e Cultura (1936-45)[22]. No entanto, em muitos projetos, os elementos vazados pouco a pouco farão uso de uma retícula mais aberta, que empresta valor gráfico ao jogo de luz e sombra. Parecem assim conquistar a relação com o exterior que o brise sugere, perdendo de certa maneira a referência colonial para se transformar em um equipamento moderno.

Subjacente à ideia dessa integração, reconhece-se, na verdade, uma tendência aos espaços abertos, tanto pelo uso de balcões e terraços quanto pela amplidão dos espaços internos protegidos por essa membrana translúcida. A mais forte imagem da casa brasileira parece vir da descrição que Lúcio faz da evolução das construções depois de 1900, ao comentar a presença crescente da varanda. Segundo o arquiteto, dependendo da orientação, seriam elas o melhor lugar da casa para se ficar, verdadeira "sala completamente aberta"[23]. Mario Pedrosa, em 1959, comenta que os arquitetos modernos brasileiros desejariam quase "casas ao ar livre, todas extrovertidas"[24], não fora a exigência de sombra em clima tropical.

Ora, o resguardo do interior pela treliça – resíduo dos muxarabis[25] – é uma solução frequentemente urbana da arquitetura colonial mineira, embora possa ser encontrada em algumas casas rurais, mas na paisagem esplendorosa do Rio a treliça e os cobogós adquirem, muitas vezes, um outro sentido: o de trazer a natureza para a intimidade, o exterior para o interior. Inverte-se assim, sutilmente, a qualidade do intimismo. Alguns projetos iniciais de Niemeyer indicam esse movimento. Em obras dos anos 1940 e 1950, o arquiteto transforma o caráter de vedação da treliça ao deslizar as divisórias para a frente e inclinar o perfil da varanda, às vezes suspendendo-as do teto como um simples quebra-sol, ou deixando o terraço parcialmente resguardado avançar para o exterior. A intimidade que produz é assim claramente com o entorno. Por seu lado, o uso cerrado do cobogó será perfeitamente percebido pelo arquiteto na sua qualidade de fechamento. Em edifícios onde a escala artesanal desaparece pela repetição extensa, os elementos constroem um pano único, necessário à manutenção do volume.

A solução das aberturas em vários projetos brasileiros, ao desdobrar tanto as formas dos cobogós quanto as dos brises, parece definir o projeto, cada vez mais, como o desenho vazado de uma estrutura a ser preenchida tanto por esses elementos quanto pelo uso frequente de azulejos, que indicam na parede de alvenaria o seu caráter de simples vedação[26]. Niemeyer tem inúmeros exemplos dessas estruturas, algumas já movimentadas por curvas, como o teatro (não realizado) em frente ao MEC, ou a fábrica da Duchen. Nos seus projetos, o volume se construirá muitas vezes como decorrência do deslocamento ou da repetição desse perfil estrutural. Em obras mais recentes, a partir de Brasília, o contorno do corpo do edifício se converte ele mesmo em um perfil, em um simples desenho que acaba por sublimar o interior pela transparência virtual da matéria, pintada frequentemente de branco. Daí em diante, as aberturas são anuladas ou quase dissolvidas nas superfícies de vidro, que se recolhem atrás dos grandes arcos.

No momento, cabe lembrar apenas que o partido corbusiano de dar às aberturas um tratamento eminentemente plástico responde à necessidade de reafirmar o prisma geométrico, constante ao longo de sua obra. No Brasil, o volume cederá lugar à linha horizontal das grandes coberturas, que é a marca da chamada Escola Paulista[27]. A partir dos anos 1960 a escola defenderá o caráter técnico das construções pela simplificação e economia do partido, aliado à ideia da pré-fabricação. Os espaços completamente abertos deverão, entretanto, assumir a conotação político-ideológica dos lugares destinados ao uso coletivo e democrático. A estrutura desenhada como uma grande marquise, solução evidentemente de exterior, dissolve, finalmente, o valor das aberturas.

Voltando a Lúcio Costa, veremos como o hotel de Friburgo expressa de outra maneira a ideia de integração dos elementos tradicionais e modernos, em sentido inverso ao dos edifícios do Parque Guinle. A planta segue uma disposição moderna, enquanto o processo construtivo utiliza-se de materiais tradicionais: pilares e vigamentos de madeira e gradil de treliça na varanda superior. O projeto suporta, apesar disto, um grande pano envidraçado no térreo, solução que reforça, pela transparência, o sentido moderno dos pilotis, pois libera o solo para a vista e para os espaços comuns, embora mantenha o caráter de proteção da treliça para resguardar a intimidade dos quartos.

Ambos os projetos – Parque Guinle e hotel de Friburgo – atestam a qualidade dos dois procedimentos, pela atenção à escala. Fosse o cobogó um simples detalhe, a solução do Parque Guinle seria tímida e correria o risco de se tornar decorativa. Em Friburgo, caso o pano de vidro se reduzisse a algumas aberturas, tornar-se-ia um elemento estranho ao partido rústico do edifício. Dos projetos conhecidos, o Parque Guinle é o que mais se aproxima da síntese corbusiana, pela atualização delicadíssima do brise e do cobogó. Já o hotel é exemplo claro da integração, da justaposição de elementos que desejam manter a integridade das referências. No primeiro, o tratamento da fachada é essencial para definir a geometria do edifício, mas no segundo a associação dos vários procedimentos dissolve, de certa maneira, a atenção à forma. Esse pequeno hotel de montanha não deixa de carregar uma atitude mais literária, abrasileirado pela varanda e cujos detalhes construtivos são o seu maior encanto.

O hotel de Niemeyer em Ouro Preto é, entretanto, um indicador da dificuldade desses duplos agenciamentos. Construído em concreto e alvenaria, segue a disposição colonial das varandas protegidas por treliças, organizadas para proteger apartamentos duplex. Se Lúcio resolve com mestria a adequação de uma referência vernacular a um raciocínio moderno, o hotel de Ouro Preto padece de uma indecisão frente ao ambiente histórico em que se encontra. O projeto seguramente representou para Niemeyer um constrangimento difícil de superar. O partido colonial que deveria seguir para não romper a malha da cidade era demasiado estranho ao seu próprio raciocínio. Em função do terreno escarpado, Niemeyer optou pela leveza de pilotis excessivamente altos que vazam a entrada do hotel e continuam até o último andar, deixando o volume dos quartos em uma situação aérea em relação à cidade, embora mantenha a linha horizontal e o telhado baixo, próprio da paisagem colonial. A estrutura do hotel aparece como que destituída da matéria espessa do casario, implantado compactamente ao longo dos morros. O aspecto vazado do hotel aliado ao tratamento contínuo das janelas superiores, faz com que o uso da treliça nas varandas se revele algo postiço, assim como as rampas de acesso, sustentadas por arrimos de pedra, não se definem como continuidade da rua ou como um elemento do projeto. Vista ao longe, a verticalidade da estrutura contrapõe-se à massa horizontal dos sobrados, uma situação ambígua entre a desejada adequação à cidade colonial e o raciocínio moderno do qual, evidentemente, partiu.

Sem dúvida, a resposta de Lúcio no hotel de Friburgo demonstra um controle mais seguro do partido, mas a aparente identidade entre a lógica construtiva da colônia e a do projeto moderno não consegue sublimar o frágil horizonte de um passado que não se impõe senão como um exercício de caráter mais afetivo e, por isso mesmo, sempre no limite de uma nostalgia. O partido de Niemeyer se desenvolverá em outra direção. Já em 1938, no projeto conjunto para o Pavilhão do Brasil na Feira de Nova York, o desenho inicial de Lúcio desaparece em favor de um volume vazado e permeado de curvas que prenuncia o projeto pessoal de Niemeyer. Em vários depoimentos o arquiteto aponta o período entre 1936 e 1940 como o momento em que começa a se distanciar do funcionalismo e da arquitetura do ângulo reto, defendendo as possibilidades abertas pelo uso do concreto armado, o que permite em suas palavras, as formas mais livres e líricas, sugeridas pelas reminiscências da paisagem do país, pelas curvas femininas e pela memória da infância[28]. Dessa maneira, Niemeyer aos poucos se afasta do léxico construtivo que Lúcio tentara desenvolver para a arquitetura no Brasil. Enquanto Lúcio pretende que a consciência aflorada do passado possa conferir sentido ao presente, Niemeyer afirma uma vontade expressiva que quer liberar a experiência imediata, o contato sensível com a natureza.

Não há como escapar à leitura dos textos de Lúcio Costa sobre urbanismo. De seus vários projetos, Brasília é o único realizado, além do projeto de urbanização da Barra da Tijuca, no Rio, parcialmente implantado e já modificado. Os memoriais descritivos, entretanto, são muito significativos para a compreensão não apenas de seus projetos, mas da influência que exerce sobre parte da arquitetura moderna no Brasil.

As referências ao projeto urbanístico de Corbusier não serão levantadas em todas as suas implicações. O importante, no momento, é analisar a maneira como Lúcio interpreta a vinda de Corbusier ao Brasil. Sobre o plano que o arquiteto traça para o Rio, ele escreve em 1951: o extenso viaduto, "terrenos artificiais [...] todos com frente desimpedida para a vista da serra ou do mar", fora concebido com "aquela facilidade e falta de inibição própria do gênio, uma ordenação arquitetônica monumental". O que comove o arquiteto é o fato de que "semelhante empreendimento, verdadeiramente digno dos tempos novos, [...] [seja] capaz de valorizar a excepcional paisagem carioca por efeito do contraste lírico da urbanização monumental, arquitetonicamente ordenada, com a liberdade telúrica e agreste da natureza tropical"[29].

Em um texto de 1952, desenvolvendo sua concepção em relação à natureza, Lúcio Costa define o que entende pelo conceito moderno de urbanismo:

as "obras, cem por cento funcionais, se expressarão em termos plásticos apropriados, adquirindo assim, sem esforço, [...] certa feição nobre e digna, capaz de conduzir ao desejável sentido monumental". Mais adiante: "monumentalidade que não exclui a graça, e da qual participarão as árvores, os arbustos e o próprio descampado como complementos naturais, porquanto o que caracteriza o conceito moderno de urbanismo [...] é [...] a abolição do *pitoresco*, graças à *incorporação efetiva do bucólico ao monumental*"[30]. No decorrer dos memoriais descritivos, a ideia de monumentalidade se desdobra sob imagens variadas e parece assumir um caráter particular, à medida que a paisagem se afirma como uma presença mais definida. É preciso atentar, portanto, a essas variações, desde a Universidade do Brasil (primeiro projeto, 1936), passando pelo conjunto de Monlevade (1934), Brasília (1957) e o projeto para urbanização da Barra da Tijuca (1969).

No anteprojeto de 1936 para a Universidade do Brasil, Lúcio observa que construir sempre significou "obstruir a paisagem" e que as atuais construções sobre pilares (1,60 m do solo) permitem que o horizonte continue desimpedido, contribuindo para "maior sensação de espaço e consequentemente de bem-estar". Ao descrever o conjunto de edifícios de "caráter monumental, ricos em expressão plástica", adverte, entretanto, que na paisagem atormentada do Rio impõe-se maior sobriedade, "com o predomínio da horizontal". Como descreve o acesso da Universidade: "vencido o pórtico, estamos na grande praça [...] vendo-se no último plano a horizontal das primeiras escolas. A impressão de serenidade e grandeza [...] [revela] a presença da arquitetura". Mais adiante: "Obedece o projeto à técnica contemporânea, por sua natureza eminentemente *internacional*", mas adquire, "graças à particularidade de planta" (galerias abertas, pátios, varandas de circulação), acabamento e escolha de materiais (rústicos, azulejos, caiação e pintura sobre concreto) e "ao emprego de vegetação apropriada – um caráter local inconfundível cuja simplicidade, derramada e despretensiosa, muito deve aos bons princípios das velhas construções que nos são familiares"[31].

No projeto para a vila operária de Monlevade (1934), depois de defender a integração do barro-armado às técnicas modernas, refere-se ao preceito moderno do urbanismo, ao contraste da "vegetação *imprevista* em relação à ordem da arquitetura", e assinala mais adiante que "as ruas [...] deveriam conservar [...] aquela feição despretensiosa peculiar às *estradas* – fazendo-se, em vez de calçadas, simples caminhos de placas de concreto [...] com juntas de gramas [...]: atualização das velhas capistranas". Quanto à disposição geral do projeto, as casas foram agrupadas duas a duas, de maneira que a fila de casas típica das cidades do interior, "*ombro a ombro*, [...] foi voluntariamente quebrada, para permitir maior intimidade, relativo isolamento [...] para os operários de uma indústria tão ruidosa"[32].

Muitos anos depois, no memorial descritivo da Barra (1962), Lúcio adverte: "É preciso dar tempo ao tempo e não antecipar a ocupação da área [...] a manutenção da campina verde com seu ar bucólico atual infunde respeito e dignidade à paisagem". O projeto prevê o uso rarefeito do solo, a fim de manter seu aspecto agreste, as grandes distâncias entre as torres de habitação (1 km) e as casas sempre defendidas da visão, "com cintas de vegetação em torno, assim como cercas vivas"[33].

Em Brasília, cujo projeto é de 1957, Lúcio segue, em seus pressupostos gerais, a orientação de Corbusier: a divisão funcional da cidade por áreas de atividade e a ênfase no sistema de circulação. No entanto, em vários depoimentos sobre a nova capital, torna-se evidente que a intenção do partido segue uma ordenação por escalas que não respondem apenas à densidade de habitantes, mas à forma de tratamento da paisagem. Como dirá em outro depoimento, tratava-se, ao mesmo tempo, de "técnica rodoviária" e "técnica paisagística"[34]. Em um artigo de 1960, lê-se no sumário do plano: no Centro Cívico, "a intenção arquitetônica é de severa dignidade, prevalecendo, em consequência, o seu caráter monumental"; o Eixo Rodoviário-Residencial, "depois do enquadramento arborizado, terá feição recolhida e íntima, conquanto mantenha, por suas proporções e tratamento arquitetônico, a compostura urbana que se impõe"; no que se refere ao cruzamento dos dois eixos – a Plataforma Comercial –, "o espaço foi deliberadamente concentrado e a atmosfera será gregária e acolhedora"[35].

Em depoimento à comissão do Distrito Federal, em 1963, o arquiteto comenta, a partir da solução das escalas, a maneira pela qual surge o plano de Brasília: a escala "coletiva, monumental, foi conseguida graças à generosa largueza de espaço", e a cotidiana, "a escala do *welfare*", resolvida com a criação das superquadras: "Esta ideia surgiu porque havia necessidade de conciliar a escala monumental com a cotidiana, sem que houvesse uma quebra de ritmo". As superquadras foram "imaginadas com o enquadramento verde [...]. De modo que esses grandes quadrados, geometricamente definidos, entrariam em harmonia com a escala monumental"[36].

Como explicará no relatório do Plano Piloto (1957), "as quadras seriam apenas niveladas e paisagisticamente definidas, com as respectivas cintas plantadas de grama e desde logo arborizadas, mas sem calçamento de qualquer espécie, nem meio-fios", resguardando "o conteúdo das quadras, visto sempre em um segundo plano e como que amortecido na paisagem"[37].

Tanto em Monlevade quanto na Barra da Tijuca, Lúcio descreve o tratamento paisagístico no sentido de dissolver a área residencial não apenas ao nível da visão, mas também em seu caráter propriamente urbano, defendendo o tratamento rústico das ruas e calçadas que deseja ver quase abolidas. Parece interpretar em sentido "bucólico", para usar sua expressão, um tema caro ao urbanismo de Corbusier – a eliminação da rua corredor, aliada à ideia da separação entre a via de pedestres e a de automóveis. O caráter íntimo que quer conferir à escala residencial adquire, contudo, um sentido diverso do projeto corbusiano, baseado em pressupostos funcionais para garantir a privacidade da habitação e a vida saudável ao ar livre.

Em 1958, Lúcio participa de um debate sobre as cidades-capital com alguns arquitetos estrangeiros. Ao ser interrogado por Peter Smithson sobre as superquadras, Lúcio tem uma resposta surpreendente: "Eu desejo ver o mínimo de casas. Desejo esquecê-las [...]. A vista principal é simplesmente a avenida com as árvores em volta, [...] sente-se intensidade arquitetônica apenas na parte central. [...] Mesmo que a área residencial se estenda por seis quilômetros, é quase como se estivéssemos fora da cidade quando se deixa o centro". À objeção de Arthur Korn de que não se poderia esconder quinhentas mil pessoas (a população prevista para Brasília), Lúcio responde simplesmente que essa era uma forma de anular a presença dos edifícios, cuja qualidade arquitetônica seguramente não poderia ser garantida no futuro. Era assim necessário concentrar esforços no Centro Cívico. Mas a resposta, embora contenha uma boa dose de razão, indica um outro sentido subjacente às "técnicas rodoviárias" e "paisagísticas". No mesmo debate, defendendo-se da crítica ao plano barroco de Brasília, responde: "O mais importante [...] é que não percamos o tema básico [...]. A nossa tradição é uma espécie de arquitetura mediterrânea e barroca, transportá-la para os termos modernos parece um tanto *démodé*. [...] Assim, eu tento continuar minhas próprias experiências criando simultaneamente áreas pequenas e independentes dentro da cidade [...] relações pequenas, monumentais entre unidades e também em escala maior"[38].

Desses memoriais e depoimentos, depreende-se que a relação entre o privado e o público, própria de uma sociabilidade urbana, está muito distante de seu projeto. Lúcio parece substituir essa relação pelas noções de espaços íntimos e monumentais. Em ambas as escalas, a preeminência da paisagem agreste e dos amplos espaços confere ao seu projeto urbanístico uma diferença inclusive em relação às novas cidades desenhadas pelos projetos da arquitetura moderna que, em suas variações, considera a planificação uma decorrência dos problemas da era industrial. E apesar de manter os amplos espaços entre as unidades de habitação, na esteira de Corbusier, a forma de integração na paisagem que Lúcio preconiza distancia-se mesmo da síntese entre natureza e cultura, própria do arquiteto suíço, porquanto Corbusier não deixa de ordenar todo o ambiente segundo as regras da visualidade, afirmando o objeto construído em sua autonomia. Embora ambos os arquitetos tenham uma formação de raiz acadêmica orientada para a composição dos espaços, a modernidade de Corbusier não terá sido suficiente para diluir o sentido lírico que Lúcio confere à paisagem. Ao mesmo tempo em que seu projeto faz da técnica a forma inaugural do futuro, seu plano parece reiterar a memória da colônia, pela disposição em manter a presença rarefeita da escala urbana na geografia extensa do Planalto.

Diante do seu conhecido memorial de Brasília, em que Lúcio descreve a construção da cidade como "um ato deliberado de posse, de um gesto de sentido ainda desbravador, nos moldes da tradição colonial"[39], Mario Pedrosa, em artigo sobre Brasília – citando Pierre Mombeig –, parece ver nessa atitude um sentido menos afirmativo: "Esse gesto talvez não fosse ainda claro, talvez proviesse de uma necessidade nacional profunda: a da defesa da terra, sob um processo contínuo e terrível da destruição" que proviera da economia demasiadamente apressada dos pioneiros[40]. Nas "Reflexões em torno da nova capital", a sensível leitura de Mario Pedrosa aponta a direção do projeto de Lúcio: embora "a formação da nova Capital ainda tenha de ser concebida nos limites da fase colonial [...], há no seu plano uma tal clareza de partido e, ao mesmo tempo, uma tal intimidade ou recolhimento, que, de alguma forma, ultrapassa os limites daquela fase"[41]. Talvez; mas o intimismo de Lúcio toma a forma da intimidade entre o recolhimento interior e a proximidade com a paisagem, no recuo da visão contemplativa que sempre defendera ante a excessiva publicidade do mundo moderno. E tal intimidade só poderá manter-se na perspectiva de um distanciamento na imagem, em certa medida, de uma natureza intocada ou como a impossibilidade de converter-se em uma extensão da cultura e, portanto, da técnica – ordenada e organizada pela atividade humana. O horizonte desimpedido e o solo agreste como que desenham agora a paisagem na forma da interioridade. Dissolve-se assim o sentido do projeto moderno, o seu movimento de abrir o interior para o exterior, construindo o espaço da sociabilidade na equivalência dos dois termos. O projeto de Lúcio sugeriria, antes, que a qualidade moderna do espaço contínuo como um plano ativo transforma-se aqui, sutilmente, na linha da natureza, uma superfície contínua, anterior a qualquer construção, qualquer diferenciação. Talvez por isso a arquitetura de Niemeyer só poderá projetar-se na flutuação do horizonte, e a submissão aos amplos espaços define, em última instância, a escala de seu desenho. E será uma memória da superfície que os projetos paulistas acabarão por construir sob a sombra das grandes coberturas, que lhes conferem o sentido de continuidade de seus espaços.

A intenção de integrar o íntimo ao monumental desenha o urbanismo desde cedo, na imagem subjacente de uma natureza separada da civilização técnica – e não deveria ser obstada por ela. Esta seria a distância real entre a *urbs* e a *civitas*, que Lúcio delineia em vários depoimentos. É preciso atentar, portanto, para a diferença delicada entre o sentido inaugural do monumento e a intenção de monumentalidade. No caso de Brasília, "o monumento ali é o próprio da coisa em si, e ao contrário da cidade alheia, que se deseja inscrita discretamente na paisagem, a cidade-capital se deve impor e comandá-la"[42]. O arquiteto reconhece, em outro momento, a sua dívida para com os franceses: uma capital deve se impor "à maneira dos conquistadores ou de Luís XIV"[43] e descreverá muitas vezes a monumentalidade na forma da intenção – o sentido claro que deve reger o projeto. Mas, de outra maneira, dirá que a busca de grandeza e nobre simplicidade deve unificar as dimensões funcionais da vida moderna, com "aquela serena e digna sensação que o espaço por si só infunde"[44].

No Centro Cívico de Brasília, Lúcio movimenta a própria linha da superfície para criar um terrapleno triangular, "sobrelevado na campina", o que "garante a coesão do conjunto e lhe oferece uma ênfase monumental imprevista"[45]. As duas grandes vias de acesso, largamente separadas pelo gramado e organizadas à feição do *mall* tradicional, parecem dissolver, entretanto, a perspectiva barroca. São paralelas que não se encontram ao fim, na intersecção de um grande edifício. Ao contrário, seu ponto de fuga parece perder-se para além da esplanada, na paisagem que se estende por toda a volta da cidade. Esse terrapleno construído na cota virtual do horizonte e a decisão de deslocar a catedral para não impedir a vista do Eixo Monumental reafirmam a imagem que Lúcio nos passa dessa cidade "aérea e rodoviária" em pleno sertão, o que confere ao Centro Cívico menos um signo da técnica e do progresso em um país novo do que o caráter emblemático de seu isolamento diante desse "cerrado deserto e exposto a um céu imenso, como em pleno mar"[46]. Na verdade, é propriamente a natureza que se mostra como a reiterada dimensão originária, sempre inaugural. E é essa presença que finalmente configura o sentido próprio do monumento. Seu desenho é a linha do horizonte, que por ser imanente a uma superfície ainda virgem, por pertencer a esse mundo em eterna alvorada, nega qualquer movimento, qualquer ponto de fuga. A linha do horizonte perde assim a dimensão da profundidade. É a marca da superfície e sua medida. O horizonte circular de Brasília parece abrir não o espaço da paisagem, mas recolher o lugar da natureza como o fundo latente da cultura.

Desse momento em diante, a civilização técnica deverá se constituir numa alteridade problemática para o projeto da arquitetura. Em Lúcio, a razão se moverá retrospectivamente, na procura da transparência da origem, um certo rousseauismo, que talvez tenha herdado de Corbusier. Mas o movimento impedirá a visão prospectiva no sentido da história. A racionalidade só poderá manter-se em suspenso, forçada a se dobrar sobre si mesma, sob a história de seus próprios procedimentos. De um lado, sob as ordens do cálculo, nas formas de Niemeyer; de outro, sob os desígnios da política, na técnica militante de Artigas. Entre arte e técnica abre-se uma distância. Em Niemeyer, o desenho sublima a resistência da matéria e se constrói na figura de um perfil sem interior. Em Artigas, o esforço da técnica faz "cantar os pontos de apoio"[47] no espaço vazio entre duas linhas: as grandes lajes desejam chegar ao chão e a superfície se alça na continuidade das rampas. Na tradição iniciada com Lúcio Costa, o projeto de Paulo Mendes da Rocha retoma em São Paulo a unidade tensa da modernidade. Seu desenho faz emergir a natureza na presença da técnica e contém os desígnios da política sob a intenção da arte. Talvez o seu projeto seja a síntese propriamente moderna no país. Em pleno centro urbano, dissolve a visão contemplativa na forma reflexiva de um íntimo horizonte.

Notas

1. Artigos reunidos nas seguintes publicações: XAVIER, Alberto (org.). *Lúcio Costa: sobre arquitetura*. Textos de Lúcio Costa. Porto Alegre, Centro de Estudantes Universitários de Arquitetura, 1962; e XAVIER, Alberto (org.). *Obra escrita*. Textos de Lúcio Costa. Porto Alegre, mimeo, 1970. Nota complementar do editor – A maioria dos artigos aqui mencionados foi republicada em COSTA, Lúcio. *Lúcio Costa: registro de uma vivência*. São Paulo, Empresa das Artes, 1995.

2. Por ocasião do concurso, Lúcio Costa abre mão do primeiro prêmio em favor do projeto de Niemeyer, que considerou o melhor. A solução foi um projeto conjunto, fortemente marcado pela linha de Niemeyer. No mesmo ano, Lúcio se afasta da direção do projeto do Ministério da Educação e Cultura (MEC), passando a Niemeyer a chefia dos trabalhos. Cf. nota biográfica de José Carlos C. Coutinho presente in COSTA, Lúcio. Pavilhão do Brasil em NY (1938). In XAVIER, Alberto (org.). *Lúcio Costa: sobre arquitetura*. Op. cit.; e COSTA, Lúcio. Relato pessoal. *Módulo*, n. 44, Rio de Janeiro, jan. 1976; entre outros depoimentos.

3. Cf. KATINSKY, Júlio Roberto. Lúcio Costa, aula na FAU USP, 1968. Publicada na *Revista do Instituto de Estudos Brasileiros*, 1972, p. 33-55.

4. COSTA, Lúcio. Carta-depoimento (1948). In XAVIER, Alberto (org.). *Lúcio Costa: sobre arquitetura*. Op. cit., p. 127; COSTA, Lúcio. Depoimento de um arquiteto carioca (1951). In XAVIER, Alberto (org.). *Lúcio Costa: sobre arquitetura*. Op. cit., p. 192-93.

5. COSTA, Lúcio. O arquiteto e a sociedade contemporânea (1952). In XAVIER, Alberto (org.). *Lúcio Costa: sobre arquitetura*. Op. cit., p. 239.

6. Idem, ibidem, p. 242.

7. COSTA, Lúcio. Depoimento de um arquiteto carioca (op. cit.), p. 185. Cf. ainda COSTA, Lúcio. Notas sobre a evolução do mobiliário luso-brasileiro (1939). In XAVIER, Alberto (org.). *Lúcio Costa: sobre arquitetura*. Op. cit., p. 97-110.

8. COSTA, Lúcio. Considerações sobre arte contemporânea (1952). In XAVIER, Alberto (org.). *Lúcio Costa: sobre arquitetura*. Op. cit., p. 227.

9. COSTA, Lúcio. O arquiteto e a sociedade contemporânea (op. cit.), p. 250.

10. COSTA, Lúcio. Documentação necessária (1937). In XAVIER, Alberto (org.). *Lúcio Costa: sobre arquitetura*. Op. cit., p. 89.

11. Le Corbusier. *Almanach d'architecture moderne*. Paris, Crès, 1975 (fac-símile Bottega d'Erasmo, Torino, 1975, p. 79-80). As passagens no original francês são, respectivamente, as seguintes: "un état de choses nouveau est là, implacable"; "dans la pureté des concepts purs".

12. Idem, ibidem, p. 19 e 24. As passagens no original francês são, respectivamente, as seguintes: "Dans l'atmosphère pure du calcul nous retrouvons un certain esprit de clarté qui anima le passé immortel"; "cette aspiration de l'esprit vers le défini et la pureté".

13. COSTA, Lúcio. Considerações sobre o ensino de arquitetura. In XAVIER, Alberto (org.). *Lúcio Costa: sobre arquitetura*. Op. cit., p. 112 e 113.

14. COSTA, Lúcio. O arquiteto e a sociedade contemporânea (op. cit.), p. 233 e 231.

15. COSTA, Lúcio. O arranha-céu e o Rio de Janeiro (1928). In XAVIER, Alberto (org.). *Obra escrita*. Op. cit., parte 4, p. 4.

16. Ver a relação de Lúcio Costa com Rodrigo Mello Franco de Andrade, Carlos Drummond de Andrade e Mário de Andrade, entre outros, junto ao Ministério de Educação e Cultura, especialmente na gestão Capanema. A partir de 1947, Costa trabalha no Serviço de Estudos e Tombamentos do Patrimônio Histórico e Artístico Nacional, de cuja diretoria faz parte desde então. Ver ainda o episódio da direção da Escola Nacional de Belas Artes (1930-31), para a qual foi indicado por Rodrigo Melo Franco de Andrade e nomeado pelo ministro Francisco Campos – documentado in XAVIER, Alberto (org.). *Obra escrita* (op. cit.) – e o episódio do concurso para o edifício do MEC, anulado pela insistência de Lúcio Costa em convidar Corbusier para orientar o projeto – documentado in XAVIER, Alberto (org.). *Obra escrita; Lúcio Costa: sobre arquitetura* (op. cit.).

17. COSTA, Lúcio. O arquiteto e a sociedade contemporânea (op. cit.), p. 248.

18. "Os artistas possuídos de paixão criadora e capazes não só de eletrizar multidões como os campeões olímpicos e os acrobatas de circo, mas de comovê-las com as suas obras [...] é esse, tantas vezes, o caminho mais curto para o coração das massas". COSTA, Lúcio. Considerações sobre arte contemporânea (op. cit.), p. 222.

19. "A arte moderna é considerada por determinada crítica de lastro popular como arte reacionária, patrocinada pela plutocracia capitalista com propósitos diversionistas a fim de afastar os intelectuais da causa do povo [...] – a arte moderna [...] tem por função, *do ponto de vista restrito da aplicação social,* dar vazão natural aos anseios legítimos da livre escolha e fantasia individual ou coletiva da massa proletária, oprimida pela rudeza e monotonia do trabalho mecanizado imposto pelas técnicas modernas de produção". Idem, ibidem, p. 222-223.

20. "A aplicação social desses novos conceitos de arte como forma ativa de evasão e reabilitação psicológica individual e coletiva, e visando, como esporte, o recreio desinteressado da massa anônima do proletariado nas suas horas de lazer, proporcionaria, então, à arte moderna [...] precisamente o que lhe falta, e que não é, tal como geralmente se pretende, sentido popular, mas *raiz popular,* o que é muito diferente". Idem, ibidem, p. 221.

21. Cobogó, combogó ou combogê, nome que se dá, principalmente no norte do Brasil, ao tijolo furado ou ao elemento vazado feito de cimento. Parece filiar-se aos tijolos perfurados de origem norte-africana. Cf. CORONA, Eduardo; LEMOS, Carlos. *Dicionário de arquitetura brasileira*. São Paulo, Edart, 1972.

22. Quanto à sugestão do uso do azulejo feita por Corbusier, Lúcio escreve: "Não obstante [...] a sua índole universal, já se podem observar manifestações *nativas* da arquitetura moderna.

[...] Não somente porque, a conselho do próprio Le Corbusier, [...] como principalmente porque a própria *personalidade* nacional se expressa [...] preservando-se assim o que há de imponderável mas genuíno e irredutível na índole diferenciada de cada povo". COSTA, Lúcio. O arquiteto e a sociedade contemporânea (op. cit.), p. 242-243.

23. COSTA, Lúcio. Documentação necessária (op. cit.), p. 92.

24. PEDROSA, Mario. Introdução à arquitetura brasileira II. In *Dos murais de Portinari aos espaços de Brasília*. São Paulo, Perspectiva, 1981, p. 332.

25. Muxarabi: anteparo perfurado colocado na frente de uma janela ou ao final de um balcão, com o fito de se obter sombra. Influência árabe na arquitetura ibérica, transplantada para o Brasil colonial. Cf. CORONA, Eduardo; LEMOS, Carlos. Op. cit. O dicionário não se refere ao caráter de proteção em relação ao exterior, intenção presente desde a colônia, de influência árabe.

26. Mario Pedrosa nota a atenção especial às paredes e fachadas "ainda que rebaixadas a papel secundário na montagem das estruturas". PEDROSA, Mario. Introdução à arquitetura brasileira II (op. cit.), p. 330.

27. Expressão corrente para designar o grupo de arquitetos que trabalha sob a influência de Vilanova Artigas.

28. NIEMEYER, Oscar. *A forma na arquitetura*. Rio de Janeiro, Avenir, p. 22.

29. COSTA, Lúcio. Depoimento de um arquiteto carioca (op. cit.), p. 171 e 172.

30. COSTA, Lúcio. Considerações sobre arte contemporânea (op. cit), p. 226.

31. COSTA, Lúcio. Universidade do Brasil (1936). In XAVIER, Alberto (org.). *Lúcio Costa: sobre arquitetura*. Op. cit., p. 74, 75, 82 e 85.

32. COSTA, Lúcio. Vila Monlevade (1934). In XAVIER, Alberto (org.). *Lúcio Costa: sobre arquitetura*. Op. cit., p. 54.

33. "O que atraía irresistivelmente ali, e ainda agora até certo ponto atrai, é o ar lavado e agreste; o tamanho – as praias e dunas parecem não ter fim; e aquela sensação inusitada de se estar num mundo intocado, primevo. Assim, o primeiro impulso, instintivo, há de ser sempre o de impedir que se faça lá o que for [...] o problema consiste então em encontrar a fórmula que permita conciliar a urbanização [...] com a salvaguarda [...] dessas peculiaridades que importa preservar". Plano piloto para a urbanização da baixada compreendida entre a Barra da Tijuca, o Pontal de Sernambetiba e Jacarepaguá (1969). In XAVIER, Alberto (org.). *Obra escrita.* Op. cit., anexo s/p.

34. COSTA, Lúcio. Brasília (1957). In XAVIER, Alberto (org.). *Lúcio Costa: sobre arquitetura.* Op. cit., p. 278.

35. COSTA, Lúcio. Monumentalidade e gente (1960). In XAVIER, Alberto (org.). *Lúcio Costa: sobre arquitetura.* Op. cit., p. 306.

36. COSTA, Lúcio. Depoimento à Comissão do Distrito Federal (1963). In XAVIER, Alberto (org.). *Obra escrita.* Op. cit., parte 4, p. 4-6.

37. COSTA, Lúcio. Brasília (1957). In XAVIER, Alberto (org.). *Lúcio Costa: sobre arquitetura.* Op. cit., p. 278 e 273.

38. COSTA, Lúcio. Cidades-Capital. In XAVIER, Alberto (org.). *Obra escrita.* Op. cit., parte 4, p. 5, 6 e 7. Debate realizado entre Lúcio Costa, Arthur Korn, Dennys Lasdun e Peter Smithson acerca dos problemas da cidade-capital. Publicado originalmente na revista *Architectural Design*, nov. 1958.

39. COSTA, Lúcio. Brasília (op. cit.), p. 264.

40. PEDROSA, Mário. Brasília, cidade nova. In Op. cit., p. 351.

41. PEDROSA, Mário. Reflexões em torno da nova capital. In Op. cit., p. 309.

42. COSTA, Lúcio. Monumentalidade e gente (op. cit.), p. 307.

43. COSTA, Lúcio. O urbanista defende sua capital. In XAVIER, Alberto (org.). *Obra escrita.* Op. cit., anexo s/p. Publicado originalmente na revista *Architecture, Formes, Functions*, n. 14, 1968.

44. COSTA, Lúcio. O tráfego de Brasília (1960). In XAVIER, Alberto (org.). *Lúcio Costa: sobre arquitetura.* Op. cit., p. 322.

45. COSTA, Lúcio. Brasília (op. cit.), p. 268.
46. COSTA, Lúcio. O urbanista defende sua capital (op. cit.), s/p.
47. Frase de Auguste Perret, utilizada pelo prof. Flávio Motta na arguição de Vilanova Artigas, por ocasião do concurso para professor titular da FAU USP, jun. 1984, e publicada no "Suplemento especial sobre o grande mestre da arquitetura paulista", *Projeto*, n. 66, São Paulo, ago. 1984, p. 78.

artigo 9 carlos eduardo dias comas
ARQUITETURA MODERNA, ESTILO CORBU,
PAVILHÃO BRASILEIRO
[1989]

Um pavilhão, um paradigma

"A arquitetura brasileira só se tornará respeitável se conhecer a si mesma"[1], escreve Edson Mahfuz em artigo sobre Memorial da América Latina. Talvez nenhuma das obras da chamada fase heroica da arquitetura moderna brasileira seja menos conhecida que o Pavilhão Brasileiro da Feira Mundial de Nova York de 1939, projetado por Lúcio Costa e Oscar Niemeyer no ano anterior, com a colaboração dos arquitetos americanos Paul Lester Wiener (interiores) e Thomas Price (paisagismo). O fato de não existir mais concorre para isso, mas não o justifica.

À originalidade indiscutível do Pavilhão, Lúcio e Oscar devem o seu primeiro reconhecimento internacional. O Pavilhão, mais que o Ministério da Educação projetado em 1936, despertará junto ao Museu de Arte Moderna de Nova York o interesse pela realização de exposição sobre a nova arquitetura brasileira, instrumento de consagração concretizada em 1942 com o título de *Brazil Builds*. Finalmente, é o Pavilhão e não a Pampulha o primeiro a materializar a leveza que se tornaria marca registrada dominante dessa arquitetura moderna brasileira.

O interesse do Estado Novo de Vargas pelo Pavilhão era considerável, tanto no plano econômico quanto no diplomático. A participação do

Brasil na Feira, decidida em novembro de 1937, se inscrevia no marco da política de boa vizinhança de Roosevelt. Coordenada pelo Ministério do Trabalho, Indústria e Comércio, uma comissão estuda seu programa. Galerias de exposição, auditório, café, restaurante, escritório do comissário geral e jardim deveriam destacar a unidade, originalidade e dinamismo da cultura brasileira, assim como as riquezas agrícolas e minerais, bases da qualificação exportadora do país. A afirmação idiossincrática de cultura e paisagem deveria chamar a atenção para os seus atrativos turísticos, enquanto a afirmação de uma modernização em curso deveria despertar para os atrativos das oportunidades de negócios que oferecia, deixando claro que não se tratava de mais outra republiqueta.

A contratação de Lúcio e Oscar não era ideologicamente neutra. O compromisso de ambos com a arquitetura moderna de vertente corbusiana era notório. Já em "Razões da nova arquitetura"[2], de 1934, Lúcio afirmava que Corbusier era o Brunelleschi do século 20, o arquiteto cuja obra havia cristalizado clara e definitivamente o verdadeiro estilo da época, aplicável a qualquer programa e lugar. Corbusier participara brevemente em 1936 do processo de projeto do Ministério, como consultor de Lúcio e sua equipe – Oscar incluído[3]. Embora o Ministério só fosse concluído em 1945, já em 1938, a polêmica sobre seu simbolismo havia levado muita gente a pensar que a associação da ausência de ornamentação e denotações fabris do estilo Corbu, com progresso e eficiência, era tão plausível quanto a associação do estilo gótico com religiosidade. A mesma polêmica havia convencido setores expressivos da *intelligentsia* governamental quanto à adequação ao clima tropical de pilotis e panos de vidro protegidos por brise-soleil, assim como da possibilidade de assimilá-los a precedentes coloniais.

O orçamento do pavilhão era generoso, o sítio escolhido, um de dois lotes de quadra em situação privilegiada. Próximo ao eixo pedestre da Feira, limitava-se a leste com o Pavilhão Francês, já em construção quando Lúcio e Oscar chegaram à Nova York para elaborar o seu projeto; ao sul, com avenida que partia de uma das entradas da Feira e separava o Setor de Pavilhões Nacionais do Setor de Pavilhões de Empresas. A oeste, com rua curva cumprindo a mesma função e ao norte, com passeio à margem de um riacho. Axonométrica, plantas e fotografias permitem reconstituir detalhadamente a organização e a aparência do edifício.

Um pavilhão, uma composição

Na memória escrita[4] para álbum comemorativo do Pavilhão editado em 1939, Lúcio diz que "o partido adotado leve e aberto, como rendado" tinha por fim "sobressair pelo contraste em vez de se deixar dominar completamente pela massa compacta, pesada, mais alta e muito maior do Pavilhão Francês. O aproveitamento da curva bonita do terreno comandou então todo o traçado. É o motivo básico que em grau mais ou menos acentuado se repete [...] dando ao conjunto graça e elegância e fazendo com que assim corresponda, em linguagem acadêmica, à ordem jônica e não à dórica, ao contrário do que sucede o mais das vezes na arquitetura contemporânea. Essa quebra da rigidez, esse movimento ordenado que percorre de um extremo ao outro toda a composição tem mesmo qualquer coisa de barroco

[...] representa de certo modo uma ligação com o espírito tradicional da arquitetura luso-brasileira".

Lúcio fala de linguagem acadêmica, além de afirmar que o Pavilhão é uma composição. A afirmação ocorre de passagem e nem por isso parece menos provocativa, quando se recorda a educação de Lúcio – e de Oscar – em uma Escola Nacional de Belas Artes fundada em 1826 por Grandjean de Montigny à imagem e semelhança de sua homônima francesa. Familiarizado desde muito jovem com o livro *Elements et théorie de l'architectur*[5], escrito em 1904 por Julien Guadet, último luminar da tradição acadêmica, Lúcio sabia perfeitamente que a ideia de composição implicava aceitação e manipulação deliberada de elementos, esquemas e princípios formais definidos. Os primeiros incluíam dois tipos: de um lado, os componentes materiais como paredes e janelas que sozinhos não podiam configurar volumes fechados, mas que podiam ser considerados elementos de arquitetura ou elementos primários de composição; de outro, os elementos de composição propriamente ditos, aqueles volumes fechados virtuais ou literalmente como salas, circulações e pórticos. Lúcio sabia adicionalmente que a ideia de estilo podia associar-se à ideia de composição. A ideia de estilo subentendia como um conjunto orgânico de elementos e relações formais que podiam ser considerados elementos, esquemas e princípios de composição. A obra de Corbusier cristalizava um verdadeiro estilo e era a "herdeira legitima"[6] da tradição acadêmica por definir um conjunto internamente consistente de elementos, esquemas e princípios de composição, validado por mudanças técnicas, sociais e culturais.

Sabia ainda que a estrutura independente era o fundamento técnico do estilo e possivelmente intuía que seu fundamento geométrico-construtivo havia sido batizado Dom-ino para assinalar tanto o caráter combinatório e casual do jogo arquitetônico quanto, com a ajuda da etimologia , a autoridade da regra sem a qual nenhum jogo pode começar. Ostensivamente, Dom-ino é imagem que acompanha a predicação de uma independência funcional e formal entre vedação e estrutura, possibilitada pela construção em esqueleto: uma planta livre em que a configuração da vedação obedecesse a raciocínios primariamente topológicos e não necessariamente idênticos em pavimentos diferentes, a configuração da estrutura obedecendo a raciocínios primariamente geométricos e unitários. As paredes – doravante "livres do encargo rígido de suportar – deslizam ao lado das colunas impassíveis, param a qualquer distância, ondulam acompanhando o movimento normal do tráfego interno, permitindo outro rendimento ao volume construído, concentrando o espaço onde ele se torne necessário, reduzindo-o ao mínimo naqueles onde ele se apresente supérfluo"[7].

Por outro lado, Dom-ino era também uma precisão sobre essa estrutura independente que se postula condição arquitetônica normativa. Não se trata de uma estrutura qualquer, mas de um sistema de lajes lisas paralelas, repousando sobre fileiras paralelas de suportes e prolongando-se em balanço, de tal maneira que não existe congruência entre perímetro das lajes e perímetro da malha de suportes. A condição normativa tem horizontalidade, regularidade, ortogonalidade e repetitividade como atributos, mas a hegemonia dos mesmos se qualifica pela introdução de um vazio vertical, um intercolúnio diferenciado e balanços distintos nos lados compridos e estreitos de cada laje.

Com isso, Dom-ino admitia que nem a constância dimensional constituía requisito obrigatório para os intercolúnios do sistema de suportes, nem a congruência de projeção era requisito obrigatório para o sistema de lajes. A configuração desses dois sistemas dificilmente poderia obedecer a uma lógica unívoca na prática, considerados isoladamente ou em conjunto. À possibilidade de configuração independente das vedações em pavimentos diferentes, Dom-ino fazia corresponder a de configuração independente de lajes distintas, capaz de introduzir acentos verticais no espaço. O princípio de independência entre vedação e estrutura se desdobrava via Dom-ino em independência entre vedação e suporte, suporte e laje e, por extensão, entre vedação e laje. Ao mesmo tempo, se a presença de irregularidade e singularidade podia justificar-se na configuração de lajes e da malha de suportes, a ausência de ortogonalidade tampouco ficava totalmente fora de cogitação. Dom-ino postulava uma sintaxe geométrico-construtiva aberta a uma considerável variedade de possibilidades compositivas.

Algum pragmatismo e muita preocupação com a "satisfação do espírito" favoreciam a contenção e a internalização da variedade formal implícita em Dom-ino. O exame da obra corbusiana revela duas soluções típicas de pavimento térreo, exemplificáveis por meio de Garches e Savoye. Em Garches, o pilotis está totalmente recoberto, sua presença inferindo-se por trás da janela horizontal. Em Savoye – ou em Cartago – as colunas periféricas do pilotis estão totalmente à mostra, as vedações dispondo-se recuadas. Não há precedente para um pavimento térreo como o do Pavilhão, onde a exibição da profundidade total do pilotis se alterna com episódios em que paredes ocultam colunas periféricas e episódios em que paredes se dispõem por trás dessas colunas a distintas distâncias. Tampouco há precedente corbusiano para o contraste entre uma elevação que expõe colunata de ordem simples suportando balanço e parede sob seu bordo e uma elevação que expõe colunata de ordem colossal superposta à vedação exterior. A concretização dessa ordem colossal implica desafamem de bordos de laje de cobertura e laje entre pisos, que se repete no terraço-*loggia* sublinhada como oposição curva e reta, e que se percebe no interior da galeria como instrumento para a alternância entre colunas isoladas e colunas truncadas pelo balanço de bordes ameboides do mezanino também diferenciado. Não é só de *planta livre* que se acusa externamente no Pavilhão com efeito novo e verdadeiramente espetacular. O edifício é a demonstração mais radical, virtuosística e extrovertida até a data do debate entre vedação, suporte e laje como princípio compositivo.

O debate se amplia no jogo exuberante que entretém, dentro e fora, não só a curva e a reta, mas curvas de raios diferentes. Paredes, bordos de lajes e fileiras de colunas aqui ondulam de maneira quase obsessiva, às vezes biomórfica, sempre expansiva. A proposição original de horizontalidade frente à rua e avenida e de verticalidade frente ao jardim é, ao mesmo tempo, debate entre coluna, plano vertical e perfuração horizontal, convertendo-se no interior da galeria em debate entre coluna, plano horizontal e perfuração vertical. Do debate não resulta síntese ou afirmação de hierarquia, mas a insistência em uma paridade inclusiva de termos polares, reiterada também extrovertidamente na proposta de planos e volumes.

Dois dos elementos primários de composição preconizados pelo estilo moderno são planares; o terceiro pode gerar plano virtual. Não surpreende, portanto, que a independência entre vedação, suporte e laje privilegie a concepção e apresentação da obra arquitetônica como construto multiplanar. A proposição não fica invalidada pela conveniência de distinguir vedações exteriores de interiores, nem pela pertinência de observar que vedações exteriores costumam gerar volumes. Se planos geram volumes, não é difícil decompor, de modo perceptível, volumes em seus planos geradores, e o Pavilhão o comprova seja através da fissura que separa a parede externa do auditório da parede externa ao lado do Pavilhão Francês, seja a partir da individualização material diferencial de faces distintas da galeria principal – individualização que adicionalmente respeita e assinala condições de orientação e hierarquia urbanística diferenciadas. Daí a explorar a oscilação entre percepção do planar e percepção do volumétrico é um passo, e a oscilação é picante quando se constata o contraste inovativo entre a planaridade do Pavilhão face à rua e avenida e o jogo de volumes que apresenta para o jardim, ambas as percepções ancoradas pelo mesmo vazio do pavimento nobre.

A importância do planar no estilo Corbu não exclui o reconhecimento da importância do volumétrico. Basta recordar a definição da arquitetura como "le jeu savant, correct e magnifique des volumes assemblés sous la lumière". A definição em francês contém suas ambiguidades ao se referir tanto a volumes encaixados quanto a volumes agrupados sob a luz. Apesar disso, implica, em ambos os casos, composições volumetricamente aditivas ou multiplicativas – que na prática corbusiana podiam incluir corpos sólidos primários ou sólidos de geometria mais complexa. Por outro lado, o interesse de Corbusier pelo *prisma puro* apriorístico indicava igual fascinação por composições subtrativas ou subdivisivas. À medida que as composições aditivas ou multiplicativas sugerem uma aproximação ao projeto de dentro para fora ou da parte para o todo, são assimiláveis ao que Lúcio chamaria de concepção gótico-oriental da arquitetura. À medida que as composições subtrativas e subdivisivas sugerem uma aproximação ao projeto de fora para dentro ou do todo para a parte, são associáveis ao que Lúcio chamaria de concepção greco-latina. Via a metáfora do cristal, insinuaria nessa predominância de tendências classicistas e mecanicistas; via a metáfora da flor, a predominância na outra de tendências organicistas e românticas[8].

Lúcio observava que o estilo moderno possibilitava transcender a alternância no tempo da flor e do cristal. No Pavilhão se vê composição aditiva desde o jardim, composição subtrativa desde a rua e avenida. A subtração – virtual – de trechos da parede exterior promove desde longe a exibição da organicidade dos dois pavimentos do Pavilhão, que se comprova depois corresponder a uma fragmentação fisiológica do programa. A mesma subtração confere ao edifício uma porosidade que também assinala penetrabilidade e sentido de percurso. A adição – virtual – contrapõe bloco-cristal e auditório-flor, quase liberados pela minimização da laje de cobertura do terraço-*loggia*; desde o riacho, o cristal se desdobra em prismas encaixados, um virtual e todo em estrutura colossal, o outro real e galeria em balanço. Por outro lado, rampa e diorama introduzem adição na perspectiva frontal. A presença da parede externa do Pavilhão Francês enfrentando o bloco de cristal sugere que, ao fim e ao cabo, houve equívoco e que o Pavilhão, no fundo, é a fragmentação de uma clássica, embora distorcida, configuração prismática ao redor de um claustro. A oscilação entre claridade conceitual e ambiguidade perceptiva é aqui tão forte como em Garches[9], mas implica tanto o planar quanto o volumétrico, externalizada de tal maneira que os interiores de galerias e restaurante resultam em comparação de uma simplicidade reconfortante.

Como Garches, o Pavilhão se projeta empregando serialidades e simetrias balanceadas, manifestando nostalgia de um centro privilegiado, admitindo dispersão periférica de interesses focais, fazendo afirmações visuais de frontalidade contraditas pela canalização oblíqua do movimento. Como no Ministério, Lúcio e Oscar recorrem a um centro vazio entre dois sólidos e dois espaços abertos, revelado meramente pausa e passagem em um encaminhamento diagonal. Mas aqui a diagonal se curva já na rampa e se bifurca em direção às entradas da galeria e do auditório; a *loggia* elevada entre esplanada frontal e jardim substitui o pórtico-hipostilo ao mesmo nível das esplanadas similares entre as quais se ergue.

O Pavilhão multiplica alusões à realizações passadas: Corbusier já havia demonstrado suficientemente que a composição moderna não excluía a possibilidade de inflexões figurativas de valor rememorativo. O Ministério é recordado tanto na binuclearidade da fachada de avenida quanto na colunata de ordem colossal. Essa insinua novamente reinterpretação de algum *palazzo*, e a relação entre o bloco e o auditório não é distinta da relação casa-grande e capela de alguma fazenda de café do Vale do Paraíba. A outra remete à fachada de muita casa rural paulista dos seiscentos, de inequívoca filiação palladiana e à própria *villa* palladiana, a rampa substituindo a escadaria de acesso ao *piano nobile* e recordando disposição frequente em fortes, casas de câmara coloniais, bem como o Pavilhão Espanhol de Sert na Exposição de 1937 em Paris. O partido reinterpreta o *hotel* francês até na progressão – interceptada por *corps de logis* – do pátio ao jardim e, a seguir, de jardim à paisagem natural do riacho. Na sinuosidade volumétrica junto à rua, há eco longínquo das megaestruturas corbusianas para o Rio e Argélia; o Mies de Barcelona é recordado no espaço de exposição térrea. Construtivismo russo e racionalismo italiano inspiram arranjos de mostruários; se a curvilineidade tem afinidade barroca como pretende Lúcio, não é alheia, pelo biomórfico e pelo expansivo, a um expressionismo alemão ou a algum Alvar Aalto.

Por outro lado, o barroquismo do Pavilhão vai além de uma exploração de linha. Sua multiplicação volumétrica tem uma qualidade expansiva que justifica chamá-lo de barroco – em termos estritamente wolfflinianos. Lúcio e Oscar favorecem uma forma aberta cujas qualidades pictóricas são realçadas pela multiplicação de *promenades architecturales*, que dilatam o percurso dentro do edifício e transformam a ação de se entrar em uma cerimônia elaborada; Wolfflin sugeria que as qualidades pictóricas prevaleciam no barroco e acrescentava que esse prevalecimento era acompanhado por um interesse óbvio em imagens oscilantes; Lúcio e Oscar abusam da ambiguidade perceptiva no Pavilhão.

Wolfflin postula barroca a tendência a lutar contra a frontalidade e enfatizar a recessão espacial; sem deixar de postular frontalidade, Lúcio e Oscar tratam aqui de subvertê-la[10].

Um pavilhão, uma representação

Aceitar o Pavilhão como exemplo representativo de um estilo moderno equivale a aceitar que dialeticidade, ambivalência, inclusividade e abstração são os atributos mais expressivos da independência de vedação, suporte e laje, que é o seu princípio substantivo de composição – elementos adicionalmente abstratos em comparação com os de estilos anteriores. Se, em paralelo, se aceita que um estilo e seus exemplos representativos são índices dos traços distintivos da condição histórica em que se desenvolvem, então dialeticidade, ambivalência, inclusividade e abstração seriam tomados também por atributos emblemáticos da época. E a expressão do espírito da época constitui preocupação notória de Corbusier ou Mies, a despeito de suas objeções quanto à ideia de estilo. O estilo é internacional, adverte Lúcio na memória da Universidade do Brasil de 1936[11], mas pode assumir um caráter local pelas peculiaridades de planta, elevação, materiais e vegetação. Dialeticidade, ambivalência e inclusividade podiam também ser consideradas atributos emblemáticos de um país que, naquele momento, tomava consciência de sua cultura como produto da interação entre raças distintas via trabalhos de Gilberto Freyre e Sérgio Buarque de Holanda, respectivamente *Casa-grande & senzala* e *Raízes do Brasil*[12]. De outro lado, planta, elevações e vegetação do Pavilhão associavam tais atributos a uma exuberância e extroversão facilmente interpretáveis como traços distintivos já convencionados do temperamento e da paisagem brasileiras, de uma "natureza risonha e franca". Se a porosidade insinuava personalidade aberta, a possibilidade de concretizá-la era função de um clima tropical, a simplicidade interior uma marca de postura e de costume.

Lúcio não se cansava de repetir que o barroco brasileiro não era engalanado, constituía inflexão particular do barroco internacional. A multiplicação de referências do moderno ao passado reconhece seu desenvolvimento como resultante de uma diversidade de contribuições – mesmo que Corbusier seja o novo Brunelleschi. As referências à megaestrutura corbusiana para o Rio e ao Ministério propõem que o estilo moderno tem um passado no qual o Brasil já desempenhou papel nada desprezível. Nacionalidade e cultura brasileiras afirmam-se tranquilamente, situadas no marco mais amplo da cultura e da civilização ocidentais, seja em termos de passado, seja de presente e de futuro. O Brasil de hoje e amanhã está se construindo informado por um passado próprio, mas este não existe isolado do passado ocidental. O Ocidente de hoje e amanhã está se construindo informado por um passado do qual o Brasil não é episódio menor. O Pavilhão propõe uma declaração de genealogia que é significativa por sua inclusividade e seletividade: não há aqui lugar para o revivalismo e para o ecletismo porque a própria autoridade da história disciplinar, enquanto matriz de projeto, impede a sua invocação como autoridade exclusiva e a rememoração literal dos precedentes que a integram. A rememoração se mantém alusiva para não se transformar em cenografia *kitsch*.

Finalmente, caberia assinalar que tanto o programa do MEC quanto o do Pavilhão envolviam exigências de edifícios representativos da nacionalidade. Contudo, a resolução em chave dórica do MEC correspondia ao desejo de conferir-lhe uma majestade própria da instituição que abrigava. Leveza jônica, extroversão, exuberância, porosidade respondiam ao desejo de expressar atributos convencionalmente apropriados para um Pavilhão de Feira. O violento contraste entre elevações de rua e de jardim é comparável ao contraste entre fundo de palco e cortina de cenário, e a teatralidade não cai mal a um tipo de edifício que, à maneira de uma peça em cartaz, não deve durar mais que uma temporada. A cortina do cenário é ilusão, como a grandiloquência pretensiosa de outros Pavilhões que a elevação palaciana rememora, atenuada. A alusão a Mies recorda outra Exposição Internacional, a reinterpretação do *hôtel particulier* não deixa de ser homenagem ao vizinho francês.

Um pavilhão, um compromisso

Se o endosso do estilo Corbu não implicava rejeição do conceito supraestilístico de composição, a equação jônico-Pavilhão indica que tampouco implicava rejeição do conceito correlacionado de caráter e da identificação acadêmica de boa arquitetura, com composição correta apropriadamente caracterizada. O emprego da palavra caráter na memória da Universidade do Brasil, anteriormente citada, não tinha nada de inocente. A composição remetia a um conjunto de regras conhecidas de ordenação das partes de um edifício, o caráter ao seu conteúdo simbólico. Simplificando uma longa tradição, Guadet fala de duas variedades de caráter[13]. Uma pode ser chamada de caráter tipológico ou programático e busca revelar o propósito de edifício e os valores conexos a esse propósito – levando em consideração a influência do clima e a natureza do sítio e do lugar. Outra, de caráter genérico, que busca representar civilização e cultura em coordenadas temporais e geográficas. O espírito da época ou o espírito do lugar. Essas variedades se correlacionam à identificação de especificidades apropriadas a um projeto, mas pode-se reconhecer uma tensão latente entre as especificidades distintas de caráter programático e genérico, que reflete a tensão entre caráter como conceito fundamentado na particularidade e composição ou na generalidade. A teoria não prescrevia nem o grau de importância relativa com que se deveriam acusar sítio e lugar na caracterização programática, nem a coexistência obrigatória de ambas as variedades de caráter na mesma obra, nem sequer a sua coexistência equilibrada. Mas não deveria parecer irrelevante em uma ocasião que reclamava afirmações de identidade e tradições nacionais, em um marco de modernidade internacional.

O compromisso de Lúcio e Oscar com o estilo Corbu não se justificava somente por uma potência representativa considerada superior à de outros estilos contemporâneos. O minimalismo formal era resposta razoável aos custos crescentes do trabalho artesanal de construção em uma sociedade industrializada, quando – não sem alguma propriedade – se recusava valor substantivo ao ornamento produzido mecanicamente. Numa sociedade industrializada, a construção em altura com esqueleto independente, possibilitada pelo elevador, pelas bombas hidráulicas, pela eletrificação e pelo progresso do cálculo estrutural, resultava mais econômica de matéria que a construção equivalente em alvenaria portante. A partir dos princípios da planta e da fachada livres, o estilo moderno oferecia maiores recursos para a conciliação entre requerimentos de planejamento funcional e requerimentos de unidade formal da obra arquitetônica. O Brasil de 1930 não era uma sociedade industrializada, mas aspirava a sê-lo. A valorização dos inegáveis aspectos positivos de uma modernização socioeconômica e política representava a contrapartida de uma insatisfação legítima com estruturas ainda semicoloniais.

Uma crise, uma proposição

O compromisso de Lúcio, Oscar e sua geração com o estilo moderno, segundo Corbusier, foi consequência da percepção de uma crise disciplinar manifesta na defasagem entre prática local contemporânea revivalista e eclética e aspirações legítimas de modernização socioeconômica e política. Por outro lado, o estilo não impossibilitava o atendimento de requerimentos operacionais tradicionais. Compreendido a fundo, não requeria componentes e materiais que não fossem já produzidos localmente, nem técnicas construtivas que fossem novidades nas maiores cidades brasileiras. Podia-se dizer, efetivamente, que alguns de seus elementos e princípios de composição eram mais apropriados para um clima tropical que um clima temperado ou frio. A despeito de sua associação com uma polêmica urbanística revolucionária, tampouco era incompatível com uma ideia de cidade baseada na continuidade e no alinhamento, mas também na distinção entre tecido e monumento.

Textos como "Razões da nova arquitetura" e obras como o Pavilhão são demonstrações das capacidades semânticas e pragmáticas do estilo em modos frequentemente pioneiros, ilustrações de suas virtudes intelectuais e sensoriais reveladoras de possibilidades formais até então inexploradas, instrumentos de uma campanha de persuasão lúcida e fecunda ancorada em uma cultura arquitetônica sólida. A consagração coletiva das descobertas de Lúcio e Oscar levou, após 1945, ao estabelecimento de um estilo brasileiro de arquitetura moderna. Garantiu hegemonia, mas não exclusividade ou persistência imutável. No final dos anos 1950, Oscar começa a abandonar planaridade e brise-soleil nos palácios envidraçados de Brasília, começa a se firmar uma escola paulista, o miesianismo americano ganha terreno. Se monumentalismo brasiliense, brutalismo paulista e miesianismo internacional, de alguma maneira, podiam ser considerados variantes do moderno, e o estilo brasileiro tratado doravante de escola carioca, a emergência, no final da década de 1980, de propostas que revalorizavam os próprios episódios revivalistas e ecléticos, rejeitados em 1930, aponta uma nova crise disciplinar.

Não seria despropositado sugerir que nela desempenham papel importante tanto a percepção da multiplicação de sistemas de regras estilísticas dentro da tradição moderna – poder-se-ia argumentar que, afinal de contas, o chamado pós-modernismo não escapa do âmbito dessa tradição – quanto a percepção do consenso limitado ao que pode aspirar cada um deles sem que intervenha repressão de alguma espécie – seguramente conflitiva com aspirações de democratização baseada na polifonia e não no uníssono.

A aceitação de uma multiplicidade estilística não implica, contudo, a possibilidade de análise e comparação como ponto de partida para a superação da crise. Análise e comparação requerem a recuperação da racionalidade educada e crítica que permitiu a Lúcio e Oscar uma saída em situação similar, embora não se possa mais hoje conceber a saída unívoca, e o exercício da racionalidade educada e crítica esteja dificultado pela progressiva debilitação da cultura arquitetônica brasileira que acompanhou paradoxalmente os seus triunfos estilísticos. Estes precisam ser re-conhecidos, aquela, re-construída. E não se trata de ver nesse processo solução, mas de iluminar o caminho do futuro com a consciência reavivada da trajetória percorrida.

Notas

1. MAHFUZ, Edson. Do minimalismo e da dispersão como método projetual. *AU – Arquitetura e Urbanismo*, São Paulo, n. 24, 1989, p. 56-70.
2. COSTA, Lúcio. Razões da nova arquitetura (1934). In *Lúcio Costa: registro de uma vivência*. São Paulo, Empresa das Artes, 1995, p. 108-116.
3. Ver COMAS, Carlos Eduardo Dias. Protótipo, monumento, um ministério, o Ministério. *Projeto*, n. 102, São Paulo, ago. 1987, p. 136-149. Artigo republicado nesta coletânea.
4. *Álbum comemorativo do Pavilhão do Brasil na Feira Mundial de Nova York*, Nova York, 1939.
5. Segundo declaração verbal do autor.
6. COSTA, Lúcio. Razões da nova arquitetura (op.cit.).
7. Idem, ibidem.
8. COSTA, Lúcio. Cidade Universitária (1936-37). In *Lúcio Costa: registro de uma vivência* (op. cit.), p. 172-189.
9. Toda a análise aqui feita é tributária do trabalho pioneiro de Colin Rowe sobre Le Corbusier, especialmente ROWE, Colin.

The Mathematics of Ideal Villa. Cambridge, MIT Press, 1978.
10. WOLFFLIN, Heinrich. *Kunstgeschichte Grundbegriffe*. Basel/Stuttgart, Schwabe, 1915. Versão brasileira: WOLFFLIN, Heinrich. *Conceitos fundamentais da história da arte*. Tradução de João Azenha Jr. São Paulo, Martins Fontes, 1984.
11. COSTA, Lúcio. Cidade Universitária (op.cit.).
12. FREYRE, Gilberto. *Casa-grande & senzala*. Rio de Janeiro, José Olympio, 1933; HOLANDA, Sérgio Buarque de. *Raízes do Brasil*. Rio de Janeiro, José Olympio, 1936.
13. Para desenvolvimento mais longo, ver QUATREMÈRE DE QUINCY, Antoine-Chrysostome. *Encyclopédie méthodique*. Paris, 1779; QUATREMÈRE DE QUINCY, Antoine-Chrysostome. *Dictionnaire historique*. Paris, 1832. A Biblioteca Nacional do Rio de Janeiro possui edição *princeps* do primeiro, provavelmente trazido para o Rio por Grandjean de Montigny.

artigo 10 margareth da silva pereira
A ARQUITETURA BRASILEIRA E O MITO:
NOTAS SOBRE UM VELHO JOGO ENTRE
AFIRMAÇÃO-HOMEM E *PRESENÇA-NATUREZA*
[1990]

E então disse o filósofo:
– Estamos curiosos. Sendo tão rústica em tuas montanhas, em teus desertos, em teus mares, gostaria de saber como te revelas, no entanto, tão engenhosa em teus animais, em teus vegetais.
Ao que ela respondeu:
– Minha pobre criança, quer que eu te diga a verdade? É que me foi dado um nome que não me convinha: chamam-me natureza, mas sou inteiramente arte.
E [perplexo] o filósofo continuou...
– Essas palavras perturbam todas as minhas ideias. Como? A natureza não seria senão a arte?
– Sim, sem dúvida. Não sabes que existe uma arte infinita nesses mares, nessas montanhas que achas tão rústicos? Não sabes que todas essas águas gravitam para o centro da terra, não se elevando senão por leis imutáveis, que essas montanhas que cingem a terra são imensos reservatórios das neves eternas que produzem sem descanso essas fontes, esses lagos, esses rios sem os quais meu gênero animal e meu gênero vegetal pereceriam? E quanto ao que se chama meus reinos animal, vegetal, mineral, não vês mais que três; aprenda, porém, que eu os tenho aos milhares. Se tu considerας somente a formação de um inseto, de uma espiga de trigo, o ouro ou o cobre, tudo te parecerá maravilhas da arte.
Voltaire, 1764

Esse diálogo imaginário entre um ingênuo filósofo e uma experiente e personificada Natureza, publicado no verbete *natureza* do *Dictionnaire philosophique*, é apenas um fragmento de uma extensa literatura produzida a partir do século 17 e ao longo do século 18 na França, na Grã-Bretanha e na Alemanha, que se dedica a pensar as relações entre a arte e a natureza[1]. Esses escritos delineiam uma nova sensibilidade em relação à paisagem e ao entorno da existência humana que é indissociável da própria questão do conhecimento, e instauram um novo significado e uma nova função para a arte e para a arquitetura. Entretanto, essas reflexões em torno de temas comuns desdobraram-se de maneira diferenciada e cristalizaram noções, atitudes e formas que, embora muitas vezes até mesmo antagônicas, estiveram sempre associadas à mesma palavra – *natureza*[2].

No campo da arte, já em finais do século 17, o crítico literário inglês John Dennis[3] relatava a experiência de cruzar pela primeira vez os Alpes, questionando-se sobre as correspondências entre o "furor poético da natureza" que observava naquela paisagem retorcida e trágica e as faculdades do espírito. Dennis, de certa forma, já delineava uma relação, teorizada mais tarde por Kant, entre a natureza calma dos vales e dos jardins (lugar de meditação) e a natureza selvagem da paisagem daquelas montanhas – "ruínas do mundo antidiluviano" –, suscitando terror e êxtase (o apelo das paixões).

De ideia abstrata na renascença a estímulo das faculdades do espírito, a natureza parecia ganhar contornos de realidade, mas se *escondendo* ao mesmo tempo em uma pluralidade de significados. Norma estética, essência, aquilo que é genérico e exclui as diferenças, parte da realidade empírica não transformada pela ação humana, força ou princípio que produz o desenvolvimento de um ser, aquilo que é universal e imutável no pensamento, espontaneidade, não cálculo, ordem, aquilo que é necessário: a lista dos sentidos atribuídos à palavra é extensa, caracterizando talvez, justamente, essa faculdade da *natureza* de nunca poder ser capturável em um conceito[4].

"É uma mulher que adora disfarçar-se, cujas diferentes máscaras, deixando escapar ora uma parte, ora outra, dão aos que assiduamente a perseguem alguma esperança de conhecer um dia toda a sua pessoa"[5]. Assim a interpretava Diderot, pouco antes de Voltaire, acentuando esse seu mistério e, de certa forma, sublinhando a sua força, ao colocá-la como uma eterna miragem, sempre fugidia e inalcançável. Natureza: uma noção que se tornava tanto ou mais poderosa e invulnerável quanto permanecia vaga, isto é, imprecisa e prolixa e, portanto, impensável e inexistente enquanto ideia[6].

Esse nada de pensamento sob o conceito de natureza permitiu, entretanto, que por oposição, ou a partir dela, outros temas fossem pensados. Neste sentido, os escritos sobre o tema da natureza dos séculos 17 e 18 não foram capazes de subverter – aparentemente com raras exceções[7] – uma antiga tradição que vem entendendo, até os nossos dias, o artifício justamente por oposição à ideia de natureza como uma *extensão da natureza* – um epifenômeno dela –, que pode até mesmo traí-la, mas que tem nela a origem de sua existência e, graças a ela, seu campo de operação delimitado[8].

Não é nosso propósito fazer um mapeamento dos diversos significados atribuídos à palavra *natureza* pelo pensamento europeu e muito menos apontar suas implicações nos mais diferentes campos da sensibilidade moderna – da política à produção artística e arquitetural, passando pela filosofia, literatura, entre outros. Gostaríamos, apenas, de chamar a atenção para a importância da questão no próprio contexto brasileiro, em que qualquer reflexão no campo da cultura parece exigir uma profunda atenção tanto para esses sentidos escorregadios da palavra – que cumpre ainda à história das mentalidades tentar melhor circunscrever – como para uma tensa relação no entendimento do par natureza/artifício, que, aqui, foi simultaneamente antevisto e colocado em crise, bem antes de se desenhar na cultura europeia iluminista. Neste sentido, a própria prática da arquitetura – enquanto prática, em princípio, do artifício – será permeada por essa tensão, ora se tornando inteiramente desnecessária em uma nova arcádia ou em um paraíso prestes a ser reencontrado; ora, em sentido exatamente oposto, instituindo uma *segunda natureza* e se substituindo enquanto princípio fundador da ordem à própria natureza; ora diante do paradoxo inevitável de se construir no paraíso, buscando um diálogo possível entre afirmação-homem e presença-natureza por meio de *espaços intermediários* – artifícios-naturais e naturezas-artificializadas.

Com efeito, no que diz respeito à cultura brasileira, o tema da natureza e suas ambiguidades ganham contornos complexos. Fugidia e misteriosa na sua diversidade, como descrita por Diderot, ou sábia e referenciada ao trabalho do homem – mas não menos exemplar – como nos diálogos de Voltaire, a natureza, no Brasil, nunca representou apenas uma ideia abstrata e foi evocada tanto como o domínio da ordem quanto o do caos.

Quatro séculos depois da era dos descobrimentos, um observador *avisado*, um homem da ciência, como Lévi-Strauss, manifestava um mesmo estranhamento diante da paisagem brasileira – essa *natureza virgem* –, que séculos antes havia ofuscado também a retina de Caminha e Véspúcio, como registraram suas cartas. Homem da cultura da cidade e da vida em sociedade, Lévi-Strauss se espantava em descobrir no Brasil a supressão da oposição que lhe era familiar entre a casa e a rua (entre o individual e o coletivo) e descobria a radicalidade de uma nova oposição entre o homem e a natureza que seu olhar, formado por "paisagens integralmente humanizadas", não conseguia mais captar em seu país[9]. Mesmo quando pensava nas paisagens europeias mais rudes, ele as associava ao olhar permeado pela história das telas de Poussin, para só então entender que a harmonia sublime que mostravam, "longe de ser uma expressão espontânea da natureza, [...] [provinha] de entendimentos longamente estabelecidos no curso de uma colaboração entre o sítio e o homem"[10].

Na verdade, estas reflexões em torno do eu, que nasciam diante da observação do outro, servem-nos para chamar a atenção para essa *experiência de viagem* não apenas como um simples deslocamento no espaço, mas como uma situação que há quatro séculos vem marcando as relações novo mundo/velho mundo em relação a tudo o que circunda a existência humana – a natureza, inclusive.

Embora de maneira esparsa, pode-se detectar uma tendência historiográfica no campo da história das mentalidades que vem tentando resgatar o impacto produzido na própria cultura moderna, tanto pelas descrições *objetivas* das viagens ao Novo Mundo como por todos os sonhos e utopias que puderam fomentar, justamente pelo fato de esse território desconhecido e infinito se oferecer como o lugar de todos os possíveis. Impacto que definirá, de certa forma, até mesmo um antropofagismo às avessas, no qual os *devoradores de homens* são, antes de tudo, os europeus letrados dos séculos 16 e 17.

Não se pode ignorar, por exemplo, que a atitude reflexiva em relação à realidade *natural* experimentada pela cultura europeia setecentista fora em grande parte estimulada pelo próprio eco das odisseias daqueles que se haviam lançado ao mar e ao desconhecido dois séculos antes. Ardentes de fé ou heréticos, sedentos de riquezas ou de prazeres, esses navegadores, viajantes de passagem, colonizadores, descobriram cada qual a seu modo a *soberania do espírito humano*, seu poder *quase divino* recolocando o trabalho do homem como novo princípio ou força que dá desenvolvimento às coisas: em resumo, justamente uma segunda natureza, agora, humana.

Por um lado, uma profusão de *coisas sensíveis* – sabores, ruídos, cores e odores – obrigou esses *europeus desterrados* a exercitarem a observação, ensinando-os a experiência do ver. Por outro lado, aqueles que, pouco a pouco, tinham acesso aos relatos das suas visões eram alertados para tudo o que se dava a ver de maneira insólita – árvores, frutos, animais e, até mesmo, outros homens – e para um espaço novo que se abria para o fazer humano. Este universo desconhecido contribuía, assim, para desdivinizar a ideia de natureza, revelando-a, justamente, como uma parte da realidade empírica a ser descoberta, explorada e inventariada (descrita, como diria mais tarde Buffon) pelos homens.

Mas essa natureza vista como pura diferença, estranhamento e experiências era também perigosa fonte de tentações e de pecado. Diante dela, o viajante se deparava com um mundo às avessas feito de luxo e volúpia. Bela e perigosa, a natureza não remetia a nada além de sua própria experiência e era uma forma que atraía e esgotava os sentimentos dos homens "sem levá-los a Deus nem prepará-los para acolher a sua graça"[11].

As reflexões de Giulio Carlo Argan sobre a pintura de paisagem no século 17 nos auxiliam a descrever este mundo subitamente revelado como destituído de hierarquias entre as coisas e as imagens das coisas[12]. Mundo desnudado por uma experiência que provoca um contato violento com a matéria e que naturaliza tudo aquilo que antes era considerado prodígio. A curiosidade, o inventário e a própria imaginação se esgotam diante de sensações tão completas, tão corporais, que bastam a si mesmas[13].

E é aqui que se introduz ainda um novo paradoxo: essa natureza, que tanto produzira a exacerbação do olhar e dos sentidos, acaba por produzir uma cegueira – uma denegação do ver – e uma certa inação que recupera o desejo de ordem e calma em um solo inamovível. Aqui a autoridade de uma palavra – seja ela divina ou humana – não é imposta, mas ardentemente invocada como último refúgio para conter o movimento, o turbilhão dos sentimentos, a *atopia*.

Não nos compete, neste texto, demonstrar[14] como as visões do paraíso atravessaram o imaginário desses primeiros colonizadores, embora ainda mereçam ser investigadas as crises teológicas provocadas por teses que defenderam, como a do jesuíta Simão de Vasconcelos em meados do século 17, a existência de um paraíso sobre a terra próximo à linha do equador, ou ao sul dela. Teses que, talvez mais perturbadoras que as de Lutero e Calvino, traziam, por outros caminhos, o germe da heresia – e da subversão –, ao associar a proximidade desse paraíso à visão de homens errantes, sem fé, sem lei e sem rei e ao sugerir, de certa forma, que a palavra divina era na verdade um artifício humano desnecessário.

Natureza a domar ou a retornar – tal parece a questão com que se defrontam esses novos Hércules diante de uma escolha radicalmente excludente. A observação da natureza se revelava como a experiência de uma crise, indissociável da constatação de que a condição humana é marcada pelo artifício e por uma liberdade que se pode revelar estranhamente perturbadora. Assim, ao contemplar esses territórios infinitos onde os sinais das ações do homem estavam ausentes, esses europeus desterrados viam refletida nessa ausência sua própria face: seu passado, sua história, todo o seu poder de criação. Entretanto, aqui a civilização entrava em contradição com a imagem edênica e libertária que era oferecida pela própria natureza, e o modelo, não se situando nem plenamente em um presente, nem no passado, abria-se assim para esperanças depositadas em um amanhã totalmente outro (as utopias).

O fato de essa visão da natureza evocar simultaneamente tanto uma visão fechada do tempo passado como uma interrogação aberta frente ao que estava por vir conferia a esses homens uma atitude completamente original – de desconforto – diante da natureza e da história. Em outras palavras, aqui também se prenunciava um duplo afastamento do *entendimento tanto da natureza quanto da história como imagens positivas*, só bem mais tarde claramente enunciado pela consciência moderna europeia.

Questionamentos sucessivos e crise, que colocavam estes homens, livres e perplexos, diante de *modelos* que se revelavam em *ruínas* ou como *mi-*

ragens, na medida em que o ideal não estava nem na natureza, a ser transformada, nem na história, a ser corrigida, mas no futuro – ainda a ser construído em todos os seus detalhes, e portanto sem rosto, sem lugar. Esses europeus desterrados descobriam, pouco a pouco, uma sensibilidade nova – barroca – forjada do nada, da ausência, da crise. E descobriram ainda que se a condição humana era um fato e pressupunha o artifício, a existência podia se furtar a um desígnio, a qualquer princípio natural ou artificial, a toda lei, e se dar como puro acaso[15].

No que diz respeito à arquitetura, esta dialogará com essas esperanças ora de paraísos naturais finalmente reencontrados, ora de utopias – bom lugar, não lugar – rigidamente desenhadas pela mão do homem: velhos ou novos mitos que buscam restabelecer a paisagem serena do *jardim* ou da *citadela* – o lugar da estabilidade diante do excesso. Mas a ordem e a calma serão intensamente desejadas na mesma medida em que se suspeita serem inalcançáveis: utopias e paraísos buscarão incessantemente o presente justamente porque esse presente só mostra a instabilidade, o precário.

Sem dúvida, no campo da arte urbana, da arquitetura ou da pintura, diversas obras realizadas no século 18 no Brasil poderiam ser entendidas como resultados da nova sensibilidade europeia frente à natureza *natural* e à natureza *humana* transladada aos trópicos com alguma defasagem e muito desajeitamento. Basta que pensemos – só no que diz respeito ao Rio de Janeiro – no belo Passeio Público com suas t*errasses* ou ainda nas marinhas de Leandro Joaquim, ou na perspectiva *pittoresca* da cidade do Rio de Janeiro desenhada por ordem do Conde de Bobadela[16].

Entretanto, considerar essas manifestações apenas desse ponto de vista é minorar a força de uma reação poética à paisagem que colocara, séculos antes, um jesuíta solitário frente a espaços infinitos, escrevendo – ao que diz a lenda – versos à beira-mar: incompreensíveis para homens nus ferozes e antropófagos, palavra efêmera e necessária, antes de tudo, apenas para si mesmo. Palavra que, como aconselhara Loyola, abrigava o nada e inseria, agora, esse lugar vazio e significante – identificável neste caso com a natureza – para se instituir enquanto sistema[17].

Essa sensibilidade nova diante de paisagens grandiosas e insólitas foi revelada, ainda, por holandeses que reagiram de formas diversas, mas jamais indiferentes, às coisas que os cercaram. Eckhout, por exemplo, focara o seu olhar em maracujás, melancias, tartarugas e mamelucos, dando imagens precisas ao discurso que se chamaria *etnográfico*, iniciado pelo francês Jean de Léry quase um século antes em sua *Voyage faict en Ia terre du* Brésil[18]. Uma mesma sensibilidade que por caminhos opostos fará Franz Post ou Gillis Peeters transformarem o espaço da tela em uma reflexão sobre a própria ação do homem, ao retratarem mundos novos onde a história está em ruínas, e o futuro, apenas esboçado. A Olinda de Franz Post e o Recife de Gillis Peeters colocam em estado de alerta uma civilização que se deseja justamente construída pela razão, mostrando, em primeiro plano, os próprios limites desse projeto. Mais ainda: a observação das coisas naturais e construídas revela, como nos mostra Peeters, que o espaço agora reservado às obras humanas nasce seguramente de um desenho novo – como as complexas e modernas fortificações holandesas de Recife e seu porto –, mas esta proposta está em aberto e seus contornos se perdem em uma luz difusa em meio a uma natureza sem fim.

Passado em ruínas, futuro sem contornos claros, natureza incomensurável onde alguns homens dormem preguiçosamente enquanto outros andam de um lado para outro, sempre em movimento. A cena retratada pode ser trágica, dramática ou banal, mas é quase sempre impossível prever de antemão o seu desfecho: são fragmentos de uma realidade em fragmentos. Revelam homens sem origem e sem destino, presos na própria contingência de construir, de combater, de ir e vir como nas figurinhas de Prost, de viver, de sobreviver. Esta é a realidade do mundo novo, do mundo moderno, antevista por esses pintores.

Mundo Novo onde as figuras humanas vivem o doce abandono do País da Cocagna ou se empenham na construção de uma nova Torre de Babel, que atingirá definitivamente os céus. Poética diante da paisagem que imobilizará alguns desses colonizadores diante da contemplação de uma nova arcádia, do paraíso – não importa que nome tenha esse sonho – e levará outros a contrariar e transformar esta natureza com violência: bandeirantes, caçadores de esmeraldas e ouro, conquistadores, religiosos, artistas e arquitetos; quem são, também pouco importa.

Neste sentido, durante o século 18 se introduzem efetivamente algumas alterações na sensibilidade desses homens frente àquilo que percebem, interpretam ou transformam. O que se observa justamente a partir de fins do século – particularmente nos centros que mantêm um contato mais estreito com os países europeus – é um movimento de resgate positivo do passado, em que os mitos são incorporados em um mesmo e novo discurso da história. Ao contrário dos primeiros séculos de colonização e descobertas, a natureza não está mais em conflito com o artifício, nem as marcas da cultura estão em desagregação. A partir de agora, natureza e artifício mantêm entre si uma relação de continuidade: a natureza é história. Ela é a realidade sobre a qual se sobrepôs continuamente e em um movimento de expansão esta segunda natureza que nasce do homem: o pensamento historicizante devorará agora, um a um, os mitos.

Assim, a partir do século 18 as utopias não estão mais restritas a algumas dezenas de comunidades surgidas em nome da fé, que haviam se multiplicado pelos quatro quadrantes do continente americano. Parte do seu ideário deixara de ser ficção e lentamente havia sido digerido e recolocado dentro de uma história em perspectiva, engendrando revoluções e teorias políticas que se apoiavam nesta nova noção de *natureza humana*[19].

Fim igualmente da busca de paraísos míticos: do ponto de vista da história, a *realidade* americana e seus *bons* selvagens não remetem a nenhum prenúncio de uma súbita revelação do divino. O divino estava em toda a parte ausente, e suas obras, outrora pensadas perfeitas, agora são passíveis de críticas. Estes territórios úmidos com seus animais de pequeno porte, sua infinidade de serpentes e répteis, seus índios imberbes espelham a civilização em sua infância – "apenas saída das águas diluvianas"[20].

As paisagens tranquilas do Éden são criação, agora, dos paisagistas, que concebem uma natureza feita de árvores, pedras, lagos, animais, construções *artificialmente* dispostas. Jardins, telas, espaços em que o pitoresco e o sublime, os sentimentos agradáveis ou desagradáveis, a passagem do sentimento à reflexão são mediados pela mão do artista, do arquiteto, do paisagista[21].

Relatando sua visita em 1778 ao jardim do duque de Anhalt, em Dassau, Goethe diz sentir-se como em um sonho em meio aos Campos Elísios, ao caminhar entre bosques e lagos cuidadosamente planejados[22]. Malgrado seus canteiros, suas estátuas, seu chafariz ou suas espécies vegetais exóticas, cuidadosamente classificadas como em um horto botânico, o jardim do Passeio Público do Rio de Janeiro transformava a natureza, mas não conseguia rivalizar com a paisagem da própria Baía de Guanabara. Nem mesmo o jardim do Solar da Bandeira, "maravilha e orgulho da Bahia", conseguia subverter a força da paisagem natural; *encantadoramente situado*, frente à Baía de Todos os Santos, era considerado "ingenuamente composto" e exibia até mesmo uma "gruta malfeita de conchas vulgares, não obstante possuir o país [na natureza] grande e bela variedade delas"[23]. Para Humboldt, Maximilien, Langsdorff e tantos outros viajantes que visitam as cidades brasileiras a partir do final do século 18 e, principalmente, ao longo do século 19, o sonho continuaria a ser a plácida contemplação de vastos panoramas naturais, embora esta mesma paisagem escondesse o pesadelo, a angústia e até a loucura.

A sensibilidade nova que se manifesta na arquitetura brasileira de final dos setecentos e ao longo de mais de um século é muito menos quanto à paisagem ela mesma – secularmente fonte de sentimentos contraditórios, de êxtases e de reflexões – do que em relação ao próprio gesto de construir, investido agora pela história[24].

À eternidade das montanhas ou dos mares, engenheiros militares ou arquitetos vêm sobrepor massas construídas poderosas, imponentes, bem-acabadas. Como na velha *Utopia* de Thomas Morus, a construção celebra um poder de realização sobre-humano, mas em relação ao qual já quase não pesa nenhuma incerteza.

Na Europa setecentista, até mesmo as visões de ruínas já não são ameaçadoras. Afinal, a contemplação das ruínas pode ser experimentada de forma pitoresca, desde que estas sejam vistas em uma *apaziguadora continuidade histórica*. O sentido do monumento leva arquitetos como David Le Roy, Sufflot, James Stuart ou Nicolas Revett a partir em missões arqueológicas buscando imortalizar as ruínas do passado[25]: Pompeia, Paestum, Atenas. Mas o novo sentido do monumento também está presente em arquiteturas revolucionárias como as de Boulée ou de Ledoux, que colocam o gesto do arquiteto frente a forças cósmicas, frente até mesmo à própria morte[26]. O Cenotáfio de Newton, o cemitério da cidade de Chaux – lembre-se da sucessão de arquiteturas funerárias que excitam a imaginação até dos jovens alunos da *Academie des Beaux-Arts* de Paris[27]. O que ocupa o jovem Grandjean de Montigny na Europa são cuidadosos levantamentos ou projetos dos lugares da morte: Eliseu ou Cemitério Público que lhe valeu o *Prix* de Roma, o estudo da Tumba de Cecília Metela e uma série de monumentos comemorativos[28]. A razão iluminista já naturalizara a ideia de morte e substituíra a esperança de imortalidade nos céus por uma sobrevivência inscrita na própria memória dos homens[29].

É esse *culto do monumento*[30], é esse *desejo de passado* – mas não de qualquer passado – dominante na cultura brasileira do século 18 e 19 e fortemente presente até hoje que marca novos tempos para a arquitetura. Atitude que se contrapõe ao *abandono e ao gozo* frente ao presente e ao desejo de construção do novo, do diferente, que dominaram as práticas construtivas durante mais de dois séculos e meio, mesmo quando esses europeus desterrados aparentemente reproduziam a tradição. O modelo a partir do final do século 18 é claro: ele é a longa e evolutiva estrada que retira os homens da barbárie e os encaminha à civilização.

As edificações mudam de escala – primitivas igrejas são ampliadas, reformadas, reconstruídas ao longo do século 18 e início do século 19. Prédios públicos ganham nova magnificência, e a partir do século 19 são as residências urbanas que ganham novas formas e novas dimensões: frontões, fustes, capitéis, rotondas e abóbadas pontilham a paisagem das cidades. Também a arte dos jardins – como exercício do pitoresco – ganha uma relativa força: as cidades se enchem de árvores e de praças e as praças se enchem, por sua vez, de bustos e estátuas[31]. Ao longo do século 19 criam-se ainda academias, escolas de desenhos e liceus de artes e ofícios, em um movimento que segue, de certa forma, as palavras de Félix-Emile Taunay: "A arquitetura distribui as condições de espaço e ordem para as belas artes. Saibamos fixá-las aqui para reavivar o espírito público... [que] nossas praças, nossos passeios se povoem... de belas e sublimes representações dos filhos bem-amados da pátria e da virtude"[32].

A ideia de monumento histórico e artístico que começara a irromper nos desenhos dos arquitetos e se revelara claramente no projeto de cúpula da Igreja da Candelária do Rio de Janeiro, de Francisco João do Roscio (1775), multiplica-se – malgrado as dificuldades – com a institucionalização do ensino de arquitetura no país. Neste sentido, esse desejo de uma arte capaz de educar o povo por meio de exemplos que resgatam a autoridade e a dimensão universal da história explicita-se tanto na grande maioria dos projetos urbanos concebidos por Grandjean de Montigny na primeira metade do século 19, como nos discursos de seu discípulo Bethencourt da Silva, ou na luta para a elevação de um monumento comemorativo a D. Pedro I, para enfim se cristalizar na construção do Rio de Janeiro civilizado de Pereira Passos[33].

Durante o século 19, a positividade do gesto organizador de cidades e sociedades e particularmente a fixidez implícita na ideia de monumento artístico e histórico estariam em toda parte. Ela investe até mesmo naquilo que resta das visões do paraíso: as palmeiras, que ilustraram sistematicamente os relatos sobre o Brasil desde a carta *Mundus Novus* de Vespúcio e que desde sempre haviam servido de cobertura para a casa de Adão no Paraíso, serão a contribuição de uma natureza sempre generosa para os novos lugares de memória da nação.

A partir das primeiras décadas do século 19, o perfil de dezenas de palmeiras passará a enquadrar residências urbanas ou rurais e prédios públicos. Elas figuram, ainda, em mapas e projetos de urbanização do Município Neutro. Frágil presença da história local, sua disseminação nada tem a ver com a efemeridade de sistemas políticos. Muito mais do que celebrar o Império – como muitos insistem em interpretar sua presença recorrente nos jardins e residências da Corte –, elas continuariam silenciosamente – por enquanto – a guardar as portas do paraíso.

Esse ciclo, entretanto, tomaria novos rumos nas primeiras décadas do século 20. Com o movimento moderno, sobretudo a partir da visita ao Brasil de Le Corbusier, a paisagem exuberante dos trópicos era potencializada. Em final dos anos 1920, o escritor Blaise Cendrars – mais um viajante – comentava: "[No Brasil, no Rio] o que quer que eles façam com seu pequeno urbanismo, serão sempre esmagados pela paisagem"[34].

Mas Le Corbusier apontava novas saídas reformulando o discurso sobre a história e criando superfícies de diálogos com os mitos, ao escrever: "Por um magnífico desígnio, o homem pode aqui, mais uma vez, realizar o que a Grécia fez na Acrópole e o que Roma fez nas sete colinas: impor-se à paisagem pela arquitetura certa. [...] Quando tudo explode em festa; quando do verão tropical o verde nasce na borda das águas azuis, ao redor de rochas rosadas; quando estamos no Rio de Janeiro – as baías lápis-lazulis, céu e água, sucedem-se ao longe em forma de arco, ornadas de cais brancos e praias rosadas [...] quando, então, tudo é festa e espetáculo, tudo é alegria em nós, tudo se contrai para guardar a ideia florescente [...] somos possuídos por um desejo violento, louco talvez, de tentar, aqui também, uma aventura humana – o desejo de jogar uma partida *afirmação-homem* contra ou com *presença-natureza*"[35].

Palavra que soldava velhos mitos sufocados durante mais de um século pelo peso da história e que reexplodiam agora com toda potência. Desejo de construção do novo e desejo de desfrute de um jardim – secularmente tidos como antagônicos – se aliavam nas mãos de um homem, de um arquiteto, para desenhar uma história nova.

Em nome dessa história, a fixidez das construções neoclássicas e ecléticas foi desmantelada para ser substituída por uma linguagem nova, mas que também ambicionava a atemporalidade. Até mesmo o primeiro prédio da Imperial Escola de Belas Artes, construído por Grandjean de Montigny – construção destinada, por excelência, a celebrar a arte e a história –, ruiu sob o impacto dos novos *princípios*. Seu pórtico, salvo das ruínas de fato em início dos anos 1940, foi transformado em cenário-ruína, cercado de palmeiras, e seu frontão vem sendo mansamente devorado pelas ervas do Jardim Botânico: vitória da "livre república das plantas" e da ideologia naturalista[36]. Fracasso da natureza e do artifício enquanto princípios, condenados ao acaso do olhar que aí se detém.

Entre 1940 e 1960, a prática da arquitetura no Brasil, particularmente aquela que pressentiu no discurso corbusiano a voz de uma memória sufocada, encontraria sua força de invenção justamente na atualização do velho jogo afirmação-homem, contra ou com presença-natureza. Do ponto de vista da forma, multiplicaram-se as grandes aberturas e superfícies vidradas; as *fenêtres en longueur* fazendo do artefato um refúgio para a pura contemplação da natureza. Certamente a nova arquitetura exibia amplas janelas corbusianas, mas também pátios, terraços e varandas, ou ainda uma série de espaços ou elementos que articulavam a fronteira entre natureza e construção e demarcavam a singularidade da arquitetura brasileira.

Os pilotis presentes na proposta corbusiana inicial ganhavam no gesto dos arquitetos modernos cariocas – não por acaso os primeiros a ouvirem a palavra dos mitos – inúmeros desdobramentos que resgatavam justamente a memória lentamente sedimentada em uma velha relação com a natureza. Pórticos, varandas abertas e semiabertas, passagens cobertas-abertas, pátios, pérgulas, brises, leves treliças e cobogós foram soluções que se impuseram nas pranchetas dos arquitetos. As edificações já não eram mais rarefeitas presenças da cultura frente à natureza. As cidades haviam se constituído como fatos, e os modernos arquitetos – sem denegar seu próprio gesto – investiam as possibilidades agora oferecidas de diálogo com a natureza por meio justamente de espaços e de elementos que garantiam essa aproximação. O próprio paisagismo ressurge, valorizando essas superfícies de fronteira entre natureza e artifício e semeando muitas vezes novos jardins frente a jardins, como já fizera, no Rio de Janeiro, Mestre Valentim, e como fazia, agora, Burle Marx.

Dos arquitetos dessa geração dita moderna, o grande teórico será, como se sabe, Lúcio Costa. Mais do que escrever sobre o novo, ele se empenha em dissecar as relações artifício/natureza, reatualizando o discurso dos mitos e reinserindo-o, a seu modo, na história. Mais do que qualquer outro arquiteto de todo esse ciclo da arquitetura brasileira, é também Lúcio Costa quem certamente deixa não meia dúzia de formas – *reprodutíveis à maneira de* –, mas uma herança de questões.

Em relação à arquitetura e à natureza, ainda está para ser devidamente analisada não tanto a euforia, mas a melancolia que Lúcio Costa revela, por vezes, frente a esse velho jogo. O entusiasmo foi capaz de engendrar o MES e Brasília, esta um exemplo máximo da crença na positividade, inquestionável gesto humano. Esse entusiasmo, presente no plano da Barra e em residências dos anos 1940, é passível de ser rapidamente dissecado em algumas linhas. Mais complexa de se entender é uma certa melancolia entrevista em algumas de suas obras. Melancolia capaz de conceber a arquitetura como uma sucessão de fronteiras que vão anulando os limites do artifício frente à paisagem, até recolocar o homem em pura contemplação da natureza.

Riposatevi, já aconselhava no seu projeto para o pavilhão do Brasil na 13ª Trienal de Milão. Repousai, indicava o tênue desenho de uma bananeira e o mole desenho da rede nas casas dos operários de Monlevade. À primeira vista, os contornos do paraíso parecem brotar nas perspectivas que traçam centenas de palmeiras no projeto da Cidade Universitária e até mesmo nas janelas incrustadas em cobogós que enquadram francamente a paisagem do parque Guinle. Redes, palmeiras, amplas varandas. Janelas que se sobrepõem a cobogós-janelas e que, através do inusitado perfil dos seus recortes quadrados na malha já vazada, afirmam a força de uma experiência de contemplação que atravessa os tempos. Contemplação, entretanto, que não é da ordem do pitoresco. Natureza "bucólica" – como diz o arquiteto – onde o pitoresco está inteiramente ausente e artifício e natureza nem participam de uma mesma continuidade histórica, nem estão plenamente em ruptura. Ambos estão entregues ao acaso.

Janelas que se sobrepõem a treliças. Janelas e treliças. Varandas fechadas ou abertas. Muxarabis. Na verdade, não importa de onde se contemple montanhas, mares, palmeiras ou cerrados. O enigma que os artefatos concebidos por Lúcio Costa parecem encerrar é que natureza e cultura estão condenadas a se alimentarem continuamente no acaso de um gesto. Gesto afirmativo e imprevisível que não participa de nenhuma necessidade externa a si próprio. Gesto envolvido por uma doce melancolia que concebe artefatos que chegam a buscar sua própria dissolução. Artefatos que, assim, atingem os limites de sua materialidade enquanto objetos arquitetônicos. Arquiteturas que menosprezam detalhes de acabamento e se mostram atravessadas pelo tempo, mal-acabadas – deliberadamente *não acabadas*. Arquiteturas que declinam qualquer ambição à permanência. Arquiteturas minuciosamente construídas para evocar o paraíso. Paraíso cortado por artefatos que desmentem sua existência. Objetos que, não obstante uma autodenegação extrema, acabam confrontando homens não a jardins, mas ao próprio artefato, desenhando o espaço em que o artifício instala, precariamente, a cada gesto, sua necessidade.

Notas

1. Sobre essa literatura, ver por exemplo: LOVEJOY, Arthur O. Nature as Aesthetic Norm. In *Essays in the History of Ideas*. Baltimore, The Johns Hopkins Press, 1948; MARTINET, Marie-Madaleine. *Art et nature en Grand-Bretagne – De l'harmonie classique au pittoresque du premier romantisme 17è – 18è siècles*. Paris, Aubier, 1980; ou ainda as análises presentes em CASSIRER, Ernst. *La philosofie des lumieres*. Brionne, Gerard Monfort, 1966. Versão brasileira: CASSIRER, Ernst. *A filosofia do Iluminismo*. Tradução de Álvaro Cabral. Campinas, Edunicamp, 1994. Ver particularmente os capítulos "Nature et science de ia nature" e "Les problèmes foundamentaux de l'esthétique".

2. Cf. LOVEJOY, Arthur O. Op. cit.

3. DENNIS, John. Letter, 1688. Fragmentos desta carta, que teve grande repercussão na Inglaterra quando da sua publicação em 1693, são reproduzidos in MARTINET, Marie-Madeleine. Op. cit., p. 62 e seguintes.

4. Ver ROSSET, Clement. *A anti-natureza: elementos para uma filosofia trágica*. Rio de Janeiro, Espaço e Tempo, 1989. Empreende uma análise detalhada desta questão, particularmente no capítulo "A miragem naturalista".
5. DIDEROT, De l'interprètation de Ia nature. Apud ROSSET, Clement. Op. cit., p. 18.
6. Idem, ibidem.
7. Idem, ibidem.
8. Idem, ibidem.
9. LÉVI-STRAUSS, Claude. *Tristes tropiques*. Paris, Plon, 1955, p. 94, 95 e 104. Versão brasileira: LÉVI-STRAUSS, Claude. *Tristes trópicos*. Tradução de Rosa Freire d'Aguiar. São Paulo, Companhia das Letras, 2000.
10. Idem, ibidem, p. 105.
11. ARGAN, Giulio Carlo. *L'Europe des capitales*. Genève, s.d. Ver particularmente o capítulo dedicado à pintura de paisagem e à análise, entre outras, das obras de Poussin, Lorrain, Rubens.
12. Idem, ibidem.
13. Idem, ibidem.
14. Para uma demonstração detalhada sobre as marcas das *Visões do paraíso* e da *Utopia* no próprio entendimento do gesto de construir (cidades e sociedades) no Novo Mundo e no Brasil, ver PEREIRA, Margareth da Silva. *Rio de Janeiro: l'ephémère et la pérennité*. Tese de doutoramento. Paris, Ecole des Hautes Etudes en Sciences Sociales, 1988.
15. Clement Rosset faz uma detalhada análise sobre "o artificialismo pré-cartesiano", que tem traços comuns com esta sensibilidade barroca. ROSSET, Clement. Op. cit. Ver particularmente p. 128 e capítulo dedicado a Baltasar Gracián.
16. Exemplos foram analisados in PEREIRA, Margareth da Silva. *Rio de Janeiro: l'ephémère et la pérennité*. Op. cit.
17. Sobre Inácio de Loyola e este "lugar vazio e significante", ver BARTHES, Roland. *Sade, Fourier, Loyola*. Paris, Seuil, 1971.
18. É o próprio Lévi-Strauss quem sublinha a importância do olhar *objetivo* de Léry em suas descrições sobre o Brasil.

19. Sobre os desdobramentos do pensamento utópico particularmente presente nas teorias de organização de cidades e comunidades, ver CHOAY, Françoise. *La règle et le modele*. Paris, Seuil, 1978. Versão brasileira: CHOAY, Françoise. *A regra e o modelo*. Tradução de Geraldo Gerson de Souza. Coleção Estudos, n. 88. São Paulo, Perspectiva, 1980.

20. Ver GERBI, Antonello. *La disputa del Nuevo Mundo – história de uma polêmica – 1750-1900*. México, Fondo de Cultura, sd. Ver particularmente o capítulo "Buffon: La interioridad de Ias especies animales en América".

21. Sobre a importância da arte dos jardins, ver MARTINET, Marie-Madeleine. Op. cit.

22. Carta de Goethe a Mme. Von Stein. Apud SEDLMEYER, Hans. *El arte descentrado*. Barcelona, Labor, 1959, p. 22. O parque do duque de Anhalt construído na cidade de Dessau foi o primeiro jardim em estilo inglês construído na Alemanha.

23. Comentário de LINDLEY, Thomas. *Authentic Narrative of a Voyage from the Cape of Good Hope to Brazil, a Portuguese Settlement in South America in 1802-1803*. Londres, 1808, p. 132. Apud FERREZ, Gilberto. *As cidades do Salvador e Rio de Janeiro no século VIII*. Rio de Janeiro, IHGB, 1963, p. 68.

24. A questão recebe maior aprofundamento in PEREIRA, Margareth da Silva. *Rio de Janeiro: l'ephémère et Ia pérennité*. Op. cit.

25. Ver *Paris-Rome-Athenes: le voyage en Gréce des architectes français au XI-Xé et XXé siècle*. Catálogo de Exposição. Paris, Ecole Nationale supérieure des Beaux-Arts, 1982; STAROBINSKI, Jean. *L'inventiom de Ia liberté*. Paris/Genève, Skira/Flammarion, 1987. Versão brasileira: STAROBINSKI, Jean. *A invenção da liberdade*. Tradução de Fúlvia Maria Luiza Moretto. São Paulo, Unesp, 1994.

26. Idem, ibidem. Ver p. 5 e seguintes.

27. Ver PEREIRA, Margareth da Silva. *Rio de Janeiro: l'ephémère et Ia pérennité*. Op. cit.

28. Idem, ibidem.

29. SEDLMEYER, Hans. Op. cit., p. 28.

30. RIEGL, Alois. *Der Moderne Denkmalkultus*. Vienne/Lepzig, 1903 (tradução francesa: *Le culte moderne des monuments*. Paris, Seuil, 1984). O livro de Alois Riegl permanece como uma das mais exaustivas análises sobre o moderno culto dos monumentos, tal como ele se constrói a partir do renascimento até se *naturalizar* nos séculos 18 e 19.

31. Para exemplos específicos desta atitude particularmente no Rio de Janeiro – cidade-capital, ver PEREIRA, Margareth da Silva. *Rio de Janeiro: l'ephémère et la pérennité*. Op. cit.

32. TAUNAY, Félix-Émile. L'education par les lettres et les Beaux-Arts. 12 mai. 1844. Arquivo Nacional do Rio de Janeiro AP35-DOC. ms.

33. Para exemplos específicos dessa atitude, particularmente no Rio de Janeiro – cidade-capital, ver PEREIRA, Margareth da Silva. *Rio de Janeiro: l'ephémère et la pérennité*. Op. cit.

34. Ver SANTOS, Cecília Rodrigues dos; PEREIRA, Margareth da Silva; PEREIRA, Romão da Silva; CALDEIRA, Vasco. *Le Corbusier e o Brasil*. São Paulo, Tessela/Projeto, 1987, p. 71.

35. Idem, ibidem, p. 87-89.

36. A expressão "livre república das plantas" foi utilizada pelo príncipe Maximilien em sua relação de viagem sobre o Brasil, citada por Morales de los Rios. Ver MORALES DE LOS RIOS FILHO, Adolfo. *Grandjean de Montigny e a evolução da arte brasileira*, Rio de Janeiro, A Noite, 1941, p. 38. Sobre a ideologia naturalista moderna apoiada agora na noção de natureza humana, ver ROSSET, Clement. Op. cit.

artigo 11 sophia s. telles
OSCAR NIEMEYER. TÉCNICA E FORMA
[1992]

Em um texto de 1945 sobre Pier Luigi Nervi, Argan observa que o funcionalismo "é apenas um modo de excluir do processo da arte todo hábito mental inveterado, toda tradição aceita passivamente; e de por o fato artístico como atualidade absoluta [que] impede de distinguir no tempo, como fases sucessivas, os momentos da praticidade, da técnica, da forma"[1]. O problema moderno é, portanto, o da gênese da *forma*, a partir do momento em que o espaço funda-se agora no princípio de uma realidade ilimitada, não passível de ser apreendida em seu conjunto, mas apenas em momentos que se configuram como hipóteses. A intuição espacial não poderá assim se resolver na síntese kantiana entre sujeito e objeto, nem tomar a matéria sensória da intuição como dado a ser organizado racionalmente, como o fizera a arquitetura clássica. Ao contrário, os problemas técnicos da arquitetura são conduzidos tendo em vista uma hipótese formal, uma vez que nenhuma designação é possível fora da experiência da realidade, que gradualmente se organiza em uma ideia de espaço. Só então pode manifestar-se como forma e, portanto, como construção. Daí a necessidade de emprego dos materiais como ferro, cimento e vidro, únicos elementos capazes de realizar o ideal de forma em seu puro valor de abstração. Argan nota que essa direção do projeto significa mais que uma compulsão tecnicista da arquitetura moderna. Tais materiais não são utilizados em seu estado natural, mas concebidos e produzidos "em função de uma construção não mais entendida como mimese ou reprodução de uma interna construtividade da natureza [...], mas da sistemática eliminação dos tradicionalismos que inevitavelmente estagnam em toda atitude naturalista"[2].

Em outro texto, de 1955, também sobre Nervi, Argan discute a tese desse engenheiro arquiteto sobre o método de busca formal na arquitetura técnica que, a seu ver, é intrinsecamente estético. Nervi assinala em seu livro[3] que as leis sobre as quais o cálculo se baseia coincidem, apenas em parte, com as leis da forma construída. Na medida em que há sempre uma margem ampla de aproximação no resultado do cálculo, não se trata de uma insuficiência intrínseca ao cálculo, mas decorrente do fato dessa operação seguir os processos lógicos, enquanto a invenção formal é notoriamente um processo de intuição. Nervi integra o cálculo à experimentação do modelo para determinar a forma final da estrutura técnica. De maneira que, segundo Argan, deve-se admitir que uma forma tenha sido inventada para ser experimentada.

À medida que a invenção artística não se orienta mais por uma inovação estilística, não poderá seguir o processo habitual da invenção como uma variação de formas já históricas. Será mais apropriado falar em hipótese formal, ou seja, uma intuição fundada sobre um conjunto de experiências e orientada para sintetizar e superar uma adquirida noção de espaço. Dessa maneira, compreender-se-ia que o cálculo matemático raramente conduza à determinação de uma justa forma porque pressupõe uma ideia ou estrutura geométrica prévia do espaço, a partir da qual computa as possibilidades funcionais e a resistência dos materiais e estrutura.

A tese de Argan é que se a técnica construtiva identifica o momento científico e o momento artístico, essa técnica tende a repetir algumas das atitudes típicas da ciência, especialmente a de superar continuamente seus próprios resultados. Nesse raciocínio, chegar-se-ia a substituir uma concepção de espaço como sistema proporcional por uma configuração do espaço como dimensionalidade absoluta. Daí a arquitetura de Nervi ter se orientado para a forma construtiva mais simples que é a cobertura, tensionada ao máximo em sua possibilidade construtiva. Essas estruturas indicam o limite extremo do espaço projetado com os meios e processos técnicos disponíveis. A qualidade da obra de Nervi será a de ter evoluído de um aberto desenvolvimento da superfície estrutural – é sua a invenção da laje nervurada – para identificar no problema da cobertura, enquanto limite de capacidade espacial, o problema da iluminação. Essa passagem representaria uma verdadeira concepção fenomenológica do espaço – um conjunto de dimensões, atmosfera e luz. O que Argan defende em Nervi não é a "ambiciosa invenção de uma forma", mas a realização de uma experiência construtiva que é também uma experiência da realidade.

Esses dois textos de Argan tocam em problemas essenciais da arquitetura moderna que se mantêm na tradição racionalista aberta especialmente por Walter Gropius e Mies van der Rohe: a identidade entre estrutura espacial e estrutura formal, dentro das possibilidades técnicas que irão se desenvolver. Argan está sem dúvida defendendo a pertinência desse projeto contra os ataques de tecnicismo que, a essa altura, entre os anos 1940 e 1950, a arquitetura moderna começa a sofrer.

Como fica claro também, Argan terá mantido, ao longo de seus textos, alguma distância do projeto de Corbusier, que na linha desse raciocínio, mantém-se inevitavelmente clássico com sua eleição de figuras geométricas e a construção da forma como uma operação eminentemente plástica. A mudança de seu projeto com a Maison Jaoul e com Ronchamp não o salva ainda da crítica aos aspectos *naturalistas* que sua obra incorpora[4]. Argan se mantém fiel aos princípios do projeto racionalista, mantendo a arquitetura como consciência do espaço mais do que da forma, se pudermos fazer essa distinção, coerente com a base fenomenológica de seu pensamento. Postulará assim a identidade entre a estrutura do espaço, a solução formal e a técnica construtiva, como a razão essencial do projeto moderno.

Para a arquitetura brasileira, que vem da tradição de Corbusier e Lúcio Costa, a posição de Argan tem um interesse particular. Tanto os projetos de Niemeyer quanto os que estão ligados a Vilanova Artigas e Paulo Mendes da Rocha em São Paulo, darão ênfase às possibilidades estruturais do concreto. A atenção à técnica construtiva toma sentido diverso, entretanto, quanto à formalização da obra. Os projetos paulistas dos anos 1960 deverão levar suas estruturas a se desenvolverem em grandes dimensões, incorporando frequentemente as técnicas do pretendido, usadas em engenharia de grande porte para a solução de construções mais triviais. O importante é que, com algumas exceções, mantém, entretanto, a filiação aos projetos corbusianos quanto à ortogonalidade e ao uso de empenas estruturais que são típicas da referência mediterrânea de Corbusier[5], dentro da tradição mais ampla do projeto moderno quanto à verdade dos materiais e às estruturas aparentes.

De seu lado, a obra de Niemeyer, a partir dos anos 1940, havia se afastado do funcionalismo e da contenção formal dos projetos iniciais do movimento moderno, dando livre vazão à imaginação de formas. Será preciso, portanto, entender em Niemeyer como o desejo de potencializar ao máximo os recursos construtivos do concreto, e trabalhando com um calculista do porte de Joaquim Cardozo, alia-se a vontade de expressão formal, cujas implicações técnicas espaciais serão indicadoras do sentido mais amplo do projeto e necessárias para que se possa compreendê-lo finalmente, como um puro raciocínio à escala do desenho, mais do que à escala do objeto construído.

A frequente ênfase de Niemeyer sobre os desafios estruturais que suas formas provocam, além de sua qualidade plástica, pode ser mais bem apreendida a partir da explanação do cálculo moderno feita pelo próprio Joaquim Cardozo. Em um texto de 1962, "Algumas ideias novas sobre arquitetura"[6], Cardozo critica um certo formalismo da arquitetura moderna que teria perdido a tensão da força criadora, "exaurindo-se num *mondrianismo* já por si dotado de poucos recursos". Definindo a arquitetura como um "complexo de atributos" que a constitui como "um espaço de configuração, como um espaço organizado e metrizado, composto de elementos intrínsecos e autoconstituintes", salienta, no decorrer do texto, dois desses elementos: a realidade geométrica da composição, "uma vez que a arquitetura sempre foi em todos os tempos um problema de realidade geométrica" e "na arquitetura mais atualizada, o emprego frequente de superfícies como elemento de sustentação". Observa a seguir que há uma tendência nos projetos contemporâneos para o abandono da geometria cartesiana, "dominada pelo formalismo algébrico", em favor de uma volta à intuição de uma geometria natural, valendo por suas qualidades imanentes e "não por dispositivos sobre elas construídos". Daí a decorrente dissolução das antigas relações proporcionais entre figuras geométricas. Cardozo preocupa-se, nesse momento, em discutir os problemas da *modenatura*, expressão acadêmica para indicar a moldura ou o perfil que se delineia sobre a superfície da construção. O termo é expressamente usado por Corbusier, que define a modenatura em sentido particular, ao resolver a superfície dos volumes submetendo as aberturas a um tratamento plástico livremente ordenado. O termo será também empregado por Lúcio Costa como o "modo particular como é tratada, plasticamente, cada uma das partes da composição"[7].

O calculista faz notar que é pelo emprego dessa nova geometria que se atinge um critério de moldu-ração ou modenatura "mais intrínseca às linhas, superfícies e volumes [...] e se define no emprego dos campos de tangência, de curvatura ou de contatos de ordem mais elevada entre aqueles seres geométricos". Perfeitamente a par das pesquisas de Nervi, além dos projetos de Torrojas e Candeia, Cardozo defende a precedência da forma intuída ou imaginada em relação ao fato técnico. É essa mesma qualidade que reconhece em Niemeyer, como um especial "sentido de molduração": a intuição do perfil de um elemento (ou de todo o corpo do edifício) a partir de uma forma que sugere campos de tangência não habituais para a geometria cartesiana, mas perfeitamente solucionáveis pelo cálculo moderno.

Quanto à transformação do muro em abóbadas ou em extensões onduladas, nota que são verdadeiras estruturas feitas de superfícies, construídas como cascas delgadas passíveis de deformação e que "dão a tonalidade da arquitetura de hoje", embora sejam ainda, no seu arrojo, "expressões algébricas [...] em virtude de sua analiticidade"[8]. Cardozo, que escreve em 1962, comenta que o que há de mais novo é a "exibição de formas arbitrárias e sentidas como simples e originais expressões estéticas [...], formas independentes, emancipadas, puras, belas e intuitivas, que propõem problemas de planificação das superfícies e de soluções de equilíbrio para as formas". [...] Nessas soluções, aparecerão as linhas dos esforços e das deformações [que constituem] a família de curvas que são o exemplo natural daquele objeto geométrico descoberto por Veblen e que se enquadram também no domínio da geometria dos tecidos [...]. Essas superfícies, obtidas pela gratuidade da imaginação [...] podem ser calculadas ou contadas, ou simplesmente intuídas como já o é, em muitos casos, a função do esforço".

O texto de Cardozo indica que a arquitetura técnica tomará rumos diversos daqueles desejados por Argan. Em vez da intuição espacial, passa-se para a imaginação de formas. Da mesma maneira, o livro de S. Giedion, *Space, Time and Architecture*, na edição revisada de 1967[9], mostra a tendência da terceira geração de arquitetos para a livre imaginação, que submete a técnica ao processo criativo. Giedion enfatiza, de seu lado, que a imaginação está inextricavelmente ligada à industrialização dos elementos estruturais e que sua solução apresenta hoje complexidades que as obras pioneiras não tiveram possibilidade de enfrentar. Agora, a arquitetura pode voltar-se para certo regionalismo, olhar a tradição e desenhar formas orgânicas como possibilidade da expressão individual, no momento em que a técnica contemporânea resolve quaisquer problemas formais.

É importante notar que Argan, em texto já da década de 1970, reconhece que não mais se pode esquecer "o significado que a comunidade atribui a certos [...] pontos de condensação, o que [...] recoloca o problema de uma simbologia das formas". Entretanto, a invenção, em muitos arquitetos contemporâneos, supõe uma restrição às finalidades políticas e sociais do urbanismo que levou, como consequência disso, ao *boom* tecnológico da arquitetura contemporânea. A questão para Argan é que essa nova onda técnica inverte em seus resultados o postulado moderno de dissolver o *fato arquitetônico* na cidade. Não deixa também de advertir, por isso, que tais "audaciosas propostas, muitas vezes de extrema ousadia e talento", se distanciam dos problemas reais da exigência de proteção para se transformarem em "puro circuito de informação-comunicação"[10].

Assim, a hipótese de Argan, de que o desenvolvimento do cálculo tenderia a uma maior consciência do espaço construído, parece ter liberado, ao contrário disso, os simbolismos e uma aberta associação de formas orgânicas. A essas novas formas, junta-se, no espectro contemporâneo, o desejo de formas imaginadas e, de certa maneira, impulsionadas pelo desenvolvimento da própria tecnologia. Daí as utopias espaciais do século 20[11].

De outro lado, as palavras *imaginação* e *expressão* são claramente defendidas por Giedion, e é curioso que, no texto, não haja sequer uma referência à obra de Niemeyer, mas apenas uma rápida menção ao urbanismo de Brasília. Pode haver várias razões dessa ausência, mas talvez a mais provável diga respeito ao caráter da formalização dos projetos de Niemeyer, muito distante da tensão estrutural visível em obras de Saarinen ou Utzon, enfatizadas no livro. Essa é uma questão importante e deveremos retornar ao texto de Cardozo para entrever a direção do projeto de Niemeyer.

Embora estimulado, sem dúvida, pelo desafio que as obras sugerem ao cálculo, Cardozo descreverá os projetos de Brasília a partir dos critérios formais da arquitetura que provêm ainda de Corbusier, por meio da leitura de Lúcio Costa. Do ponto de vista do calculista, as formas de Niemeyer teriam uma qualidade de modenatura superiores aos projetos de Candeia, Torroja ou Nervi, "por maior sentido estético de escolha, do refinamento de proporções", termos próprios da avaliação de Lúcio Costa, acrescidos da qualidade que o calculista aponta, de serem perfeitamente intuídas e alcançadas pela imaginação. Cardozo descreve as fachadas dos palácios da Alvorada, da Justiça e do Planalto, como definidas em uma "espécie de irradiação geométrica", possuindo sua fonte nos pilares, "cujas formas e disposição foram criadas para este efeito de modenatura que, como a antiga, a clássica, também produz jogos de luz e sombra".

Essa filiação às normas mais acadêmicas da arquitetura leva Cardozo a descrever as colunas no sentido da modenatura tradicional, em que "os jogos de luz e sombra" sugerem a noção de profundidade e superfície. Entretanto, Niemeyer afasta de tal maneira o corpo envidraçado do edifício para o interior da laje que o uso do mármore branco que reveste as colunas acaba por funcionar como um rebatedor luminoso que dissolve a sua própria materialidade. Apenas a um olhar muito atento, será visível a leve curvatura criada no encontro das catenárias. As colunas adquirem por isso uma *irradiação,* para usar o termo preciso de Cardozo, no sentido de uma autonomia própria do nítido contorno da figura. Da mesma maneira, as cúpulas invertidas do Congresso são volumes dissolvidos na luminosidade branca de sua pintura, meras figuras recortadas como um puro perfil. A disposição de colocar de topo os dois edifícios anexos só reforça o desejo do desenho em condensar os objetos em formas apreensíveis de imediato.

De seu lado, a catedral constrói-se como uma repetição circular do perfil estrutural e faz com que o volume apareça reduzido à visão do corte. Este é um procedimento recorrente e importante em Niemeyer, pois interior e exterior, superfície e profundidade, corte e elevação são literalmente condensados no perfil estrutural, cujo desenho nos dá sempre a totalidade do projeto, tal a força dos seus croquis. O batistério, pequena semente ovoide pousada discretamente, apenas indica que essas formas não desejam qualquer abertura a fim de manter a integridade do contorno. De fato, todos os acessos se fazem internamente, abaixo da superfície.

Resta assim uma linha vazia cuja figura se sustenta sobre si mesma e, por isso, detém a força de irradiação notada por Cardozo. São formas que não criam espaço, mas condensam em si mesmas todo o espaço e, como as figuras geométricas, não tem exterior nem interior.

A questão que se coloca de imediato é o fato de Niemeyer não depositar na matéria nenhuma carga expressiva, assim como de retirar dela qualquer tensão estrutural, fazendo, ao contrário, que a presença de seu desenho consiga desviar, esconder e quase sublimar o esforço necessário à sua consecução. Suas linhas fazem-se no ar e pousam a figura tão naturalmente que o olho esquece o gesto que as faz estar aí. Esse esquecimento da técnica no olhar contemplativo provoca, por sua vez, a dissolução da matéria. O projeto é apenas um desenho. Niemeyer produz assim uma separação sutil entre forma e técnica e distancia-se dos pressupostos modernos, não apenas quanto à inteligibilidade da gênese formal e à ideia de espaço, como também da atenção intelectual que a complexa formalização de Corbusier exige em sentido plástico. Todo o processo cognitivo parece inteiramente depositado na técnica, cabendo à liberdade de imaginação elidir forçosamente na imediatez do desenho, na rapidez do traço que quase não atualiza o volume, a forma de sua materialização.

Só nos resta então voltarmos ao desenho percorrendo o início de seu projeto.

Notas

1. ARGAN, Giulio Carlo. Arquitectura y técnica constructiva (Pier Luigi Nervi). In *Proyecto y destino*. Caracas, Ediciones de la Biblioteca de la Universidad Central de Venezuela, 1969. Versão brasileira: ARGAN, Giulio Carlo. Arquitetura e técnica construtiva (Pier Luigi Nervi). In *Projeto e destino*. Tradução de Marcos Bagno. São Paulo, Ática, 2000, p. 229.
2. Idem, ibidem, p. 232-233.
3. NERVI, Pier Luigi. *Scienza o arte del construire*. Apud ARGAN, Giulio Carlo. *Pier Luigi Nervi*. Milão, Il Balcone, 1955.
4. Ver ARGAN, Giulio Carlo. La Iglezia de Ronchamp (Le Corbusier). In *Proyecto y destino*. Op. cit.

5. Ver FRAMPTON, Kenneth. The Rise and Fall of the Radiant City: Le Corbusier 1928-1960. In *Opposition*, n. 19/20, Cambridge, The Institute for Architecture and Urban Studies/ The MIT Press, 1980, p. 19-20. O artigo discute as referências mediterrâneas que aparecem com mais evidência a partir dos anos 1920, como a força expressiva de um único elemento arquitetônico e na tendência a um módulo básico estrutural, que se conjugam com o tratamento brutalista das estruturas dos anos 1940, como a Unité de Marseille.

6. CARDOZO, Joaquim. Algumas ideias novas sobre arquitetura. *Módulo*, n. 33, São Paulo, 1963.

7. COSTA, Lúcio. Considerações sobre o ensino de arquitetura (1945). In Xavier, Alberto (org.). *Lúcio Costa: sobre arquitetura*. Textos de Lúcio Costa. Porto Alegre, Centro de Estudantes Universitários de Arquitetura, 1962.

8. CARDOZO, Joaquim. Arquitetura brasileira – características mais recentes. *Módulo*, n. 1, São Paulo, mar. 1955, em que o calculista se estende sobre o novo "domínio do muro" e a decorrente supressão da verticalidade.

9. GIEDION, Sigfrid. *Space, Time and Architecture. The Growth of a New Tradition*. 5ª edição revisada e ampliada. Cambridge, Harvard Univertity Press, 1967. Versão brasileira: GIEDION, Sigfrid. *Espaço, tempo e arquitetura. O desenvolvimento de uma nova tradição*. Tradução de Alvamar Lamparelli. São Paulo, Martins Fontes, 2006.

10. ARGAN, Giulio Carlo. *El arte moderno. Del iluminismo a los movimientos contemporâneos*. Valência, Fernando Torres, 1976. Versão brasileira: ARGAN, Giulio Carlo. *Arte moderna. Do iluminismo aos movimentos contemporâneos*. Tradução de Denise Bottmann e Federico Carotti. São Paulo, Companhia das Letras, 1992, p. 513-514.

11. Idem, ibidem.

artigo 12 renato anelli
ARQUITETURA DE CINEMAS EM SÃO PAULO. O CINEMA E A CONSTRUÇÃO DO MODERNO
[1992]

O processo de modernização de São Paulo transformou o cinema em um de seus elementos simbólicos. Portador de imagens da vida nas grandes metrópoles norte-americanas e europeias, o cinema serve de referência de urbanidade para grandes contingentes de espectadores. Por ser uma linguagem essencialmente moderna, contribui para construir uma nova relação entre seu público e o cotidiano da vida urbana, tematizando a velocidade e fragmentação da vida moderna, interferindo nos seus hábitos culturais e sociais.

Ao lado dos viadutos, das avenidas, dos automóveis com suas buzinas (klaxon), os prédios dos cinemas simbolizavam que a cidade era moderna. Guilherme de Almeida escreve em sua coluna "Cinematógrapho", no jornal *O Estado de São Paulo*:

> Oh! – Victrola Ortophenica Auditorium – Blue Heaven – Alto-falante – The Talkies – Rádio – Fios, fios e fios – Gollas de lynce no pescoço raspado das mulheres – Tremores de blacks e blues nos joelhos de seda descobertos – Cimentos armados enormes, enormes, enormes, pintados de novo – Barulhos de klaxons roucos – Flirts: telepathia, telegrama, telephone, tele... daqui a pouco, televisão – América, América e America: construção, amplidão e improvisação – Cheiro de cal e duco – Tudo novo, tudo grande...[1]

A vontade de ser moderno, entendido como uma diferenciação do que é arcaico, passa por uma valorização estética das manifestações da técnica e da urbanidade, de maneira semelhante ao futurismo, que glorifica a velocidade e a destruição daquilo que é velho. Nesse processo tudo que é novo se torna igualmente moderno. Todos os cinemas foram saudados pela imprensa nas suas inaugurações como *modernos,* fosse qual fosse seu estilo. O Alhambra tornou-se *mourisco modernizado,* o Paiamount e o Rosário, cinemas modernos à "altura de nosso progresso", enquanto que o Ufa de Rino Levi "ocupará um lugar de relevo entre as mais modernas casas de diversões de nossa capital"[2]. É exemplar o comentário de Guilherme de Almeida, justificando o termo *mourisco modernizado,* quando da inauguração do Cine Santa Cecília:

> Modernizando? – Sim. Fazendo de concreto e ferro a estrutura rija; decorando com a simplicidade do cimento e dos ferros-batidos a fachada; higienizando pela larga e profusa ventilação o ambiente: enfeitando de jogos imprevistos de luzes coloridas, misteriosas, a vastidão da sala: dispondo com conforto, em plateia, camarotes e balcão mais de três mil poltronas[3].

A técnica construtiva, a simplificação da decoração, a higiene e o conforto de um grande público são os aspectos modernos que se somam à fantasia e ao mistério do jogo de luzes e do exótico mouro. Guilherme de Almeida continua em seu artigo:

> Eu acho que as complicadas *architeturas* do Oriente adaptam-se bem ao cinema. O trepidante sonho moderno dos homens – como os sonhos de todos os tempos – vão bem nessas *feéries,* nessas sombrias e rendadas visões de ópio, dos palácios nababescos das Mil e Uma Noites [...][4]

A transposição do clima de fantasia presente nos filmes para o ambiente no qual ele é projetado foi uma constante desde os primeiros grandes cinemas americanos. Cinemas *egípcios* foram construídos na mesma época de filmes de *Cleópatra,* efeitos *atmosféricos* simulavam jardins barrocos nas salas de projeções realizadas por John Eberson, estilos orientais referiam-se ao fascínio pelo exótico. É estranho pensar que tal potencialização do ecletismo do século 19 pudesse ser identificada como moderna.

O comentário de Oswald de Andrade sobre a exposição da casa modernista de Warchavchik, em 1930, na rua Itápolis, ilustra o esforço de nossos modernistas em diferenciar um campo para o *moderno.* Era necessário dizer que Cristiano das Neves com seus prédios ecléticos não era moderno. Entre as causas do sucesso de público da exposição, Oswald cita dois filmes em cartaz na cidade.

"Basta olhar para os interiores apresentados por Greta Garbo em *Mulher singular* e Joan Crowford em *Donzelas de hoje* para qualquer indivíduo, por mais curto, compreender que a arte da casa atual, intransigente, lógica, unida nos demais diferentes detalhes, reivindica para si o lugar de vitória no mundo de hoje"[5]. Após uma descrição da casa de Warchavchik, Oswald completa: "como deve ser o cenário da vida de cada dia neste século bendito"[6].

Assim o cinema é entendido como exemplo educativo da gente *curta,* que pode dessa maneira ver como deve ser o lugar onde se desenrola a vida moderna, ou seja, dizer que moderno é Warchavchik e não o Cine Rosário, onde se dava a projeção. Não havia em São Paulo, naquele momento, uma distinção nítida entre intervenções da vanguarda modernista e os estilos historicistas. As grandes metrópoles norte-americanas e europeias foram construídas com absoluta predominância de estilos históricos e ecletismos. Ser moderno naquele momento era mais um acerto de passos com a aparência dessas metrópoles do que uma opção cultural pelo modernismo.

O procedimento de Oswald é exemplar do debate sobre o modernismo em São Paulo. Reivindica para os modernistas o privilégio da expressão local da modernidade internacional, desautorizando com a pecha de pastiche as intervenções ecléticas, neoclássicas e neocoloniais que construíam, com seu porte e quantidade, as novas feições metropolitanas da cidade. O esforço era o de construir e difundir a ideia de incoerência entre os historicismos e a modernidade, ausente tanto na mídia de massas como no senso comum da época.

A referência ao cinema, realizada por Oswald, apresenta, no entanto, um novo problema. Ao limitar-se a uma relação de aparências com o *modern look,* reforça assim a tendência de diluição dos procedimentos críticos da arquitetura moderna, transformando-a em cenário, pano de fundo do cotidiano contemporâneo. Os cenários do filme As *Donzelas de hoje* (realizados *por* Cedric Gibbons em 1929) são exemplares de como Hollywood tratava os temas formais modernos.

> Na sala de estar de *Donzelas de Hoje* uma enorme abertura em arco decorada com moldura dentada sugere uma engrenagem móvel de uma imensa máquina. O elemento mais extravagante na sala é uma escada facetada que sobe em espiral ao redor da lareira em direção a um balcão circular estruturado por um gigantesco suporte dentado[7].

A sala é transformada em um palco onde elementos *machinistes* de inspiração corbusiana são monumentalizados, criando um efeito barroco, muito distante dos conceitos de clareza quase classicistas de Corbusier, presentes na arquitetura de Warchavchik. Na casa da rua Itápolis está presente um esforço de integração da arquitetura e arte moderna na vida cotidiana, por meio do desenho de todos os seus objetos, sem com isso criar efeitos espaciais dramáticos e monumentais.

A comparação de Oswald evita uma crítica mais completa ao todo dos filmes, ou seja, à medida que as formas modernas são associadas a um discurso ambíguo, diluído de seu conteúdo original e reelaboradas por procedimentos cinematográficos contraditórios aos procedimentos arquitetônicos modernos. Os cenários desses filmes são assimilados como aparência, pano de fundo acrítico, mas atualizado da vida moderna, seja ela como for.

As fachadas em *skyline*

As primeiras manifestações modernistas no desenho dos cinemas paulistas estão presentes nas fachadas com representações de *skylines*. O cinema difundiu, de maneira intensa e abrangente, imagens de grandes cidades, construindo assim algumas fortes referências metropolitanas no seu público. O adensamento urbano das cidades norte-americanas, em especial Nova York, esteve presente na valorização do *skyline* pelo cinema de Hollywood. O arranha-céu e seu agrupamento intenso tornaram-se símbolo da metrópole moderna, estando presente tanto nos filmes como na própria arquitetura dos cinemas. As fachadas carregadas de elementos verticais, reproduziam figurativamente, nas suas platibandas, o desenho dentado de um perfil urbano ainda inexistente no entorno paulistano. Um único prédio simulava assim um conjunto urbano que se desejava atingir.

Já presente de forma discreta no Cine Paratodos (1929), essa representação de *skyline* torna-se o tema principal da fachada do Cine Broadway (1934). A volumetria triangular do seu telhado é recoberta por uma fachada de desenho escalonado com o logotipo luminoso acompanhando a silhueta.

No entanto, a importância desses dois cinemas não se deve apenas ao desenho de sua fachada, mas também à sobreposição de diversos procedimentos no seu projeto. O Paratodos mescla influências da secessão vienense, com formas geométricas triangulares (pisos e luminárias) e escalonadas (fachada), sobre um esquema compositivo eclético através do qual alguns eixos se estruturam com o entorno urbano. O Broadway cobre uma estrutura padrão em arcos de treliça com uma fachada triangular em *skyline*, forçando uma semelhança de seu interior com o do New York City Music Hall.

Desenfio da fachada do Cine Broadway, 1934

Essa coexistência híbrida de procedimentos e estilos não é específica do Brasil, mas está presente na assimilação norte-americana do repertório das vanguardas modernas europeias. Essa verdadeira somatória de estilos denominada posteriormente de art déco, é comentada por Forrest F. Lisle:

> a feira de Paris de 1925, Frank Lloyd Wrght, o cubismo, a ética da máquina, as formas maias, os padrões Pueblo, Dudok, a secessão vienense, os interiores modernos, as reentrâncias da lei de zoneamento. Esse grande número de fontes fragilmente correlatas, prontamente identificadas como subjacentes ao *Modern* na América, começa a sugerir os contornos do movimento moderno *aqui* [...], em oposição ao impulso da vanguarda europeia dessa época, por sua vez impessoal, redutor, exclusivista, mais idealista e moralista[8].

O comentário apresenta-nos esse procedimento de colagem eclética de elementos modernos como positivo e democrático. Como em Hollywood, em que o espectador tem a liberdade de escolher entre as mais diversas fantasias, aquela que mais lhe agrada, o cidadão americano tem a liberdade de escolher o estilo que lhe apraz, dispondo os edifícios dentro dos limites de seu lote. Dessa maneira, a cidade se constrói como um imenso mostruário de estilos, que rejeitam a *uniformidade autoritária e anônima* das vanguardas europeias: uma infinitude de representações individuais, justapostas sobre uma grelha abstrata.

Os cinemas de Rino Levi

Os cinemas projetados pelo arquiteto Rino Levi causaram impacto na cidade. Quando da inauguração do Cine Ufa Palácio (1936), o *Correio Paulistano* escreve que "o novo cinema de São Paulo parece ter saído de algum livro de H. G. Wells". Entre 1936 e 1941, Rino Levi projetou seis cinemas, sendo quatro deles em São Paulo. Foram os cines Ufa Palácio e Universo em 1936, e os cines Piratininga e Ipiranga em 1941. Tais projetos têm grande importância na construção da arquitetura moderna em São Paulo, além de serem obras de presença marcante no contexto urbano e cultural da época. Sua importância também é sentida na produção de Rino Levi, que até o projeto do Ufa Palácio havia realizado poucos trabalhos dessa envergadura.

Sua atuação deu-se na implantação de uma arquitetura que tematiza as necessidades de uso do projeto em questão. Rino Levi realiza estudos de visibilidade, acústica e fluxos de público, a inserção do cinema na paisagem urbana, as técnicas construtivas para essas grandes estruturas, sendo que o projeto procurava não apenas resolver tais aspectos, mas também selecionar aqueles que seriam tematizados figurativamente. É clara a intenção de ocultamento da estrutura no espaço interno de seus cinemas, enquanto que as exigências da acústica são explicitadas na forma das salas.

É necessário precisar em quais aspectos tais procedimentos se diferenciam dos seus contemporâneos não modernos. O enfrentamento das demandas funcionais específicas dos cinemas não são uma exclusividade dos arquitetos modernos. Ainda que inicialmente os cinemas fossem apenas derivações dos teatros, deve-se reconhecer que vários projetos não modernos avançaram no tratamento de suas especificidades funcionais. A diferença está em que os arquitetos modernos produziram formas que exprimem e simbolizam a função que pretendiam atender. A figuratividade dos projetos de Rino Levi deriva dessa postura, enquanto que nos seus contemporâneos, ela é buscada nas mais diversas fontes (teatros e filmes).

As recorrências à transparência dos planos que constituem as fachadas foram trabalhadas constantemente pelas vanguardas modernas com o uso do vidro. Rino Levi, em seus cinemas, apresenta estratégias diferenciadas. No Ufa Palácio, o desenho paraboloide das paredes da sala de projeções, originado de estudos acústicos, é retomado na forma das paredes do vestíbulo de entrada, agora como representação na fachada da forma do seu interior. Sofisticada maneira de construção da transparência moderna em um edifício que é necessariamente opaco, levar para fora o desenho de seu interior. As paredes do vestíbulo curvam-se convidando à entrada, diluindo com sua continuidade a separação da rua com o interior do prédio. A luz acentua a curvatura do vestíbulo do Ufa, destacando sua forma inusitada em um ambiente urbano homogêneo. Dentro da melhor tradição dos *night buildings* alemães, o prédio adquire sua vivacidade durante a noite, graças aos expressivos efeitos luminosos, que ressaltam a sinuosidade de suas linhas.

Nos seus projetos posteriores a preocupação com a transparência continua. No Cine Universo a superfície das paredes internas *sai* para o exterior, transformando-se em marquise, tratada como *pele* interior que chega ao exterior sem perda de continuidade. Esse conjunto marquise e luminoso constitui o único gesto expressivo do projeto, livre de preocupações funcionais, ainda que possa ser interpretado como um reforço visual para a direção do movimento de entrada e saída do público. No Cine Ipiranga o cinema recua no grande átrio, intensamente iluminado, sendo que no hall das bilheterias uma grande luminária em forma de olho parece simbolizar a natureza do espetáculo cinematográfico.

A preocupação de representar, de alguma maneira, o interior de seus cinemas na forma de suas fachadas cria um tipo de transparência não explícita. O uso intenso de efeitos luminosos na forma de suas fachadas cumpre a função de ressaltar essa relação de manifestação do interior na paisagem urbana. A luz é o elemento fundamental do espetáculo cinematográfico, sendo compreensível que ela seja utilizada nas suas fachadas como um de seus símbolos.

Assim como à luz não cabe apenas a tarefa de iluminar, outros elementos funcionais dos projetos transcendem o caráter estritamente utilitário que possuíam em outros cinemas, assumindo papel de destaque no conjunto do prédio, com formas até então pouco usuais. O tratamento da acústica é exemplar.

O Cine Metro, construído em 1938 e projetado pelo arquiteto Robert Prentice, permite uma comparação interessante. Sua sala de projeções é concebida como uma enorme concha acústica, o que lhe garante o elogio da imprensa como sendo o primeiro cinema com preocupações acústicas. Era necessário encontrar uma imagem acessível ao repertório da época para que se reconhecesse a eficiência da sua forma. Para Rino Levi, a melhor forma que atende às necessidades acústicas é a paraboloide, que não tinha nenhuma referência no repertório do público, ao contrário da concha acústica do Cine Metro; portanto, foi necessário mostrar enfaticamente em todos os projetos que a parábola, uma equação matemática, representava a melhor solução acústica.

Em artigo sobre o projeto do Ufa Palácio na *Revista Polytécnica* de abril de 1936, ele escreve: "Na elaboração do projeto em apreço, a acústica da sala de projeções foi considerada em primeiro plano, tendo sido a própria forma arquitetônica subordinada a ela"[9]. E somente não foi possível uma solução mais perfeita porque foi preciso "evitar uma forma arquitetônica por demais avançada para o nosso público, ainda não habituado a uma estética que poderia parecer-lhe extravagante"[10]. A forma considerada por ele como a "mais apropriada para uma boa difusão das ondas sonoras" foi a parábola. Ela está presente no corte das paredes e forro próximo ao proscênio, e no corte do piso da plateia, essa última em função da visibilidade. Nada concorre com a tela, nenhum ornamento desvia a atenção do espectador. Todas as formas da sala conduzem o olhar ao filme e contribuem para sua perfeita sonoridade. Nos seus projetos posteriores, esse procedimento é desenvolvido, a forma paraboloide não se restringe mais ao proscênio, mas toma todo o interior das salas do Universo, Piratininga e Ipiranga. O próprio efeito de proscênio desaparece, por ser um resquício desnecessário para uma sala de projeções. O estudo dos fluxos de público foi outro tema funcional que adquiriu destaque no conjunto de cinemas de Rino Levi, em especial a partir do projeto do Cine Universo. O projeto dos acessos são desenvolvidos e otimizados, para evitar tragédias geradas por pânico na plateia[11]. Mas não bastava atender às exigências de áreas de circulação presentes no Código de Obras. Era necessário que a sua forma não permitisse dúvidas quanto a sua direção e eficiência. No Universo, toda a extensão da separação entre plateia e sala de espera é constituída por portas. Nessa sala, a disposição dos pilares e dos bancos enfatiza a direção longitudinal, na qual se localizam os corredores de saída. Na planta é clara essa continuidade, que, no sentido inverso, ressalta o caráter de receptáculo desse movimento contínuo ao conjunto tela-proscênio. O movimento contínuo do espectador que entra no cinema, transforma-se em virtual, permanecendo o sentido do seu olhar em direção à tela.

A sofisticação no tratamento de tais elementos funcionais leva-nos a outra questão, os elementos técnico construtivos, tão ressaltados na arquitetura moderna, encontram nos cinemas de Rino Levi um tratamento modesto. As estruturas necessárias para vencer os vãos de uma sala de cinema são complexas. Entretanto, nenhuma delas é tornada visível internamente na sala, nem mesmo como referência formal. Apenas a função principal, ver e ouvir o filme, é tematizada.

É necessário ainda ressaltar a relação que a arquitetura desses cinemas de Rino Levi estabelece com o seu contexto urbano. Não se trata de instalar fragmentos de um urbanismo moderno aos moldes corbusianos, nem de um respeito aos restos de arquitetura colonial e eclética ainda presentes na cidade. Os projetos procuram estabelecer um diálogo com a arquitetura que seria construída posteriormente, uma cidade vertical sobre um traçado de quadras, ruas e avenidas. Todos os cinemas formavam um conjunto com os edifícios de apartamentos. O edifício apresenta partes que atendem a uma demanda na escala do pedestre e outra na escala da grande cidade de avenidas, devidamente integradas e harmonizadas. As marquises iluminadas atendem à escala do pedestre, marcando horizontalmente a entrada do cinema no Ufa e no Universo (apesar de não construído, havia a previsão de um edifício sobre a entrada do Universo). Apenas no Ipiranga, esse equilíbrio é comprometido. A altura do edifício, o Hotel Excelcior, subjulgaria uma entrada discreta. Nesse caso a marquise luminosa foi elevada, e o átrio tornou-se uma transição, tendo sua altura decrescente em direção ao hall das bilheterias.

Não há mais o hibridismo presente nos projetos de seus contemporâneos déco. Afirma-se assim uma linha clara de arquitetura moderna, com bases racionalistas e funcionalistas. No entanto, ela carece de uma estratégia política, como a que esteve presente na corrente moderna derivada de Lúcio Costa. A produção de Rino Levi, assim como de outros modernos em São Paulo foi pautada por uma vinculação com as demandas da iniciativa privada, em que a temática da identidade nacional não estava presente. Sua implantação dá-se pela construção de novos procedimentos de resolução projetual que atendam às necessidades do número enorme de edificações que compõe a vida urbana moderna. Não há temas mais ou menos nobres, casas, hotéis, cinemas, apartamentos, restaurantes, fábricas, escritórios, garagens, a arquitetura moderna, para Rino Levi, constrói-se junto com a implantação de novos tipos de edifícios solicitados pela vida contemporânea, e estes não como partes de um projeto global que a transformaria. Essa postura compõe aquilo que Sophia Telles denomina de "a ansiedade que, em São Paulo, havia configurado o mundo moderno como a tensão sempre iminente da passagem da condição provinciana à cosmopolita"[12].

Simultaneamente ao processo de desenvolvimento de projetos modernos como os de Rino Levi, continuam a surgir vários cinemas que ainda tematizam a fantasia e os estilos historicistas. As construções realizadas com técnica moderna, respondendo plenamente às demandas funcionais do cinema, são revestidas *por* ornamentações em que o luxo, a fantasia e a retórica estilística predominam. No entanto, não é possível dizer que tais cinemas sejam pré-modernos, como aqueles dos anos 1920. Enquanto aqueles procuravam ainda uma forma e uma figuratividade para os cinemas nos teatros, estes são cinemas, sabem como um cinema deve ser para funcionar eficientemente; entretanto, não se vinculam a nenhuma postura modernista, não são funcionalistas ou racionalistas; pelo contrário, são *mourisco modernizado, egípcio, colonial paulista,* ou luxuosamente decorados em estilo *Versalles.*

É interessante perceber que tanto crítica como público parecem não perceber a diferença entre esses cinemas e os modernos. A militância dos arquitetos modernos contra os estilos historicistas parece não ter interferido na opinião pública sobre arquitetura. Aos olhos do público, tais arquiteturas constroem, na Cinelândia, as feições da nova metrópole, sendo para eles *modernos*.

A relação desses cinemas com os estilos não se resume a um simples aplique de ornamentação. Ela é marcada pela intervenção de decoradores, o que estabelece uma divisão de trabalho com o arquiteto. Muitas vezes a decoração refere-se ao nome do cinema, o Cine Marrocos evoca o mourisco, como o velho Alhambra e, o Cine Bandeirantes, as *entradas paulistas*. O caso mais radical de intervenção de um decorador é o Cine Marrocos, em que uma arquitetura cheia de problemas mal resolvidos é requalificada pela decoração. Trata-se de uma reestruturação do próprio espaço, em especial do longo acesso, e não apenas de apliques ornamentais.

O desenvolvimento de São Paulo nos anos 1930 e 1940 realizou o sonho de sua metropolização. O Plano de Avenidas de Prestes Maia criou uma nova base de traçado urbano que dura até hoje. Sobre ela o tão desejado *skyline* novaiorquino se construiu. Até o início dos anos 1950, os cinemas ainda foram construídos de forma a assumirem um lugar de destaque dentro dessa nova vida metropolitana. Os procedimentos projetuais de Rino Levi serviram de referência para o projeto de inúmeros cinemas, não apenas de traço moderno, mas também com as novas atualizações de estilos historicistas, presentes na arquitetura que construiu as feições metropolitanas da cidade.

Notas

1. ALMEIDA, Guilherme de. Coluna O Cinematógrapho. *O Estado de São Paulo*, 11 out. 1928.
2. Idem, ibidem, 11 nov. 1936.
3. Idem, ibidem, 11 jul. 1930.
4. Idem, ibidem.
5. ANDRADE, Oswald de. A casa modernista, o pior crítico do mundo e outras considerações. *Diário da Noite*, São Paulo, jul. 1930. In *Arte em Revista* (especial "Arquitetura Nova"), n. 4, São Paulo, CEAC, 1983, p. 10.
6. Idem, ibidem, p. 11.
7. ALBRECHT, Donald. *Designing Dreams.* Nova York, Harper and Row/MoMA, 1987, p. 90.
8. LISLE, Forrest F. Chicago's Century of Progress Exposition: The Modern or Democratic, Popular Culture, *The Journal of the Society of Architectural Historians*. Volume 31, n. 3, out. 1972. Apud FRAMPTON, Kenneth. *Historia crítica de la arquitectura moderna*. Barcelona, Gustavo Gilli, p. 222. Versão brasileira: FRAMPTON, Kenneth. *História crítica da arquitetura moderna*. Tradução de Jefferson Luiz Camargo. São Paulo, Martins Fontes, 2000, p. 267.
9. LEVI, Rino. Considerações a propósito do estudo de um cinema em construção em São Paulo. *Revista Polytécnica*, n. 22, São Paulo, Escola Politécnica, abr. 1936.
10. Idem, ibidem.
11. Em 1938, um tumulto gerado por um alarme falso de incêndio causou a morte de 31 pessoas no Cine Oberdan.
12. TELLES. Sophia S. Lúcio Costa: monumentalidade e intimismo. *Novos Estudos Cebrap*, n. 25, São Paulo, Cebrap, out. 1989, p. 76. Artigo republicado nesta coletânea.

artigo 13 carlos alberto ferreira martins
IDENTIDADE NACIONAL E ESTADO NO PROJETO MODERNISTA. MODERNIDADE, ESTADO E TRADIÇÃO
[1992]

Já se apontou que todo esforço de conhecimento do significado e dos processos operativos do modernismo brasileiro corre o risco de cair, ou na conhecida "desconsideração brasileira pela memória" ou no seu oposto, o enquadramento apressado nas periodizações e nas cristalizações interpretativas[1].

Estão hoje superadas as visões que tendiam a pensar a produção e as estratégias de intervenção cultural deflagradas com a Semana de Arte Moderna de 1922 como mero reflexo das tensões sociais que marcaram a década de 1920, ou ainda, como expressão na esfera cultural do descontentamento das emergentes camadas médias urbanas, com um quadro político e institucional incapaz de absorvê-las nos mecanismos de gestão de uma sociedade em rápida transformação.

A produção recente mais estimulante tende a pensá-las como um momento particular do processo de constituição de uma *intelligentsia* no Brasil. Isto é, da formação de um grupo social que se individualiza menos por sua origem social que pela natureza particular das relações que propõe estabelecer entre o trabalho intelectual e a política[2].

O intenso processo de transformações políticas e econômicas vivenciado pelo país na virada do século, até o limiar dos anos 1920, concentra, de forma particular e dramática, no Rio de Janeiro, a desilusão dos que viram a República como uma palavra mágica capaz de resolver os problemas sociais do país.

A consolidação do poder das oligarquias, o surgimento e a destruição de grandes fortunas na ciranda financeira, o intenso desejo de *civilizar-se* de uma capital que se quer branca e europeia, constroem o contraponto da repressão policial à chaga da miséria urbana, agravada por um crescimento populacional acelerado. Os 523 mil habitantes de 1890 são 811 mil em 1900 e um milhão e 160 mil em 1920, aumentando em muito o número daqueles a quem "se reprovará moralmente a sua própria condição de miseráveis"[3].

As transformações urbanas e sociais, levadas a efeito durante esse período, aprofundarão cada vez mais o descompasso entre o esforço de atualização de um país que deve ser estruturado para se incorporar às novas formas de articulação do sistema econômico internacional e os limites internos representados pela extensão territorial, pela "dissipação improdutiva do capital importado", pelo nepotismo, pelo analfabetismo e pela dificuldade em incorporar ao sistema produtivo os contingentes de ex-escravos, de migrantes e estrangeiros.

Nicolau Sevcenko assim resume o caráter contraditório do que chamou de "inserção compulsória na belle époque":

> Ao fim, resultava que a pretendida composição de um Estado-Nação moderno no Rio de Janeiro só se tornava viável através da sustentação, por cooptação, proporcionada pelas estruturas e forças sociais e políticas tradicionais do interior do país (coronelismo, capanguismo, voto de cabresto, etc.), mais do que nunca interessadas em tirar partido do volume de riquezas e oportunidades condensadas pelo

governo central. O aspirado estabelecimento do regime do progresso e da racionalidade seguia, assim, numa marcha arrastada e entorpecida pela ação corruptora da estagnação e da irracionalidade[4].

A par das vozes que se erguem para denunciar a miséria popular e o estado de atraso social e cultural, por vezes conseguindo expressar "um sentimento de autêntica indignação moral", persiste um sentido de impotência perante as dificuldades e a dimensão da tarefa de transformar um país que sequer se conhece adequadamente.

Luciano Martins indica que, ao contrário do que fez a força da *intelligentsia* russa, os intelectuais brasileiros, mesmo os mais lúcidos denunciadores da miséria moral e material do país, são incapazes de superar em seu discurso o domínio da crítica moral, frequentemente confusa: "os protestos e perplexidades não chegam a se converter em um projeto de transformação da sociedade"[5].

Essa condição de uma *intelligentsia* desprovida de pensamento utópico, de projeto de transformação social, não parece poder ser explicada simplesmente pelos processos de cooptação dos intelectuais pelos setores dominantes do aparelho estatal ou por qualquer leitura reducionista do tipo *origem de classe*. No movimento de constituição e diferenciação interna do setor letrado, ao lado dos *bacharéis* – expressão do saber ornamental – cada vez mais se destacam aqueles que articulam a preocupação com a própria identidade enquanto grupo social e a busca, frequentemente angustiada, de uma explicação para a especificidade dessa sociedade contraditória e desconcertante: "é a nação, mais do que a sociedade, que constitui o eixo das preocupações dos intelectuais"[6].

Como uma espécie de resposta à formulação de Tobias Barreto, "a *intelligentsia* brasileira se preocupará, somente um século após a independência, sobre a construção da nação"[7].

No entanto, o esforço de construção sistemática de uma teoria capaz de interpretar o Brasil, como condição de suporte para o autoatribuído papel de *herói civilizador* da nação, ainda esperará algum tempo. Será necessário que, após o golpe de 1930, se afirme, progressivamente, a convicção de que o novo tipo de governo central, autoritário e centralizador, é a via possível de construção da nacionalidade, para que essa vocação *demiúrgica* assuma, ao menos aparentemente, contornos de viabilidade *operacional*.

No campo mais específico da produção cultural, literária, plástica e musical, um raciocínio de outra ordem, e de outra origem, aponta também para a necessidade de construir um novo olhar sobre o Brasil. Paradoxalmente, esse novo olhar surge como preocupação de um pequeno grupo de intelectuais, se não originários, ao menos recebidos e amparados nos salões de refinadas famílias abastadas, a partir de seu contato com a produção cultural da vanguarda europeia.

Evidentemente o alcance cultural e político da renovação que ali se inicia só pode ser pensado fora dos limites de determinações mecânicas ou unívocas.

Antonio Candido, em trabalho já clássico, sugere que a articulação entre a tendência à expressão das características locais e reconhecimento da pertinência a um universo amplo e pluriforme constitui uma espécie de constante básica na produção cultural brasileira:

> Se fosse possível estabelecer uma lei da evolução da nossa vida espiritual, poderíamos talvez dizer que toda ela se rege pela dialética do localismo e do cosmopolitismo [...][8]

Essa tensão entre local e universal pode ser pensada como uma característica inerente à produção cultural mais significativa de um país cuja condição subordinada, colonial ou não, não obscurece o fato de ser, ele próprio, criação do sistema econômico internacional em expansão e, portanto, parte integrante de seu próprio movimento.

Com a produção modernista, a partir da década de 1920, essa tensão adquire, entretanto, contornos e configurações mais precisos. A ambiência do imediato pós-guerra, com seu surto de industrialização, com o crescimento e a complexização da vida urbana, a presença massiva e atuante dos contingentes de imigrantes, o conhecimento e a repercussão dos acontecimentos internacionais – da própria Guerra à Revolução bolchevique – contribuem para marcar uma sensação, ambígua certamente, de, cada vez mais indissociável, pertinência ao sistema internacional e também de inelutável diferença.

Antonio Candido pretende localizar a raiz dessa "ambiguidade fundamental" na esfera étnica, na condição de povo latino, de herança cultural europeia, mas etnicamente mestiço, tropical, influenciado por culturas primitivas[9]. Preocupado em identificar as similitudes e diferenciações dos diversos movimentos que, ao longo da década de 1920, marcam o âmbito latino-americano, Jorge Manrique indica que "não é a existência de uma arte *mestiça* o que se pode apresentar como o específico e o comum a nós, mas sim a pergunta por essa condição mestiça e as respostas que se têm feito, tanto no sentido positivo como no negativo"[10].

A resposta dos movimentos artísticos da década tem, além disso, um denominador comum "consistente em ser, simultaneamente, um despertar para a modernidade, um abrir os olhos para o que a Europa tinha de revolucionário nesse momento [...] e, ao mesmo tempo, um abrir também os olhos da arte à consciência da própria realidade social, em busca de algo capaz de definirmo-nos e identificarmo-nos como diferentes diante da Europa"[11].

João Luiz Lafetá, embora apoiado na linha geral da leitura de Antonio Candido, busca, em condicionantes mais imediatos e complementares, a origem desse caráter simultaneamente universal e localista que marca a produção do período inicial do modernismo: assumindo o projeto das vanguardas europeias de pensar a arte não mais como mimese, mas como um procedimento autônomo e autorreflexivo, este subverteu os princípios da expressão literária tradicional. Mas desmascarar a estética passadista acabou por implicar a contraposição a uma visão do país que estava subjacente a toda produção literária anterior:

> Sensível ao processo de modernização e crescimento de nossos quadros culturais, o modernismo destruiu as barreiras dessa linguagem oficializada, acrescentando-lhe a força ampliadora e libertadora do folclore e da literatura popular[12].

Ainda no rastro de Candido, apontará que o modernismo foi buscar em alguns dos procedimentos das vanguardas europeias as bases para essa operação, simultaneamente "estética e ideológica". Reconhecido que toda percepção tem já uma natureza intelectual, que todo olhar é construído culturalmente, a arte moderna europeia vai buscar na visualidade africana ou oriental, no primitivo, não apenas a demonstração da possibilidade da construção de um olhar distinto do renascentista, mas "um instrumento capaz de afastar as camadas de ideologia que haviam afastado a arte do real"[13].

Para os modernistas, alunos aplicados e assíduos frequentadores dos círculos da vanguarda europeia, entretanto, esse distante primitivismo, esse outro *olhar o mundo* que se buscava fora dos limites *civilizados* era perturbadoramente próximo e conhecido: estava sob seus próprios pés, persistia nos traços de herança cultural indígena ou africana. Nos costumes, crenças e falas ainda vivos na própria cidade, todavia indecisa entre a modernidade do tijolo e do automóvel e o passado recente da taipa e do burro de carga. Podia ser encontrado logo além das vidraças dos salões franceses das fazendas de café. Ou, mais radicalmente, no interior desse país que era preciso descobrir.

Lei da evolução da vida espiritual brasileira, preocupação *ontológica* com o ser brasileiro – ou latino-americano –, consciência do poder transformador *do popular* ou bem disciplinada aplicação de um procedimento das vanguardas europeias: qualquer que tenha sido o fator determinante, ou a particular combinação deles, a reflexão sobre a questão da nacionalidade marcou desde o início as preocupações dos mais expressivos representantes do modernismo.

Já em 1915, Oswald publica, em *O Pirralho*, um artigo em que critica ferozmente a figura típica do *bolsista* que, regressando de seu aprendizado europeu, mostra-se horrorizado com "a nossa pobre vida burguesa" e a nossa paisagem "não cultivada".

Ao final, aconselha aos jovens pintores que, passado o estágio "de aprendizagem técnica [...] [extraiam] dos tesouros do país, dos tesouros de cor, de luz, de bastidores que o circundam, a arte nossa que afirma, ao lado de nosso imenso trabalho material de construção de cidades, e desbravamento de terras, uma manifestação superior de nacionalidade"[14].

A mesma preocupação com a afirmação de uma brasilidade não contraditória com a modernidade reaparece na carta que Tarsila envia à família, de Paris, em 1923:

> Sinto-me cada vez mais brasileira: quero ser a pintora da minha terra. [...] Quero, na arte, ser a caipirinha de São Bernardo [...] como no último quadro que estou pintando.

Para em seguida, acrescentar o aval dos mestres europeus:

> Não pensem que esta tendência brasileira na arte é malvista aqui, pelo contrário, o que se quer aqui é que cada um traga contribuição de seu próprio país [...]. Paris está farta de arte parisiense[15].

Sem recursos para longas temporadas europeias, mas nem por isso menos informado, Mário de Andrade bate em tecla semelhante:

> Tarsila, Tarsila, volta para dentro de ti mesma [...] Vem para a mata virgem, onde não há arte negra, onde também não há arroios gentis. HÁ MATA VIRGEM. Criei o matavirgismo. Sou matavirgista. Disto é que o mundo, a arte, o Brasil e a minha queridíssima Tarsila precisam[16].

Carlos Zilio aponta a coincidência de posições entre os principais modernistas e a capacidade que terá Tarsila de concretizar "antes de seus companheiros literatos" as ideias em gestação. Analisando o quadro *A negra*, notará que, apesar do interesse parisiense pela arte negra, as referências de Tarsila são de outra ordem:

> Tanto em Brancusi como em Picasso, a arte negra funciona como sugestão plástica. Já o quadro de Tarsila não possui nenhuma referência imediata à arte negra. A influência é imediata e codificada pelo pós-Cubismo. O modelo mais presente para Tarsila é a própria figura do negro, retirada dos mitos de sua infância na fazenda[17].

A recuperação do passado brasileiro, no entanto, é demasiado importante para o projeto modernista para ser confiado exclusivamente à memória. A famosa viagem dos modernistas paulistas e de Blaise Cendrars, desdobrada nos roteiros de Mário, tem o sentido de uma tomada de conhecimento, mas também de uma investigação rigorosa, de uma leitura, tanto do passado erudito quanto das manifestações do popular. Leitura realizada pelo olhar aparelhado da modernidade, ela objetiva uma síntese cultural própria.

Carlos Zilio, citando Pierre Rivas, aponta a diferença de significado que tem a viagem para Cendrars e para os brasileiros:

> *aquilo que era exotismo na Europa era aqui recurso contra-aculturativo*, ou seja, o que para Cendrars era apenas a descoberta de uma realidade diferente da sua, para os modernistas era a descoberta da sua própria realidade[18].

Essa "descoberta de sua própria realidade" não se referia, entretanto, às condições concretas de vida material e cultural das populações marcadas pelo isolamento regional ou pelas diferenças étnicas e de classe na vida urbana. Era, antes de tudo, a busca de uma essência do ser nacional, de um *caráter* original que, cedo, mostraria sua intangibilidade e levaria os modernistas a uma radical virada no sentido de seu trabalho.

É interpretação corrente que o movimento modernista, originalmente preocupado com a dimensão de ruptura estética da sua produção, sofre progressivamente o influxo da exacerbação das tensões sociais e se *politiza,* definindo alterações de percurso na produção pós-trinta, representadas, por exemplo, pelo peso específico assumido pela temática social na pintura de uma Tarsila ou pela substituição da pesquisa literária por uma preocupação de reconhecimento e denúncia das condições de vida popular, que aproxima boa parte da literatura de um realismo. É evidente que os modernistas não poderiam estar isolados da efervescência política e social e, especialmente, do esforço intelectual de interpretação histórico-sociológica do Brasil, que é, num sentido amplo, constitutivo do próprio modernismo, se pensado como momento de "verificação da inteligência nacional"[19].

Isto não significa, entretanto, um movimento progressivo de aproximação às forças populares ou de adesão a projetos de transformação social apoiados nessas forças.

E novamente Zilio que cita uma passagem das *Reminiscências...* de Di Cavalcanti, referente ao final da década de 1920:

> Lembro-me de ter muitas vezes conversado, naquela época, com Mário de Andrade, Guilherme de Almeida e Oswald de Andrade sobre o destino político do Brasil. Eles riam de mim e não compreendiam o meu apego incipiente ao estudo das novas doutrinas sociais. [...] As conversas que eu mantinha com líderes operários e intelectuais comunistas [...] quando transmitidas ao grupo dos literatos da Semana de Arte Moderna só serviam para que eles zombassem de mim acreditando-me um criançola de sempre[20].

Diferentemente do que parece pensar Di Cavalcanti, não é a proximidade de Oswald de Andrade e Guilherme de Almeida aos próceres do PRP ou a adesão de Mário de Andrade ao PD, assim como não é a sua própria proximidade – ou a futura conversão de Oswald – ao PC, que determinam o caráter político de sua produção. O fracionamento político-partidário do movimento modernista tem sido apontado, sem que se enfatize suficientemente que o nacionalismo é mais do que a sua origem comum – é o seu sentido permanente.

Nacionalistas por formação pessoal e, acima de tudo, por convicção intelectual, os modernistas não deixam de fazer parte de um processo de construção de representações sociais objetivamente destinadas a escamotear a divisão de classes. Esse nacionalismo não pode ser, no entanto, passadista. Ele parte do reconhecimento daquilo que Sevcenko apontava já, como consciência, nos trabalhos de Euclides da Cunha e Lima Barreto:

> o movimento das circunstâncias concretas da cidade, do subúrbio ou do sertão, para as instâncias abstratas da civilização ou da natureza humana, faz-se agora através da mediação concreta de uma dimensão, que interage tanto com o primeiro como o segundo dado (o urbano *e o* regional): a dimensão histórica e espacial da nação, do estado, do território, da ordem econômica internacional, do cosmopolitismo, etc. Não há mais nesse caso dois termos único e solitários. Os próprios conceitos de universo e humanidade representam essa emanação histórica materializada pela expansão a nível mundial do padrão cultural europeu, a esteira da internacionalização do comércio e da expansão das potências do Velho Mundo[21].

Herdeiro das preocupações mais básicas e das formulações mais lúcidas da produção cultural anterior, o modernismo sabe que não é no passado ou nos mitos originais, senão simbólica e metaforicamente, que se podem buscar os elementos constitutivos da identidade nacional. De um lado porque "o passado de toda colônia é opaco a si mesmo, pois está sob o controle do colonizador"[22]; de outro porque uma busca rigorosa das *raízes* da população brasileira remeteria a um espaço muito mais amplo do que somente às origens lusitana, africana e indígena.

Contribuir, no plano específico da produção cultural, para a transformação do território em nação, da população em povo, implicava reconhecer que a questão nacionalista se apresentava, no Brasil pós-guerra, como esforço de reação, ainda que pluriforme, em três esferas, a princípio distintas: a necessidade de afirmação de independência política e soberania econômica diante da vocação imperialista das potências internacionais, agudamente demonstrada pela Guerra Mundial, e que tinha seu componente cultural no esforço de demonstração de equipolência cultural, da possibilidade de permanente atualização com a vanguarda internacional; em segundo lugar, a necessidade política e econômica de unificar um território e uma população, ainda fortemente marcados pela tradição regionalista, colocava os limites da possibilidade de utilização da matéria-prima regional no processo de produção cultural; por último, mas certamente não menos importante, a construção de uma identidade nacional era uma condição necessária para a superação da ameaça à coesão social interna, representada pelo caráter pluriétnico da composição da população trabalhadora, urbana e, em alguns casos, agrária[23].

Construção de uma identidade, portanto, e não sua descoberta ou recuperação. O modernismo brasileiro foi interrogar o passado, a tradição, em busca de elementos para construir uma imagem que afinal desse sentido ao Brasil moderno. A identidade não como origem mas como projeto, tão bem expressa na ideia andradiana de construir a *língua brasileira*, é a *virada* que define o sentido e o caráter do modernismo, assim como o seu drama e seus limites:

Apesar de todo escândalo e de toda crise, as vanguardas faziam sentido na Europa. Um sentido às vezes negativo, escabroso até, mas afinal um sentido. Nós, ao contrário, não fazíamos sentido: a nossa razão de ser era a Europa. Por isto buscávamos um sentido com a nossa vanguarda – a afirmação da identidade nacional, a brasilidade. Paradoxal modernidade: a de projetar para o futuro o que tentava resgatar do passado. Enquanto as vanguardas europeias se empenhavam em dissolver identidades e derrubar os ícones da tradição, a vanguarda brasileira se esforçava para assumir as condições locais, caracterizá-las, positivá-las, enfim. Este era o nosso Ser moderno[24].

Essa ambiguidade refletia de forma ampla os dilemas e os limites da ação intelectual no, e diante do, país. O artista não podia se contentar em criar sua obra. Era necessário também criar seu público. Vivendo em um país de analfabetos, com ausência de um público e um mercado, a questão da definição de seu próprio papel social o conduzia a "atribuir-se, enquanto tal, o papel de demiurgos, de herói civilizador da nação"[25].

Empenhados na dupla superação da ausência de um público e do caráter ornamental da cultura vigente, a questão da educação torna-se crucial para todo o esforço intelectual moderno no país.

Luciano Martins localiza aí a questão decisiva para a constituição e para a definição do próprio caráter da *intelligentsia* brasileira: "Serão justamente a educação da população, a reforma do ensino e a construção de um campo cultural, a partir da universidade, que se transformarão em eixos de preocupação de uma boa parte da *intelligentsia* dos anos 20 e 30. E são também essas preocupações as que relacionarão essa *intelligentsia* diretamente (e contraditoriamente) com o Estado"[26].

Essa relação não é contraditória apenas por que, especialmente a partir de 1930, os ramos empobrecidos do setor intelectual tenham passado a depender essencialmente da ampliação do "mercado de postos públicos", em que desempenham, por vezes, funções estritamente burocráticas a serviço de um aparato estatal de cuja orientação ideológica, constrangidamente, divergiam, como aponta Sérgio Miceli[27].

É, sem dúvida, excessivamente redutivo pensar que para garantir o "com que viver, de ordinário, sem folga"[28] ou para "furtar-se aos testes do mercado mais amplo", os intelectuais modernistas, por uma espécie de crise coletiva de consciência, buscassem "minimizar os favores da cooptação se lhes contrapondo uma produção intelectual fundada em álibis nacionalistas"[29].

Já mostramos, e antes de nós, muitos outros, que os *álibis* nacionalistas são muito anteriores, como preocupação fundante do projeto modernista, a 1930. É certo que o constrangimento existia e disso constituem excelentes testemunhas as sempre tensas relações entre Mário de Andrade e Capanema ou, ainda de forma mais aguda, o episódio do pedido de demissão de Drummond da chefia de gabinete do ministro[30]. Reduzi-los, entretanto, ao preço a pagar pelo "êxito em monopolizar as instâncias de financiamento que lhes deram o controle das concessões públicas de serviços e recursos nessas áreas e a autoridade intelectual para externar juízos em assuntos culturais"[31] é ignorar que a motivação fundamental para a ação através do Estado está na própria lógica do projeto modernista. No movimento conceitual que identifica a construção de seu próprio público à da nação civilizada, "a busca da identidade social passa igualmente pela busca angustiada de uma ponte entre essa ampla renovação cultural e a reforma da sociedade: a ponte entre a modernidade e a modernização do país"[32].

Assim, o processo de *construção institucional* vivido logo após 1930 e, na área cultural, acelerado com a gestão Capanema, apresenta-se como a possibilidade de acompanhar a superação do *atraso* econômico com o enfrentamento da tarefa autoatribuída de arrancar o país do seu *atraso* cultural.

A ação educacional como paradigma de um processo de *criação* de cidadãos e de *reprodução/modernização* das elites é uma das ideias recorrentes no Brasil do período. Embora Martins a localize de forma acabada nos educadores profissionais *strictu sensu,* deve-se notar que sua lógica se estende à ação cultural em sentido amplo.

Essa relação/tensão entre elites e *cidadãos a construir* implicará uma reflexão e um esforço permanentes em torno da articulação entre o *popular e o erudito*, entre a produção da obra de cultura e a produção de seu destinatário.

Estará também na raiz das ambiguidades e tensões da relação entre os intelectuais modernistas e o Estado, especialmente na área de atuação do Ministério de Capanema, dada a dificuldade de "estabelecer a tênue linha divisória que separasse a ação cultural, eminentemente educativa e formativa, da mobilização político-social e da propaganda propriamente dita"[33].

Exemplar dessa maneira peculiar de conceber o sentido social da ação do intelectual e do artista é o trabalho de Villa Lobos com o canto orfeônico.

Paradigmática, pela lucidez, a exposição que faz Mário de Andrade:

> Num país como o nosso, em que a cultura infelizmente ainda não é uma necessidade cotidiana de ser, está se aguçando com violência dolorosa o contraste entre uma pequena elite que realmente se cultiva e um povo abichornado em seu rude corpo. Há que forçar um maior entendimento mútuo, um maior nivelamento geral de cultura que, sem destruir a elite, a torne mais acessível a todos, e em consequência lhe dê uma validade verdadeiramente funcional. [...] Tarefa que compete aos governos[34].

E, por intermédio dos governos, aos intelectuais. É a autoatribuída tarefa de construção da identidade nacional que orienta o projeto modernista a pensar e propor a ação cultural como política cultural. Por isso, pelo menos tanto quanto pela locação repressiva e controladora do varguismo, o Estado será, no Brasil, do pós 1930, não apenas o árbitro, mas o promotor privilegiado da produção cultural.

Notas

1. BRITO, Ronaldo. O trauma do moderno. In TOLIPAN, Sérgio (org.). *Sete ensaios sobre o modernismo*. Rio de Janeiro, FUNARTE, 1983.
2. Ver MARTINS, Luciano. *La genèse d'une intelligentsia: les intellectuells et la politique au Brésil, 1920-1940*. Paris, Centre d'Etudes des Mouvements Sociaux, 1986.
3. Dados do Recenseamento do Rio de Janeiro. Cf. CONNIFF, Michael L. *Urban Politics in Brazil – the Rise of Populism 1925-1945*. Pittsburgh, University of Pittsburgh Press, 1981, p. 26.
4. SEVCENKO, Nicolau. *Literatura como missão*. São Paulo, Companhia das Letras, 2003, p. 51.
5. "les protestations et les perplexités ne parviennent pas à prendre Ia forme d'un projet de transformation de Ia société". MARTINS, Luciano. Op.cit., p. 22.
6. "c'est Ia nation plutôt que Ia société qui constitue l'axe des préoccupations des intellectuels". Idem, ibidem, p. 23.

7. "l'intelligentsia brésilienne va se préoccuper justement, un siècle après l'indépendance, de la construction de la nation". Idem, ibidem, p. 23.
8. CANDIDO, Antonio. *Literatura e sociedade*. São Paulo, Companhia Editora Nacional, 1985, p. 109.
9. Idem, ibidem, p. 119.
10. "no es la existencia de un arte *mestizo* lo que se puede presentar como lo específico y común a nosotros, sino la pregunta por ese ser mestizo y las contestaciones que se han dado, ya en sentido positivo, ya en sentido negativo". MANRIQUE, Jorge Alberto. ¿Identidad o modernidad? In BAYÓN, Damián (org.). *América Latina en sus artes*. Mexico, Siglo Veintiuno, 1974, p. 21.
11. "consistente en ser, simultáneamente, un despertar a la modernidad, abrir los ojos hacia lo que Europa hacía de revolucionario en ese momento [...] y al mismo tiempo un abrir también los ojos del arte a la conciencia de la propia realidad social, en busca de algo capaz de definirnos e identificarnos como diferentes frente a Europa". Idem, ibidem, p. 19.
12. LAFETÁ, João Luiz. Estética e ideologia: O modernismo em 1930. In *Argumento*. Volume 1, n. 2, Rio de Janeiro, Paz e Terra, 1973, p. 21.
13. ZILIO, Carlos. *A querela do Brasil: a questão da identidade na arte brasileira: a obra de Tarsila, Di Cavalcanti e Portinari – 1922-1945*. Rio de Janeiro, Funarte, 1982, p. 27.
14. ANDRADE, Oswald de. Em prol de uma pintura nacional. In *O Pirralho*, n. 168, ano 4, 1915. Apud BRITO, Mário da Silva, *História do modernismo brasileiro – 1/Antecedentes da Semana de Arte Moderna*. 5ª edição. Rio de Janeiro, Civilização Brasileira, 1978, p. 35.
15. Apud AMARAL, Aracy. *Tarsila, sua obra e seu tempo*. Volume 1. São Paulo, Perspectiva, 1975, p. 84.
16. Carta de Mário de Andrade a Tarsila. Apud AMARAL, Aracy. Op. cit., p. 110.
17. ZILIO, Carlos. Op. cit., p. 49.

18. ZILIO, Carlos. Op. cit., p. 67. A citação é de RIVAS, Pierre. Modernité du modernisme. *Europe*, n. 599, p. 4.

19. A caracterização do modernismo como "reverificação da inteligência nacional" é de Francisco Iglésias, em ensaio com esse título, publicado in ÁVILA, Afonso (org.). *O modernismo*. São Paulo, Perspectiva, 1975. Por esforço de interpretação histórico-sociológica, referimo-nos ao que é chamado de "redescobrimento do Brasil". Cf. MOTA, Carlos Guilherme. *Ideologia da cultura brasileira (1933-1974)*. Coleção Ensaios, n. 30, 5ª edição. São Paulo, Ática, 1985.

20. DI CAVALCANTI, Emiliano. *Reminiscências líricas de um perfeito carioca*. Apud ZILIO, Carlos. Op. cit., p. 66.

21. SEVCENKO, Nicolau. Op. cit., p. 228.

22. BRITO, Ronaldo. Op. cit., p.13.

23. Para uma avaliação da importância das diferentes tradições nacionais na formação de uma *subcultura operária* ver, entre outros, FAUSTO, Boris. *Trabalho urbano e conflito social*. Rio de Janeiro, Difel, 1983; HARDMAN, Francisco Foot. *Nem pátria nem patrão*. São Paulo, Brasiliense, 1984. Sobre a política futura do Estado varguista com relação às minorias étnico-linguísticas, ver SCHWARTZMANN, Simon et al. *Tempos de Capanema*. São Paulo, Edusp/Paz e Terra, 1984, p. 141-172.

24. BRITO, Ronaldo. Op. cit., p. 15.

25. "s'attribuer, en tant que tels, le rôle de demiurges, de héros civilisateur de Ia nation". MARTINS, Luciano. Op. cit., p. 26.

26. "Ce seront justement l'éducation du peuple, Ia reforme de l'enseignement et Ia construction d'un champ culturel, à partir de l'université, qui vont devenir les axes de préoccupation d'une bonne partie de l'intelligentsia des années 20 et 30. Et ce sont aussi ces préoccupations qui vont Ia mettre en rapport direct (et contradictoire) avec l'Etat". Idem, ibidem, p. 26.

27. MICELI, Sérgio. *Intelectuais e classe dirigente no Brasil (1920-1945)*. Rio de Janeiro, Difel, 1979, p. 168-164.

28. ANDRADE, Carlos Drummond de. *Passeios na ilha*. Rio de Janeiro, Simões,1952. Apud MICELI, Sérgio. Op. cit., p. 159-160.

29. MICELI, Sérgio. Op. cit., p. 159.

30. Ver ANDRADE, Carlos Drummond de. Carta de 25 mar. 1936. Reproduzida in SCHWARTZMANN, Simon et al. Op. cit., p. 302.

31. MICELI, Sérgio. Op. cit., p. 159-160.

32. "la recherche de l'identité sociale passe également pour la quête angoissé d'un pont entre cette rénovation culturelle tout azimute et la réforme de la société: le pont entre la modernité et la modernisation du pays". MARTINS, Luciano. Op. cit., p. 30.

33. SCHWARTZMANN, Simon et al. Op. cit., p. 86. Para as relações entre cultura e propaganda, ver também VELLOSO, Mônica Pimenta. Cultura e poder político: uma configuração do campo intelectual. In OLIVEIRA, Lúcia Lippi de; VELLOSO, Mônica Pimenta; GOMES, Ângela Castro. *Estado Novo: ideologia e poder*. Rio de Janeiro, Zahar, 1982, p. 71-108.

34. Carta a Paulo Duarte, datada provavelmente do final do primeiro semestre de 1937, reproduzida in DUARTE, Paulo. *Mário de Andrade por ele mesmo*. São Paulo, Edart, 1971, p. 150-154.

artigo 14 silvana barbosa rubino
GILBERTO FREYRE E LÚCIO COSTA OU A BOA
TRADIÇÃO. O PATRIMÔNIO INTELECTUAL DO SPHAN
[1992]

Para Francisco Iglésias, a historiografia brasileira se enriqueceu com a publicação da *Revista do Patrimônio Histórico e Artístico Nacional*, periódicos "que se distinguiam pelo rigor metodológico, pelo uso de fontes primárias, pela documentação severa"[1]. Para Iglésias, mais do que isso, o próprio trabalho de guardar ou reconstituir – em suma, a própria defesa – já é trabalho historiográfico.

A intenção é examinar a produção de conhecimento com origem na instituição, sua contribuição ao que podemos conhecer sobre história e arte do país a partir da prática do Sphan, e analisar esse *patrimônio conceitual* como mais um momento de investimento simbólico sobre bens prévios.

O Sphan não é apenas um capítulo de nossa historiografia. O tema *patrimônio* constrói um campo específico em que história, crítica de arte e ciências sociais se interceptam. Um campo que de um lado é híbrido, como a tradição ensaística dos anos 1940 e 1950, em que cabem arte, ensaio, crítica, história e ciências sociais. E de outro não, pois pela maneira como o campo foi constituído, essa mescla deixa de ser hibridismo e ecletismo para se tornar uma característica sem a qual não pensaríamos o tema. Patrimônio tornou-se, mais que um objeto que permite uma abordagem sob óticas diversas, uma área do conhecimento que remete a diversas disciplinas acadêmicas e que requisita e produz especialistas.

O Sphan, ao eternizar nosso passado tradicional, o fez sob a ótica da presentificação. Esse processo, que tem seu ponto nodal no tombamento, tem continuidade quando o Sphan fala sobre o que tombou ou deve tombar. Dito em outras palavras, há uma presentificação na historiografia da arte e arquitetura brasileira que é realizada via o estudo desse passado tradicional e a escrita sobre o mesmo. Ao abordar esses textos, podemos buscar hoje uma antropologia dessa historiografia.

Mas essa antropologia é também um exercício de presentificação. Sabemos que o que se preserva hoje é distinto, mas também informado pelo que se preservava em 1940 ou 1930 – pensa-se frequentemente os conceitos de Patrimônio por adesão, recusa ou diálogo com a tradição criada na *fase heroica* do Sphan, o período de Rodrigo Mello Franco de Andrade. Tal ocorre não porque hoje os preservacionistas sejam mais esclarecidos do que ontem, mas porque as regras do campo se alteraram. Novas visões de história foram incorporadas, e o conceito de patrimônio se antropologizou[2].

É necessária uma pontuação de por que os conceitos de Patrimônio se imbricavam tanto na ciência social que então se constituía. Essa área de intersecção está explicitamente demonstrada no prefácio à primeira edição de *Casa-grande & senzala*, obra hoje tida como uma das grandes interpretações do país[3].

Nesse prefácio, Freyre retoma as figuras de José Marianno Filho e Lúcio Costa – que já haviam disputado o papel de formador de opinião junto ao Sphan e os rumos da Escola Nacional de Belas Artes. Em seu texto, Mariano aparece como aquele que não compreendeu bem a especificidade da arquitetura patriarcal quando afirmou que esta seguiu o modelo da arquitetura religiosa. Costa, ao contrário, *se encantou* diante das casas mineiras, as "velhas casas-grandes de Minas". Mas é na elucidação do que representa a casa-grande, esse grande fenômeno total, que Gilberto Freyre demonstra o que pode contar um bem arquitetônico:

> A casa-grande, completada pela senzala, representa todo um sistema econômico, social, político: de produção (a monocultura latifundiária); de trabalho (a escravidão); de transporte [...]; de vida social e de família [...] de higiene do corpo e da casa [...]; da política (o compadrismo).

A casa-grande é o patamar privilegiado de onde o pesquisador analisa a totalidade de relações sociais na sociedade patriarcal.

Se na obra de Freyre a casa-grande é esse condensador de significados sociais, é no bem imóvel que repousam as reconstruções que o Sphan fez da história pretérita do país, ainda que no projeto de suas publicações se pretendesse um espectro tão amplo de temas como são as possibilidades de inventário, em que não é o bem imóvel a única nem a principal possibilidade.

Ao apresentar a primeira publicação do Sphan, de 1937 – o livro *Mocambos do nordeste*, de Gilberto Freyre –, o prefácio de Rodrigo arrolava os temas que seriam tarefa da instituição cobrir:

> Tendo por objeto questões gerais ou aspectos particulares da formação e do desenvolvimento das artes plásticas no Brasil, assim como estudos sobre matérias da nossa arqueologia, de nossa etnografia, de nossa arte popular, de nossas artes aplicadas e dos monumentos vinculados a nossa história, os

trabalhos que serão dados à publicidade em seguida ao presente ensaio do prof. Gilberto Freyre visarão a informar e a instruir com seriedade sobre aqueles assuntos[4].

Esse aspecto quase pedagógico das publicações do Sphan se assentava sobre a relação, assinalada por Rodrigo, entre a falta de informação e a falta de apreço que o brasileiro teria sobre seu Patrimônio. Cabia assim, mais do que preservar, apresentar esse conjunto de bens ao público, ainda que a um público restrito de pares e interlocutores.

Gilberto Freyre e Lúcio Costa, ou a *boa tradição*

Uma pista para uma análise do passado recomposto pelo Sphan – cujo modelo exemplar é uma igreja mineira do século 18 – pode estar na parceria intelectual entre o antropólogo e sociólogo Gilberto Freyre e o arquiteto Lúcio Costa. Se na introdução de *Casa-grande & senzala* Freyre totaliza os significados sociais que podem estar contidos na casa-grande, em um livro posterior, *Mundo novo nos trópicos*, tece longas considerações sobre o caráter brasileiro da arquitetura moderna carioca, expresso em cores e plantas, notadamente nos trabalhos de Costa e de Henrique Mindlin. Lúcio Costa, por sua vez, também constrói um elo entre o moderno e o tradicional, por meio da casa brasileira. Analisados em conjunto, Freyre e Costa formam uma dupla que ilumina essa vinculação da arquitetura à história do país. Ou melhor, de uma arquitetura particular à história do país que o Sphan remonta. Do movimento moderno à *boa tradição*.

Não são, contudo, os únicos a manifestar essa tendência de depositar a história no bem arquitetônico. O próprio Mário de Andrade, que em seu anteprojeto sugeria um conceito cultural extenso de obra de arte, em seu trabalho posterior inventariou apenas bens da arquitetura paulista. Em Ubatuba, Mário escreveu que seria necessário tombar o sentimento da cidade – mas quando o Mário-escritor cedeu espaço para o Mário-funcionário, o que ele sugeriu foi o cuidado com o bem concreto, palpável, que se torna o portador, o *charter* desse sentimento. Porque o que se pode preservar não é o passado, mas suas imagens e representações, e nesse período a arquitetura tornou-se a manifestação mais adequada, visível e perceptível do passado. A concretude da edificação contrasta com categorias mais abstratas, como as presentes no anteprojeto de Mário – cantos, língua, folclore –, que se casavam com as defendidas por Franz Boas, um antropólogo eminente que se dedicou a trabalhos de museu[5]. Mas seria um discípulo de Boas quem costuraria os vínculos entre arquitetura e vida intelectual, através de sua ascendência principalmente sobre Lúcio Costa.

Na concepção de Lúcio Costa, a arquitetura colonial traz essas imagens do passado brasileiro. Mais do que isso, a casa tradicional brasileira traz consigo a *pureza de formas* que encanta o arquiteto moderno. Enquanto arquiteto, Costa tem em mente o *traço puro* de Le Corbusier, mas a explicação mais *sociológica* que constrói está visivelmente inspirada pelo sociólogo pernambucano, quando descreve a influência de índios e negros na arquitetura que veio dos moldes europeus e aqui sofreu um *amolecimento*:

> O índio acostumado a uma economia diferente, que lhe permitia vagares na confecção limpa e unidade de armas(?), utensílios e enfeites, estranhou, com certeza, a grosseira maneira de fazer dos brancos apressados e impacientes; e o ne-

gro, conquanto se tenha revelado com o tempo, nos diferentes ofícios, habilíssimo artista... quando ainda interpreta desajeitadamente a *novidade* das folhas de acanto, lembra o louro bárbaro e bonitão do norte em seus primeiros contatos com a civilização latina ou, mais tarde, pretendendo traduzir, com o sotaque ainda áspero e gótico, os motivos greco-romanos[6].

Gilberto Freyre, em franca defesa do que denominou luso-tropicologia, afirma a unidade cultural luso-brasileira ou luso-afro-brasileira. O português aparece como tendo a capacidade de dissolver e perpetuar-se em outros povos, e a arquitetura – religiosa, militar e das casas-grandes – conservaram-se portuguesas, apesar da influência do que Freyre denomina um meio social colorido pela escravidão e miscigenação[7].

Assim, Lúcio Costa explica a casa sociologicamente, enquanto Gilberto Freyre localiza sua sociologia na vida da casa. Sua afirmação de que o alpendre das capelas brasileiras seria uma influência arquitetônica das casas-grandes torna-se paradigmática para o Sphan, embora comumente refutada. Refuta-se, contudo, respeitosamente:

> Repetir-se-ia... na capela de Santo Antônio a solução da fachada com alpendre que encontramos na igreja de São Miguel, no município de São Paulo, e a que o sr. Gilberto Freyre, em *Casa-grande & senzala*, atribui influência arquitetônica das casas-grandes. Em todo caso, cumpre observar que tal solução de arquitetura religiosa das pequenas igrejas e capelas se repete na Argentina, e pelo menos na Espanha[8].

Legitimado principalmente por Lúcio Costa, é como se Gilberto Freyre, dentre os chamados intérpretes do Brasil nos anos 1930, tivesse sido eleito para interpretar a arquitetura, e, pelo impacto de sua obra, admitisse poucas ressalvas. Era, então, discutido, ainda que considerado indiscutível:

Gilberto Freyre, em *Casa-grande & senzala*, considera-os (os alpendres) um traço assimilado da arquitetura residencial das casas-grandes. Para o caso particular dessa observação, não se trata de discutir se o estilo de vida das casas-grandes influiu nos costumes católicos (o *que acho indiscutível*), nem se houve assimilação de detalhes da arquitetura religiosa residencial ou vice-versa [...]. Não creio, porém, que a existência de alpendres em certas capelas brasileiras possa ser suficientemente explicada pela arquitetura residencial das casas-grandes, porque, além de ser o alpendre uma solução tradicional já europeia, sua existência nas capelas não é peculiar da zona de predominância da casa-grande[9].

Realizando uma tradução ou uma refração da arquitetura brasileira para o mundo intelectual, Gilberto Freyre constrói um léxico que traz o bem arquitetônico para o universo da cultura escrita. Torna-se assim o sociólogo dos arquitetos, ou da arquitetura moderna – o que está implícito em alguns textos do Sphan, como os de Joaquim Cardozo, parcialmente nomeado nos trabalhos de Lúcio Costa e dito claramente por outro arquiteto moderno, Henrique Mindlin. Para esse último, é na terminologia dos arquitetos que Freyre "vai buscar a caracterização semântica do complexo sociológico que mais lhe importa estudar para chegar a explicar a nossa gente: *Casa-grande & senzala* na fase ascencional do patriarcado rural, *Sobrados e mucambos* na fase de decadência e desagregação"[10].

O que Mindlin sistematiza é o que se encontra em estado latente nos textos de Costa, onde Freyre é citado quase como uma referência literária, de inspiração. Para Mindlin, há um campo de intersecção entre, de um lado, as ciências sociais, e de outro, a arquitetura e o urbanismo. Ele está presente onde se encontram os trabalhos de Freyre e dos arquitetos modernos, na convergência do que denomina, na ausência de um melhor termo, engenharia social, no cunho normativo que a obra de Freyre vai adquirindo (luso-tropicologia, regionalismo), que para os arquitetos se traduz nos desafios da realidade cotidiana e no planejamento, seja urbano, regional ou nacional[11]. E o passado tradicional é parte desse projeto intervencionista de presente. Há uma *boa tradição* que está palpável no bem arquitetônico[12].

Certamente essa possibilidade de intersecção, e mais, de tradução entre de um lado a sociologia e a antropologia e de outro a arquitetura e o urbanismo, aliada à rede de relações de Freyre com o grupo que ocupava o Edifício do Ministério da Educação, explica que tenha ele se tornado, mais do que o sociólogo dos arquitetos, o sociólogo do grupo liderado por Lúcio Costa, a vertente carioca e modernista do Sphan. O discurso de Gilberto Freyre, pretensamente proustiano, visivelmente impressionista e carente de dados empíricos, como na afirmação sobre as casas-grandes e os alpendres, pode tornar-se paradigmático devido a sua chancela de cientista, de antropólogo culturalista, que conseguia traduzir as reiteradas questões do nosso ser brasileiro em termos passíveis de apropriação e legitimação no interior do Sphan.

Mindlin argumenta que o regionalismo de Gilberto Freyre, tão mal interpretado, constitui uma "grande mensagem aos arquitetos brasileiros", pois "infelizmente, para muita gente, *regional* equivale *a folclórico,* assim como *tradicional* equivale a *apossado,* a sobrevivência do passado. Mas esse conceito de tradição põe de lado o aspecto vital, genuíno, da tradição que se forma em cada época da história da arte: o de uma *transmissão,* necessariamente submetida à influência e ao processo de metamorfose do instinto criador"[13]. O que remete à construção, à criação de uma tradição própria ao tempo presente, que respeita a "boa tradição de uma raça".

Por meio da ótica com que um arquiteto lê a obra de um sociólogo/antropólogo, mantendo-a intacta, a tradição ressurgirá no presente na arquitetura: seja pelo uso de plantas ecologicamente brasileiras, das cores, das casas onde se destacam os pontos positivos dos mucambos, ou pela saudade da varanda ao ar livre. E mais, ressurge na análise do desvio dessa *boa tradição*, na *reeuropeização* visível no Brasil do século 19.

Na perspectiva dos trabalhos do Sphan, é necessário um *lugar* para o evento passado se construir, e nesse sentido a legitimação conferida pela sociologia de Gilberto Freyre é exemplar, pois a sociedade que analisa tem seu apogeu na casa-grande e na senzala e seu declínio nos sobrados e nos mucambos. Pouco boasiano, nesse sentido, menos do que Mário de Andrade, que localizava o legado do país em Patrimônios imateriais em seu anteprojeto. A experiência de Gilberto Freyre com o mestre alemão, relatada no prefácio de *Casa-grande & senzala*, contudo, não perdura, pois Freyre se afasta das teorias culturalistas adquiridas em sua passagem pêlos Estados Unidos ao supor a existência de características de povos determinadas pela interação entre raça e ambiente. Freyre se aproxima a partir de então das noções de caráter nacional, antecipando o caminho posteriormente seguido por outros discípulos de Boas[14]. E o passado, que Freyre afirma que proustianamente deixa de existir mas não de agir, explica o presente e se assenta sobre a casa:

> A civilização brasileira foi nos seus começos mais o esforço de uma organização familial do que uma realização do Estado ou da Igreja, de reis ou de líderes militares. Daí seu desenvolvimento como civilização que tem por valores

fundamentais os domésticos, patriarcais e sedentários; 1) os edifícios de residência agrários, associados a uma economia familial de características permanentes e não nômades; 2) a cozinha, sempre complementar a uma civilização assim sedentária [...]; 3) a dona de casa[15].

O passado do Sphan e de seu funcionário Gilberto Freyre parece reivindicar materiais, mais do que referências folclóricas, tradições orais, saberes. A história remete a lugares, marcos, edifícios.

Não é um pensamento exclusivo dos intelectuais do Sphan. Essa questão não passou desapercebida por um antropólogo notável como Evans-Pritchard, que além de observar que a árvore sob a qual se afirmava ter iniciado a humanidade ainda se encontrava na região nilota habitada pêlos Nuer quando a visitou, indagava-se sobre a importância desses marcos para a história tradicional de um grupo. Por que a tradição referida a paisagem, artefatos, condições ambientais? "A história costuma estar mais ligada a lugares que a povos"[16], escreveu, ressaltando as consequências, na África, da ausência de pedras e da mudança de vegetação para as populações que passaram por processos de migração ou de ocupação[17].

Lugares e povos/pessoas. A finitude da vida humana é contraposta à possibilidade de permanência daquilo que o homem constrói, e a obra arquitetônica feita para durar torna-se assim o vestígio e a prova daquilo que perece, de quem ali habitou. No Sphan, a recuperação desse rastro é polifônica: escreve desde discursos patrióticos até, com o rigor da pesquisa de qualidade, história social.

Notas
1. IGLÉSIAS, Fernando. Depoimento. In *A lição de Rodrigo*. Rio de Janeiro, Dphan, 1968.

2. MICELI, Sérgio. Sphan: refrigério da cultura oficial. *Revista do Patrimônio Histórico e Artístico Nacional*, n. 22, Rio de Janeiro, Sphan/MinC, 1987.

3. Mais do que isso: Gilberto Freyre está também institucionalmente no ponto nodal dessa intersecção. Foi Gustavo Capanema quem o nomeou professor de sociologia na Faculdade de Direito de Recife. Seu livro foi revisado por Manuel Bandeira.

4. ANDRADE, Rodrigo Mello Franco. Prefácio. In FREYRE, Gilberto. *Mucambos do nordeste: algumas notas sobre o tipo de casa mais primitivo do Brasil*. Rio de Janeiro, Ministério da Educação e Saúde Pública, 1937, p. 95.

5. "It even happens frequently in anthropological collections that a vast field of thought may be expressed by a single object or by no objects whatever, because that particular aspect of life may consist of ideas only". BOAS, Franz. *Anthropology*, 1907. Apud STOCKING JR., George. *Object and others Essays and Museum and Material Culture*. Coleção History of Anthropology. Volume 3. Madison, University of Wisconsin Press, 1985, p. 192.

6. COSTA, Lúcio. Documentação necessária. *RSphan*, n. 1, Rio de Janeiro, 1937. Grifo do autor.

7. Sugestões para o estudo da arte brasileira em relação com a de Portugal e das colônias. *RSphan*, n. 2, Rio de Janeiro, 1938.

8. ANDRADE, Mário de. A capela de Santo Antonio. *RSphan*, n. 1, Rio de Janeiro, 1937.

9. SAIA, Luís. O alpendre nas capelas brasileiras. *RSphan*, n. 3, Rio de Janeiro, 1939.

10. MINDLIN, Henrique E. Gilberto Freyre e os arquitetos. *Guanabara*, n. 4, Rio de Janeiro, IAB, jan./fev. 1962.

11. Freyre, que considerava o presidente Getúlio Vargas um homem com consciência sociológica, acreditava ser a antropologia "capaz de concorrer para melhor administração do Brasil e para sua articulação mais inteligente – articulação social e de cultura – não hesito em ir até a sugestão ou esboço de uma filosofia interamericana de política de cultura que teria nas ciências sociais – especialmente na antropologia – um au-

xiliar poderoso, sem sacrifício, é claro, da dignidade científica das mesmas ciências". Prefácio a primeira edição de *Problemas brasileiros de antropologia*.

12. Essa tradição, em que a arquitetura brasileira ultrapassa os padrões estrangeiros, é retomada quando, comparando Oscar Niemeyer a Aleijadinho, Lúcio Costa afirma serem ambos uma manifestação do gênio nacional: "Encontraram o novo vocabulário plástico fundamental já pronto, mas de tal maneira se houveram casando, de modo tão desenvolto e com tamanho engenho a graça e força, o refinamento e a rudeza, a medida e a paixão que, na sua respectiva obra, os conhecidos elementos e as formas consagradas se transfiguram, a ponto de poder afirmar que, neste sentido, há muito mais afinidades entre a obra de Oscar, tal como se apresenta no admirável conjunto da Pampulha e a obra do Aleijadinho, tal como se manifesta na sua obra-prima que é a igreja de São Francisco de Assis, em Ouro Preto, do que entre a obra do primeiro e Warchavchick – o que, a meu ver, é significativo". COSTA, Lúcio. Carta depoimento. *O Jornal*, 14 mar. 1948.

13. Idem, ibidem.

14. Autores como Carlos Guilherme Mota e Dante Moreira Leite discutem a filiação de Gilberto Freyre às ideias de Boas. Contudo, cumpre observar que, semelhante a Freyre, discípulos de Boas dedicaram-se a estudos sobre o caráter nacional visando à produção de um conhecimento antropológico que contribuísse para a solução de problemas políticos. Mead, Bateson, Beiiedict, Kluckhon e Leighton realizam trabalhos sob encomenda do Estado, por intermédio da Foreign Morales Analysis Division, do Office of War Information. Dentre esses trabalhos, o que obteve maior visibilidade por sua relevância para a antropologia foi *O crisântemo e a espada*, de Ruth Benedict.

15. FREYRE, Gilberto. *Novo mundo nos trópicos*. São Paulo, Editora Nacional/Edusp, p. 209.

16. No original: "History is often Attached to Places than to Peoples".

17. EVANS-PRITCHARD, Edward. *Anthropology and History. Essays in Social Anthropology*. Nova York, Free Press, p. 52.

Referências das publicações originais dos artigos

Parte 1 [este volume]

Artigo 1. TELLES, Sophia S. A arquitetura modernista. Um espaço sem lugar. *Arte Brasileira Contemporânea. Caderno de Textos*, n. 3, Rio de Janeiro, Funarte/Instituto Nacional de Artes Plásticas, 1983.

Artigo 2. ESPALLARGAS GIMENEZ, Luis. Pós-modernismo, arquitetura e tropicália. *Projeto*, n. 65, São Paulo, jul. 1984, p. 87-93.

Artigo 3. COMAS, Carlos Eduardo Dias. Uma certa arquitetura moderna brasileira: experiência a reconhecer. *Arquitetura Revista*, n. 5, Rio de Janeiro, 1987, p. 69-74. Tradução de *Una cierta arquitectura moderna brasileña: experiencia a re-conocer*, apresentado no III Seminario de Arquitectura Latino-americana em Manizales, Colombia, 1987.

Artigo 4. COMAS, Carlos Eduardo Dias. Protótipo, monumento, um ministério, o Ministério. *Projeto*, n. 102, São Paulo, ago. 1987, p. 136-149.

Artigo 5. CAVALCANTI, Lauro. Le Corbusier, o Estado Novo e a formação da arquitetura moderna brasileira. *Projeto*, n. 102, São Paulo, ago. 1987, p. 161-163.

Artigo 6. ZEIN, Ruth Verde. O futuro do passado, ou as tendências atuais. *Projeto*, n. 104, São Paulo, out. 1987, p. 87-114. Republicado in ZEIN, Ruth Verde. *O lugar da crítica. Ensaios oportunos de arquitetura*. Porto Alegre, Editora Ritter dos Reis, 2001, p. 45-78.

Artigo 7. ESPALLARGAS GIMENEZ, Luis. Autenticidade e rudimento: Paulo Mendes da Rocha e as intervenções em edifícios existentes. *AU – Arquitetura e Urbanimo*, n. 79, São Paulo, ago./set. 1988, p. 70-71. Republicado in ESPALLARGAS GIMENEZ, Luis. *Arquitextos*, n. 1, texto especial n. 1, São Paulo, Portal Vitruvius, jun. 2000 <www.vitruvius.com.br/arquitextos/arq000/esp001.asp>.

Artigo 8. TELLES, Sophia S. Lúcio Costa: monumentalidade e intimismo. *Novos estudos*, n. 25, São Paulo, Cebrap, out. 1989, p. 75-94.

Artigo 9. COMAS, Carlos Eduardo Dias. Arquitetura moderna, estilo Corbu, pavilhão brasileiro. *AU – Arquitetura e Urbanimo*, n. 26, São Paulo, out./nov. 1989, p. 92-101.

Artigo 10. PEREIRA, Margareth da Silva. A arquitetura brasileira e o mito. *Gávea*, n. 8, Rio de Janeiro, PUC-Rio, dez. 1990, p. 2-21.

Artigo 11. TELLES, Sophia S. Oscar Niemeyer: técnica e forma. *Óculum*, n. 2, Campinas, PUC-Campinas, set. 1992, p. 4-7. O presente texto é parte revisada e condensada de TELLES, Sophia S. *Arquitetura moderna no Brasil: o desenho da superfície*. Dissertação de mestrado. São Paulo, FFLCH USP, ago. 1988.

Artigo 12. ANELLI, Renato. Arquitetura de cinemas em São Paulo. O cinema e a construção do moderno. *Óculum*, n. 2, Campinas, PUC-Campinas, set. 1992, p. 35-42. O presente texto é parte de ANELLI, Renato. *Arquitetura de cinemas na cidade de São Paulo*. Dissertação de mestrado. Campinas, IFCH Unicamp, 1990.

Artigo 13. MARTINS, Carlos Alberto Ferreira. Identidade nacional e Estado no projeto modernista. Modernidade, Estado e tradição. *Óculum*, n. 2, Campinas, PUC-Campinas, set. 1992, p. 71-76. O presente texto é parte de MARTINS, Carlos Alberto Ferreira. *Arquitetura e Estado no Brasil: elementos para uma investigação sobre a constituição do discurso moderno no Brasil; a obra de Lúcio Costa (1924-1952)*. Dissertação de mestrado. São Paulo, FFLCH USP, dez. 1987.

Artigo 14. RUBINO, Silvana Barbosa. Gilberto Freyre e Lúcio Costa, ou a boa tradição. O patrimônio intelectual do Sphan. *Óculum*, n. 2, Campinas, PUC-Campinas, set. 1992, p. 77-80. O presente texto é parte de RUBINO, Silvana Barbosa. *As fachadas da história: os antecedentes, a criação e os trabalhos do Serviço do Patrimônio Histórico e Artístico Nacional (1936-1968)*. Dissertação de mestrado. Campinas, IFCH Unicamp, abr. 1992.

Parte 2 [outro volume]

Artigo 15. PEREIRA, Margareth da Silva. L'utopie et l'histoire. Brasília: entre la certitude de la forme et le doute de l'image. *Art d'Amérique Latine 1911-1968*. Paris, Centre Georges Pompidou, 1992, p. 462-471. Tradução de Flávio Coddou, revisada pela autora.

Artigo 16. CZAJKOWSKI, Jorge. A arquitetura racionalista e a tradição brasileira. *Gávea*, n. 10, Rio de Janeiro, PUC-Rio, mar. 1993, p. 22-35.

Artigo 17. ARANHA, Maria Beatriz Camargo. Rino Levi: arquitetura como ofício. *Óculum*, n. 3, Campinas, PUC-Campinas, mar. 1993, p. 46-53.

Artigo 18. COMAS, Carlos Eduardo Dias. Teoria acadêmica, arquitetura moderna, corolário brasileiro. *Gávea*, n. 11, Rio de Janeiro, PUC-Rio, abr. 1994, p. 180-193. Versão condensada da publicação original: COMAS, Carlos Eduardo Dias. Teoría académica, arquitectura moderna y corolario brasileño. *Anales del Instituto de Arte Americano e Investigaciones Estéticas Mario Buschiazzo*, n. 26, Buenos Aires, Facultad de Arquitectura y Urbanismo, Universidad de Buenos Aires, 1988, p. 86.

Artigo 19. MEURS, Paul. Modernismo e tradição. Preservação no Brasil. *Óculum*, n. 5/6, Campinas, PUC-Campinas, mai. 1995, p. 74-81.

Artigo 20. BONDUKI, Nabil. Habitação social na vanguarda do movimento moderno no Brasil. *Óculum,* n. 7/8, Campinas, PUC-Campinas, abr. 1996, p. 84-93.

Artigo 21. SEGAWA, Hugo. Oswaldo Arthur Bratke: Vila Serra do Navio e Vila Amazonas. IV Seminário História da Cidade e do Urbanismo, 1996. *Anais...* Volume 2. Rio de Janeiro, UFRJ/PROURB, 1997, p. 673-679.

Artigo 22. MARTINS, Carlos Alberto F. "Hay algo de irracional..." Apuntes sobre la historiografia de la arquitectura brasileña. *Block*, n. 4, Buenos Aires, Universidad Torcuato Di Tella, dez. 1999, p. 8-22. Tradução de Ivana Barossi Garcia.

Artigo 23. LIERNUR, Jorge Francisco. The south american way. El *milagro* brasileño, los Estados Unidos y la Segunda Guerra Mundial

– 1939–1943. *Block*, n. 4, Buenos Aires, Universidade Torcuato Di Tella, dez. 1999, p. 23-41. Tradução de Ivana Barossi Garcia.

Artigo 24. ANELLI, Renato. Mediterráneo en los trópicos. *Block*, n. 4, Buenos Aires, Universidad Torcuato Di Tella, dez. 1999, p. 96-103.

Artigo 25. ALIATA, Fernando e SHMIDT, Claudia. Otras referencias. Lúcio Costa, el episodio Monlevade y Auguste Peret. *Block*, n. 4, Buenos Aires, Universidad Torcuato Di Tella, dez. 1999, p. 54-61.

Artigo 26. ARANTES, Otília Beatriz Fiori. Resumo de Lúcio Costa. *Mais*, n. 524, *Folha de S. Paulo*, 24 fev. 2002.

Artigo 27. MAHFUZ, Edson. O clássico, o poético e o erótico: método, contexto e programa na obra de Oscar Niemeyer. *Cadernos de arquitetura Ritter dos Reis* (O clássico, o poético e o erótico e outros ensaios). Volume 4. Porto Alegre, Editora Ritter dos Reis, 2002, p. 121-137. Essa versão tem mudanças significativas em relação à publicação original: MAHFUZ, Edson. O clássico, o poético e o erótico. *AU – Arquitetura e Urbanimo*, n. 15, São Paulo, dez. 1987/jan. 1988, p. 60-68.

Artigo 28. GUERRA, Abilio. Lúcio Costa, Gregori Warchavchik e Roberto Burle Marx: síntese entre arquitetura e natureza tropical. *Revista USP*, n. 53, São Paulo, USP CCS, mar./abr./maio 2002, p. 18-31. Republicado in *Arquitextos*, n. 029, texto especial n. 150, São Paulo, Portal Vitruvius, out. 2002 <www.vitruvius.com.br/*arquitextos*/arq000/esp150.asp>. Texto amplamente baseado em GUERRA, Abilio. *Lúcio Costa: modernidade e tradição. Montagem discursiva da arquitetura moderna brasileira*. Tese de doutorado. Campinas, Unicamp, 2002.

Coleção RG Bolso

01. Abilio Guerra (org.). *Textos fundamentais sobre história da arquitetura moderna brasileira. Parte 1.* Textos de Carlos Alberto Ferreira Martins, Carlos Eduardo Dias Comas, Lauro Cavalcanti, Luis Espallargas Gimenez, Margareth da Silva Pereira, Renato Anelli, Ruth Verde Zein, Silvana Barbosa Rubino e Sophia S. Telles.

02. Abilio Guerra (org.). *Textos fundamentais sobre história da arquitetura moderna brasileira. Parte 2.* Textos de Abilio Guerra, Carlos Alberto Ferreira Martins, Carlos Eduardo Dias Comas, Claudia Shmidt, Edson Mahfuz, Fernando Aliata, Hugo Segawa, Jorge Czajkowski, Jorge Francisco Liernur, Margareth da Silva Pereira, Maria Beatriz de Camargo Aranha, Nabil Bonduki, Otília Beatriz Fiori Arantes, Paul Meurs e Renato Anelli.

03. Abilio Guerra. *O primitivismo em Mário de Andrade, Oswald de Andrade e Raul Bopp. Origem e conformação no universo intelectual brasileiro.*

04. François Ascher. *Os novos princípios do urbanismo.*

05. Eduardo Subirats. *A existência sitiada.*

06. Angelo Bucci. *São Paulo, razões de arquitetura. Da dissolução dos edifícios e de como atravessar paredes.*

07. Denise Antonucci, Angélica Benatti Alvim, Silvana Zioni e Volia Costa Kato. *UN-Habitat: das declarações aos compromissos.*

Este livro foi composto em Fairfield LT Std e Whitney HTF.
Impresso em papel Offset 75g.